中國近北極民族研究

□□題

近北极民族研究丛书

主编 曲枫

地方性知识与文化生态

中国近北极民族仪式
人类学研究

曲 枫 ｜ 主 编
王丽英 ｜ 副主编

上海三联书店

近北极民族研究丛书总序

依据地理学理论,北极地区指北极圈(北纬66°34′)以北至北极点之间的广大区域。然而,从文化上的一般性表述来说,北极概念又往往超出这一范围,这是因为它不单单是一个地缘概念,还具有包含生态性、历史性和文化性因素在内的文化地理意义。首先,北极并非是静止的地理板块,其苔原与针叶林的界线历史上随气温的变暖或变冷上下波动,北极人类历史上处于不断地流动与迁徙过程之中,其文化生态一直处于变化和非稳定状态。其次,北极人类与环境生态之间的互动有着上万年的时间深度,北极文化生态体现了人类对寒冷环境的高度适应性。其三,在对特殊环境的适应中,北极人类形成了独特的生计方式与民族文化。

据约翰·霍菲克尔的《北极史前史》,人类在7000年至15000年之间开始在北极地区定居、繁衍生息[1],渐渐形成了今天的北极民族。当今北极民族包括北欧的萨米人(Saami),阿拉斯加、加拿大和格陵兰岛的因纽特-阿留申人(Inuit-Aleut),阿拉斯加与加拿大的印第安人以及俄罗斯西伯利亚的数十个原住民集团。引人注意的是,与俄罗斯、蒙古交界的中国北方少数民族与以上所述北极民族在生存环境、生态系统、生计方式、生存策略、艺术与物质文化、仪式信仰等诸多方面都有着

---

[1] 约翰·霍菲克尔.北极史前史.北京:社会科学文献出版社,2020年,第10页,本书是聊城大学北冰洋研究中心"北冰洋译丛"系列推出的第一本译作。

强烈的相似性,其中许多民族本身还属于跨境民族,与西伯利亚高纬度地区以及该区域民族有着密不可分的历史关系。由于国际社会对北极国家的认定仍然采用了地理学概念,中国政府则在2018年1月颁发的《中国的北极政策》白皮书中将我国定义为"近北极国家"。按照这一表述,我们有理由将有关的中国北方少数民族称为"中国近北极民族"。这一概念强调北极的文化概念,将中国近北极民族视为北极文化圈的重要组成部分。同时,这一概念的建立可以帮助我们将对上述中国境内民族文化的研究纳入国际北极原住民研究的大框架中,从而构成中国在北极人文社会科学研究方面与世界对话的基础。

北极圈之内的陆地大体为苔原覆盖,而苔原与其南端泰加(taiga)针叶林的交界线基本在北纬66度线上下波动。环境意义上的北极既包括以苔原为特征的生态系统,也包括以泰加林为特征的次北极(subarctic)生态区域。北极与次北极生态系统以永久冻土(permafrost)、低温、冰川(glaciers)、特有的动物群(包括陆地和海洋动物)和植物群为特征。这些环境特征构成了北极民族生存的生态情境与地理景观。

北极民族的生计方式主要有三种。一是海猎,是俄罗斯楚克奇半岛、阿拉斯加、加拿大和格陵兰的爱斯基摩人(包括阿留申人)的传统生计方式。二是驯鹿放牧。驯鹿民族全部生存在欧亚大陆上,包括西伯利亚东北部的内地楚克奇人和内地科里亚克人,北欧斯堪的纳维亚半岛北部的萨米人,以及大陆中部的埃文人(Even)、埃文基人(Evenki)、涅涅茨人(Nenets)以及北方雅库特人(Yakut)等。三是人类历史上最古老的采集-渔猎经济。此外,一些北极民族如布里亚特人(Buryak)和雅库特人等还从事半定居的游牧业,放养的动物为牛、马、鹿等。引人注意的是,所有的北极民族都有着或轻或重的狩猎和捕鱼经济成分,这是他们适应北极环境的重要生计特征。

中国北方少数民族如达斡尔、鄂伦春、鄂温克、赫哲、满族、锡伯族、布里亚特等民族生存在属于次北极生态系统的泰加林以及森林边缘地带,不仅在生存环境上与北极民族类似,在生计策略上与上述北极民族也极为一致。如中国鄂温克人与俄罗斯境内埃文基人同族,传统上同萨米人、楚克奇人、埃文人、涅涅茨人一样以牧养驯鹿为文化特色。至今,敖鲁古雅的使鹿鄂温克人仍然饲养驯鹿,他们在大兴安岭地区的放牧历史已达 300 年之久。鄂伦春族在历史上也牧养驯鹿,17 世纪中叶迁至黑龙江南岸后因新的居住环境缺乏苔藓而放弃驯鹿,改以狩猎为主要生计。在鄂伦春语言中,"鄂伦春"一词即包含两种含义,一种为"山岭上的人们",另一种为"使用驯鹿的人"。

赫哲族与俄罗斯境内的那乃人同为一族,主要分布在黑龙江、松花江与乌苏里江的交汇之处,即三江平原,以及完达山余脉。传统经济依赖捕鱼与狩猎,饮食以鱼肉、兽肉及采集的野生植物为主。赫哲人喜穿鱼皮服饰,以桦皮船为夏季捕鱼用交通工具,冬季则使用狗拉雪橇旅行,其水猎生计方式、鱼皮文化与爱斯基摩文化有许多相似之处,体现了在高纬度寒冷环境中的适应性生存智慧。达斡尔族也是中、俄跨境民族,生存环境为森林边缘的林地草原地带,传统上依赖农牧渔猎多元混合经济,由于森林生态恶化,现以农业经济为主。其经济方式的变迁轨迹与西伯利亚的南部雅库特人有很多相似之处。居住于内蒙古呼伦贝尔的布里亚特人属于中、俄、蒙三国跨境民族,虽然其生计策略以畜牧经济为主,但同时有着鲜明的与北极民族一致的狩猎文化特点。

中国近北极民族的社会组织与北极民族一样,以氏族社会为特征。如史禄国在研究通古斯社会组织所阐述的那样:"氏族是一种社会形态,没有这种社会形态,保持通古斯自己复合的通古斯氏族单位就不能存在,因为它形成了整个通古斯社会组织的基础,并由自我繁衍和生物学要求而体现出来。"[①]毋庸置疑,氏族组织是北极民族与狩猎、游牧等生计方式与文化生态相适应的结果。此外,中国近北极民族与北极民族的传统信仰为萨满教,其神灵系统、仪式特征、萨满产生方式、萨满教社会功能等诸方面均有高度的一致性。中国近北极民族的萨满教信仰显然是西伯利亚-北极萨满文化圈中不可分割的一部分。

中国北方民族与北极民族在文化、社会组织与宗教艺术传统等方面的一致性已引起了有关中国学者的强烈关注。内蒙古社会科学院的

---

① 史禄国.北方通古斯的社会组织.呼和浩特:内蒙古人民出版社,1985 年,第 184 页.

白兰研究员在多次会议演讲中，极力主张将鄂伦春族与鄂温克族称为"泛北极民族"。如她在2019年12月于黑龙江大学召开的"首届东北亚社会文化论坛"上发言所说："我们在研究通古斯诸集团时，从接壤的地缘、类似的文化模式、相近的体质特质，可以互通的语言选择，就以学术的视野俯瞰和贯穿了中国置身北极地区的必然——我们以文化与北极相连。2008年，中国敖鲁古雅使鹿鄂温克加入世界驯鹿养殖者协会（这是北极理事会中的三个非政府组织之一）。我们的文化优势是敬畏自然而遵从自然，这是泛北极地区诸族，包括中国的鄂伦春族、鄂温克族、赫哲族等共同的文化理念，在北极治理中有着与工业文明不一样的独特方式。"①黑龙江大学唐戈教授也在近期发表的论文中提到："北极地区原住民文化包括渔猎、饲养驯鹿、生食动物（特别是内脏）、圆锥形帐篷、小集群（相比农业社会的村庄）和游动性、萨满教等多个基本特点。那么在中国，与这种文化最接近的民族就是鄂伦春族、赫哲族和一部分鄂温克族，其中鄂温克族又包括驯鹿鄂温克人和一部分索伦鄂温克人。"②

中国近北极民族历史上一直处于迁徙流动之中，与西伯利亚高纬度地区以及该区域民族有着密不可分的历史关系。因而，中国近北极民族的历史构成了西伯利亚北极民族历史不可分割的组成部分。鄂伦春、鄂温克、赫哲人与俄罗斯境内的埃文基人、那乃人同属北通古斯语族集团，主要居住在叶尼塞河、勒拿河和黑龙江三大流域。史禄国认为，尽管北通古斯人居住的地域辽阔且居住分散，但他们所有的方言都有着密切的联系，因而很可能有着共同的起源。③

综上所述，将中国近北极民族研究纳入北极文化研究的大框架中是十分必要的，这样可以使我们得以在国际视角中考察中国近北极文化。文化特殊性存在于世界的各个角落，但是没有独立于国际学术

---

① 白兰. 他者我者的鄂伦春一百年——围绕史禄国《北方通古斯的社会组织》而论. 2019年12月21日"首届东北亚社会文化论坛"发言稿.
② 唐戈. 中国近北极民族北方通古斯人及其文化变迁. 北冰洋研究集刊第一辑. 北京：社会科学文献出版社，2019年，第122—123页.
③ 史禄国. 北方通古斯的社会组织. 呼和浩特：内蒙古人民出版社，1985年，第221页.

领域之外的特色研究。无论是本土化的人类学还是民族学，它们都应该是世界性学术建构的组成部分。既然我们将中国近北极民族研究与国际上的北极民族研究连接，我们就必须意识到，中国的人文社会科学知识生产应该是国际知识体系中必不可少的一部分。基于这一思考，聊城大学北冰洋研究中心计划与上海三联书店合作推出"中国近北极民族研究丛书"。

聊城大学北冰洋研究中心是目前国内唯一的以北极人文社会科学为研究对象的学术机构，于2018年3月在时任校长蔡先金先生的大力支持下成立。成立之后，中心很快建立起一支由国际、国内学者组成的研究团队，与国际上多家北极研究机构建立了学术合作关系。中心研究人员代表聊城大学多次参加国际上的各种学术活动，中心已成为国际北极研究领域的重要力量。2020年2月，中心代表聊城大学加入国际北极大学联盟。

中心于2019年始创办了《北冰洋研究》集刊，同时与社会科学文献出版社合作推出"北冰洋译丛"出版系列。以上成果与即将出版的"近北极民族研究"丛书一起必将为中国与国际社会在北极研究上的合作贡献力量。

感谢上海三联书店对这一出版计划的全力支持。感谢付出辛勤劳动的丛书编委会成员、各位作者、各位编辑。中国北极人文社会科学学术史将铭记他们的开拓性贡献和筚路蓝缕之功。

蔡先金先生虽已调离聊城大学至山东省政府重要岗位上任职，仍时时关心北冰洋研究中心的建设与发展。在得知"近北极民族研究"丛书出版事宜之后，先生应邀欣然为丛书题字。我们在此深致谢忱。

曲　枫
2020年6月26日
于聊城大学北冰洋研究中心

前　言

1557年的新年，在西伯利亚西北部北冰洋的岸边一个土著村庄中，英国旅行家理查德·约翰逊目击了一场萨摩耶德人的萨满仪式。他对仪式经过的记录已成为今天人类学研究的珍贵文献。据他的记录，仪式中，一位宗教师手持皮鼓与鼓槌，击鼓歌唱，与众人问答。宗教师的衣帽着装与铠甲相似，上面饰有鱼类和动物的骨头和牙齿。期间，宗教师曾忽然倒地，呈昏迷状。待众人唤醒后又继续击鼓歌唱。如果我们略去以上提到的时间、地点和记录人，我们完全有可能把它当作今天中国北方通古斯民族（如鄂温克族与达斡尔族）的萨满仪式。

在丛书的总序中我们提到，中国北方近北极民族与西伯利亚、北欧、北美的北极民族在生存环境、生计方式、生存策略、艺术表达、物质文化、仪式信仰等诸多方面都有着强烈的相似性。令人注意的是，中国近北极民族与北极原住民都有着一致的萨满信仰传统。萨满信仰文化渗透了民族社会中的各个方面。可以说，如果不理解萨满文化，其实就难以理解这些民族的文化、社会与历史。

理查德·约翰逊在他的记录中，以一个西方人的视角将他亲历的萨满仪式称为"魔鬼祭礼"（devilish rite）。这一说法代表着早期基督教传统与启蒙主义的普遍观点。虽然前者是以神学的名义，后者是以科学的名义来定义非西方文化，但均体现了欧洲中心主义的价值判断。对萨满的巫名化趋向在19世纪浪漫主义兴趣时发生了戏剧性的反转。浪漫主义思想家、学者不再以一种狭隘的"科学""理性"偏见来看待萨满，而是把他们看作是具有诗人、艺术家天赋的民俗学英雄。这一新的定义为20世纪60年代在西方兴起的反文化运动所继承。如美国历史学家、《反文化的形成》的作者罗斯扎克（Theodore Roszak）所言，萨满在反文化运动中不仅被视为艺术家（artist）、诗人（poet）、话剧表演家（dramatist）、舞蹈家（dancer），还是医师（healer）、道德咨询师（moral counsellor）、占卜师（diviner）、和宇宙学专家（cosmologer）。这一倾向与同时代人类学研究中所提出的生态上的"高贵的野蛮人"观点是暗合的。

然而，必须看到的是，尽管启蒙主义与浪漫主义对萨满概念有着天壤之别的态度，甚至二者的理论视角也截然不同——前者基于科学主义的理性判断而后者则从文学艺术的人文情怀进行诠释，但两种进路均是西方的想象性构建。二者惊人的一致性表现为原始主义立场与进化论观念。从这一点上来说，二者又似有同谋之嫌。毋庸置疑的是，在"萨满"概念构建的历史过程中，西方学者及其所依附的西方社会具有了完全支配和主导的地位，而萨满及其所代表的西伯利亚土著部落在这一过程中成为阿登纳（Edwin Ardener）所说的"无言群体"。这一现象导致土著民族在萨满概念形成中的不在场状态，因而萨满概念在形成之初就体现了西方政治话语的解释模式，而不是非西方民族的语言符号体系。

伊利亚德的《萨满教：古老的出神术》一书最初于1951年在巴黎以法语出版。1964年其英语版在美国发行后，迅速风行全球，至今仍然影响着从事萨满教研究的主流学者，甚至在某种程度上已渗透田野，影响到了在世的萨满文化。这一出神术理论视萨满教为人类最古老的信仰，因而同样带有鲜明的进化论和原始主义色彩。他把学者和大众对萨满和萨满教的注意力完全吸引到萨满心理状态这一因素上，与追求文化和心理结构普同性的结构主义人类学暗合，因而综合了科学主义与浪漫主义色彩，进而为以实证与系统研究为特征的功能主义范式和以诠释为特征的象征主义和结构主义范式同时接受。由于自出神术理论发展而来的"核心萨满教"（core shamanism）为欧美学者和大众强力追捧，这一与结构主义类似、忽略历史与地域的特殊性、以探求人类认知结构普同性为特点的出神术理论至今仍保持着强大的影响力。

巴勒斯坦裔美国人类学家萨义德在谈到西方社会科学中的"东方学"时指出,东方学的建立一直依赖于西方人的"位置上的优越"(positional superiority)。那么,以西方为主导的学术界对萨满教的研究其实一直都是建立在对西方之外的事物的"想象般的观察"之上。也就是说,多年来我们论文和专著里的萨满概念完全是象牙塔中的建构,与原住民宇宙观中的萨满信仰完全是不同的。这样,在西方学术中和西方之外的田野中,我们看到了两个截然不同的萨满。

美国克利福德·格尔兹的"地方性知识"的提出,使我们意识到,对萨满文化的理解必须要从本地人的视角出发。也就是说,首先,我们需要将北极民族的萨满教传统视为一种地方性知识。萨满学术概念的诞生与发展不可避免地与科学主义、殖民主义、现代性、全球化等概念发生了勾连。从这一点上来说,萨满概念更像是吉登斯所说的"脱域机制"的话语体现,几个世纪以来早已脱离了原生机制,在另一个不同的时空中得以表述。自萨满词语最初进入西方语言系统之中时候,词语就完成了一个不易觉察的身份转换。西方社会语境在瞬间完成了对原民族学语境的取代,因而出现了原意义被迫退场的现象。或者我们也可以说,萨满术语的原生民族学情境被有意剥离了。当我们意识到现代性、科学主义、人类中心主义已然割裂了社会与自然的关系,并将人类推到一个危险的边缘,导致全球可持续发展难以为继的时候,我们必须清醒地意识到,将萨满概念从西方学术中再"脱域"并还给民族学情境,即将萨满文化视为一种可以与现代性抗衡并进而以非现代性开启另类现代性的地方性知识不仅是必要的,也是十分必要的。

将萨满文化视为地方性知识,有三点必须在此强调。

首先,北极萨满文化的公共性与活态性必须得到正视。尽管萨满文化在历史上由于受到制度化宗教的挤压以及政治的逼迫,致使许多传统知识遗失,但它仍然能够在条件允许的情况下重新调适与当下社会环境的关系,找到新的存在与发展之道。自20世纪90年代开始,萨满仪式实践在北欧萨米人、西伯利亚各民族以及中国近北极民族中强劲回归,刷新了人们对萨满文化的认知。

其次,作为北极民族的重要文化特征之一,萨满文化在很大程度上反应了北极民族对社会和自然的价值观和宇宙观,体现了他们与自然、宇宙的互动式关系。近年来有关学者对北极民族传统萨满信仰与实践的考察与研究证明,构成萨满文化宇宙观的理论基础是以关系生态(relational ecology)为特征的泛灵本体论(animism ontologies)。北极民族以此作为维护人类与自然、宇宙之间的和谐相处之道。萨满教公共性仪式活动正是这一宇宙观的体现,同时展示了人类与宇宙、自然、环境密不可分的社会性和主体间(inter-subjective)关系。人与土地、景观、动物、神灵、宇宙之间的和谐关系不仅体现在仪式中,也处处体现于日常生活的行为之中。因而它在当今世界的环境保护、生态恢复、文明重构等社会发展策略中具有不可忽略的知识潜力。郭淑云曾极有深度地指出:北方民族"视自然及栖息其中的生物为有灵性之物,人与它们彼此和谐共处,相互依存以及长期积淀的一套调节生态平衡、协调人与自然关系、自然与人类共生的生态调解机制,富有科学的因素和合理内核。"色音也认为,中国北方民族萨满教建立了一个独特的生态保护体系。在这一体系中,森林依靠树神信仰、河流依靠水神信仰、土地依靠地神崇拜、物种依靠图腾禁忌得到了保护和保全。因而,这一信仰体系拥有"一套调适生态平衡、协调人和自然以及植物之间和谐关系的生态调控机制"并蕴含"人只能适应环境、与环境和谐共生才能生存下去的朴素的生态哲学思想"。

其三,北极的原住民社会与主流社会的传统二元关系常常转化为地方(或边缘)与全球的现代二元关系。为抵抗全球化所导致的地方文化的被同质化和边缘化,历史记忆、边疆特色、传统价值、仪式实践被边疆民族所重构和营造,并形成一种卡斯特所说的"自立性"。在这种民族文化的"自立性"塑造中,萨满教起到了一个非常突出的作用。

基于以上的思考,本书选取了有关中国近北极民族萨满文化的23篇论文结集出版。论文作者既包括仍然活跃在学术田野中的50后学者,如郭淑云教授、刘桂腾教授、白兰研究员,也包括研究才华出众并日益成熟的70后、80后学者,如王伟博士、于洋博士、塔米尔博士、孟盛彬博士、范冬敏博士。俄罗斯学者米哈列夫的论文提供了一个比较的视角,研究思路独特,是值得我们借鉴的。

  感谢各位作者对该文集出版的大力支持。同时,也将感谢送给上海三联书店的郑秀艳编辑,她在编辑工作中体现的职业精神和高水准的业务水平使本书的质量得到了保证。

曲枫
2021 年 10 月 12 日
于聊城大学北冰洋研究中心

目 录

从"教乌云"看满族萨满教的宗教教育
  ——依据吉林省九台市满族石氏家族的田野调查 …… 郭淑云/001
满族萨满教的祖先神信仰研究 ………………………… 于 洋/013
"安代"治疗仪式的民族精神病学阐释 ………… 乌仁其其格/027
搭巴达雅拉
  ——科尔沁蒙古族萨满"过关"仪式音乐考察 ……… 刘桂腾/041
达斡尔族萨满仪式展演的记述与分析：以斡米南仪式的
  萨满神歌文本为例 …………………………………… 萨敏娜/067
达斡尔族萨满教的衰落与文化重构 …………………… 孟盛彬/106
敖包祭祀：从民间信仰到民间文化 ………… 王 伟 程恭让/115
额尔古纳河右岸的升天节 ……………………………… 唐 戈/130
中俄当代布里亚特萨满教比较研究 ……………………………
  …………………………………… ［俄罗斯］马克西姆·米哈列夫/146
阿加—布里亚特人的寻根活动：
  萨满教新的阐释 ……… ［日］岛村一平著 包路芳,时春丽摘译/166
布里亚特人的萨满信仰及其变迁 ……………………… 范冬敏/178
中俄布里亚特人的萨满教复兴现象比较研究 ………… 塔米尔/190
鄂温克、鄂伦春、达斡尔族萨满神歌程式之比较研究 …… 高荷红/200
狩猎鄂温克族的萨满教 ………………………………… 白 兰/213
鄂温克族萨满神歌的文化价值 ………………………… 汪立珍/221

巫统与血统：萨满教的祖神与祖先观念 ………………… 王 伟/230
驯鹿鄂温克人的萨满教文化 ……………………………… 卡丽娜/240
鄂伦春族女性萨满问题初探 ……………………………… 刘晓春/249
传统的记忆
——鄂伦春萨满的口述及其解读 ………………… 索米娅/257
鄂伦春族宗教文化现状及分析
——以大兴安岭白银纳鄂伦春民族乡为例 … 蒋雨樨 王骁巍/273
赫哲萨满牛尔罕研究 ……………………………………… 波·少布/283
赫哲萨满派系、种类、名称和职能 ………… 波·少布 徐景民/293
萨满教由"迷信"到"民族文化"的身份之变 …… 范冬敏 石玉静/305

从"教乌云"看满族萨满教的宗教教育
——依据吉林省九台市满族石氏家族的田野调查

郭淑云①

摘　要：本文通过对吉林省九台市满族石氏家族"教乌云"程式、教学内容、培训方式等方面的考察，探讨了满族萨满教教育体制、教育模式、教育的主体与对象的关系和教育性质诸问题，认为"教乌云"这种近代以来满族萨满教传承的主要形式，体现了满族萨满教在长期的历史传承中的继承性和创新性，从中可见满族萨满教的教育体制已初现端倪，并具有突出的特征。

关键词：满族　萨满教　教乌云　宗教教育

宗教教育有广义和狭义之分。广义的宗教教育是以传播教义、吸纳教徒为宗旨的教育活动。狭义的宗教教育则以培养宗教神职人员为教育目的。前者的教育对象是广大信众或全民族，具有广泛性，是传承宗教观念与文化的重要方式；后者则是针对少数家族萨满候选人或培养对象而进行的一种特殊的教育形式。培养对象和教育宗旨的不同，使这两种宗教教育在教育内容、教育方法等方面多有不同。有学者将培养对象及目标，作为划分宗教教育制度类型的依据，将宗教教育制度分为3种类型：培养职业宗教人员；培育信徒；既培养职业宗教人员亦

---

① 郭淑云，女，宗教学博士，大连民族大学东北少数民族研究院教授，研究方向为中国北方民族萨满文化。

培养信徒①

满族先世自古信奉萨满教。在长期的历史时期,萨满教观念作为氏族集体意识,一种"集体表象",对该民族产生持久的影响、渗透,业已积淀为民族的共同心理和共同的价值取向。这种集体表象"在该集体中是世代相传;它们在集体的每一个成员身上留下深刻的烙印。同时根据不同情况,引起该集体中每个成员对有关客体产生尊敬、恐惧、崇拜等感情"②这种全民性的信仰以其独尊的地位影响着满族人的精神心理和社会生活,并通过神话、传说、神歌和祭祀仪式等独特的形式,世代传承着本民族古老的思想观念、道德观念、知识体系、行为模式等传统文化。祭祀仪式是氏族对族人进行宗教教育的最佳时机,祭祀场所成了对人们进行宗教教育的独特的课堂。正因如此,对信仰萨满教的民族来说,萨满教宗教教育具有全民性,对每一个个体而言,又具有终生性,可以说与人的生命相始终。这种教育形式属于广义的宗教教育。

那么,满族以新萨满为教育对象的宗教教育的内容与形式怎样?具有哪些特点?它们与满族萨满传承关系如何?应该说,这些问题都是满族萨满文化研究中不容回避的问题,也是以往的研究较少涉及的问题,而从教育人类学的视角讨论上述问题,迄今还是一个空白。笔者根据多年在吉林省九台市满族石氏家族的田野调查,以满族萨满传承中具有普遍意义的"教乌云"活动为着眼点,对满族萨满教宗教教育中的几个主要问题作一初步的探讨。

一、满族"教乌云"活动概述

满族萨满教经过长期的发展、演变,至明末清初,萨满祭祀形态日臻完备,萨满教达到发展的高峰。然而,自清中叶以来,满族萨满教发生了重大的变化。清朝统治者为了适应一统天下的政治局面,在本民族中建立与统一政权相应的意识形态,于乾隆年间颁布了《钦定满洲祭

---

① 张诗亚:《祭坛与诗坛——西南民族宗教教育比较研究》,昆明:云南教育出版社1992年版,第335页。
② 〔法〕列维·布留尔:《原始思维》,丁由译,北京:商务印书馆,1987年版,第5页。

神祭天典礼》,在满族地区推行了自上而下的萨满教改革,其核心内容是对以往以氏族为本位的萨满教祭礼进行规范化,形成以祭奠爱新觉罗家族的神祇为主,兼纳一些满族共同祭奉的神祇,祭祀仪式大为简化,带有明显程式化特征的祭祀形态。这种祭祀形态的主要特征是摒弃了以往各氏族萨满神灵附体的内容,萨满遂成为以祈祝为主的祭司型萨满。学术界称这种萨满为"家萨满",这种祭祀形态则被称为"家祭"。只有少数地处偏远,朝廷政令鞭长莫及的氏族将传统的祭祀形态保留了下来,祭礼中仍有降神附体的内容,这种祭祀形态被称为"野祭"。由于清朝政府实行的自上而下的萨满教改革及其他社会发展诸因素,当代满族萨满教呈现出不同的形态和不同的层次。在宁安、吉林乌拉等一些较早设置衙门的满族区域,形成了稳定的家祭传统,并成为近世满族萨满祭祀的主要形态。

与这种祭祀形态相适应,在萨满传承上,满族许多家族也由原来的神授萨满演变为氏族选举萨满。所谓族选萨满主要是经过在世的老萨满选定,再通过全氏族的评选和推荐,征得本人及家庭的同意,即可被选定为萨满候选人。"教乌云"就是针对这些萨满候选人而举行的萨满教培训活动。清代以来,满族诸姓普遍举办以氏族为单位的萨满培训班。这种萨满培训班既是氏族萨满传承的重要途径,也是新萨满学习萨满术的重要方式。满族民间称参加萨满培训班为"学乌云",亦称"教乌云"。前者是以新学员为主体而言的,后者则是以家族为主体而言的。

"乌云"系满语,意为"九",代表事物的"极数",并被视为吉祥数。因新萨满学习的时间以9天为计算单位和学习阶段的划分,故称"教乌云"。具体学习时间的多少则因家族和具体情况而异,有"九乌云"(81天)、"七乌云"(63天)、"五乌云"等不同说法。

从教育人类学的视角看,"教乌云"即是对萨满和助手进行的以满足宗教神事活动的需要为宗旨的特殊的宗教教育和技艺训练。清代以来,"教乌云"是满族社会生活中的一件大事,为各举办家族高度重视。现代社会,尽管随着人们观念的变化,举办"教乌云"活动困难重重,但在传统祭祀观念和文化根基深厚的家族中,在族长、老萨满的积极努力下,"教乌云"活动仍有举行。吉林省九台市满族石氏家族分居胡家乡小韩屯和莽卡乡东哈村两个聚居村。鉴于本族老萨满和老"栽立"①年事已高,该家族近年来多次举办"教乌云"活动,培训了几期新学员,并分别举行了"落乌云"仪式,使新学员的萨满技艺在祭祀实践中得到检验,并因此获得萨满资格。笔者先后于2004年12月27—30日和2005年2月6日、2007年3月8—9日,分别在小韩屯和东哈村进行了3次仪式现场调查。本文即是在多次田野调查的基础上完成的。

二、九台市满族石氏家族简况

吉林省九台市的满族石氏家族隶"佛满洲",②正黄旗,满姓有锡克特里、石克特里、奇克特里、益克特里等同音异写。满族石氏家族是一个历史悠久,支系繁多的满洲氏族。据其家谱记载,自始祖至今已繁衍十七八代,历经350多年,发展成为一个拥有近200户的家族。该家族原居辉发河一带,属海西女真。后经多次南迁,来到长白山脚下。努尔哈赤统一建州女真各部后,辉发部于1670年归附努尔哈赤。不久,石氏家族随努尔哈赤起兵南下,进驻沈阳。顺治元年,石氏先祖奉旨前往"乌拉等处,采珠、捉貂",遂来到打牲乌拉总管衙门任职,总理采珠事宜,并在乌拉街西北的江心岛郎通定居。由于石氏家族第一辈萨满与同村居住的姻亲敖姓萨满比武斗法身亡这一家族重大变故,石氏家族再次迁徙。在这次迁徙的过程中,分为两支,一支迁到九台市胡家回族乡的小韩屯,另一支迁居九台市其塔木镇的西哈村。其时,满族瓜尔佳氏(汉姓罗关)居住在今九台市莽卡满族乡邻近松花江的东哈村,以农耕为主要生产方式。因连年遭受洪水的侵害之苦,不愿居住江边。而石氏家族主司向朝廷进贡东珠之职,西哈村离江较远,采珠不便。经两个家族族长协商,提出换地居住。至此,石氏家族在松花江畔的东哈村定居,至今已有300多年的历史。该家族习惯称东哈村为"东屯",小韩屯为西屯。东、西两屯的族谱原为一个,自1943年始各自分立谱。位

---

① 栽立:满语音译,意为"萨满助手"。
② 佛满洲:较早归附努尔哈赤的家族。佛:满语,意为"旧"。

于松花江西岸的东哈村属九台市莽卡满族乡的一个满族村屯,是一个林清水美、人杰地灵的鱼米之乡。东哈村由东哈和大岗两个自然屯组成,一条弯弯曲曲的"牛样河"横亘两屯之间,横贯村东西的松花江防洪大堤绵延四五华里。江边簇簇茂密的柳林迎着春风吐出新绿,给这个江畔之村带来勃勃生机。村子的东部紧邻松花江,距江边20多米就能看见星星点点的民居。全村计有土地450多公顷,其中,水田面积250多公顷,人均年收入2700元人民币。虽未达小康水平,但还算得上殷实富足。

东哈村是一个满族聚居村。最初由石姓、郎姓和关姓三个满族姓氏组成,后有汉军八旗和汉人迁居该村,形成了以满族为主、满汉混居的格局,但满族仍居多数,全村人口约有60%以上是满族。满族石氏家族是东哈村的大户。全村现有2100多人口,470多户,其中,满族石氏家族共有430多人,120多户,约占全村总户数的1/4。正因如此,村委会的主要领导多由石氏家族担任。本文所记述的仪式过程,主要依据东哈村石氏家族仪式程序。

三、"教乌云"的程式

"教乌云"是由系列程式组成的萨满教教育活动。每一个程式既各自独立,又相互关联,共同构成一个完整的"教乌云"活动过程。

1. 选拔学员

培养新萨满,关系到家族萨满祭祀传统能否继承下去,也是"教乌云"的宗旨所在。近世以来,东北满族诸姓多行家祭。家萨满是满族"教乌云"的主要对象。满族石氏家族直至现代仍保留着以降神附体为特征的野祭形态,始终恪守神选萨满的传统。该家族举办的"教乌云"活动主要以萨满助手栽立和制作供品的锅头为培训对象。但是,随着社会的变迁,神授萨满已中断近50年,为了使家族祭祀传承继承下去,创造性地培养了一种新型萨满——"标棍"萨满,[①]因此,该家族近年"教乌云"活动,将培训"标棍"萨满作为主要内容。选拔参加乌云班的

---

① "标棍":满语音译,意为"家的",标棍萨满,即家萨满,通过学习而非神抓而成的萨满。

学员,主要依据家族认可和本人自愿相一致的原则。届时,由族长、分支族长、萨满和大栽立等家族祭祀的主要成员一起开会讨论人选,再征求本人及其父母的意见。也可由本人或其父母提出,经家族会议讨论认可。如本人不同意,即使被家族选中,也不可强求。选拔学员的标准主要考虑人品、智力、身体、家庭几方面因素。以忠厚正派、聪明伶俐、积极进取、尊老爱幼、年轻体健、热心家族事业者为最佳人选。对小时因病因事许愿当萨满、栽立者,家族多遵从其意愿,允许参加学习。这种情况过去非常普遍,近年已不多见。

石氏家族东哈支系的"教乌云"活动始于1998年冬,此后又分别于1999年、2004年和2007年3次"教乌云",共培训了两批计6名学员,其中包括标棍萨满、栽立和锅头:

石光华:男,23岁,在外打工,从事调制音响等方面工作,对音乐有一定了解,因此他的唱腔较准确。已学2期乌云。①

石文宝:男,30岁,初中文化,已婚,在家养猪、种地、养车,自1998年参加家族乌云班,已学4期。其父石殿义对他很支持。

石宗超:男,30岁,初中文化,已婚,曾承包渡口,近年在建筑工地放线,家庭收入丰厚。已学4期乌云。初学时年龄小,担心家族不同意,但他一直坚持下来,而且学得很好。

石宗朋:男,14岁,学生。

石继新:男,16岁,学生。

石文常:男,44,农民,锅头。

石氏家族小韩屯支系共有6人参加乌云培训班。其中,石宗多是接续萨满,其他5人是栽立。6人中有5人是石氏家族已故著名大栽立石清民的孙子。2004年,家族筹备"教乌云"时,石清民六子石文瑞的3个儿子石忠义、石忠学、石忠

---

① 各位学员的年龄均为现在的年龄,依当地习惯为虚岁。

多都被选为学员。石文瑞问他们:"你们三人谁愿意学?"结果,他们三人都想学。他要求他们要学就学好,将本民族祭祀传统承继下来,发扬光大。

石宗义:男,30岁,大栽立石清民六子石文瑞之长子,以种地、打工为生。他的堂音正,颇有其祖父之风。

石宗学:男,25岁,大栽立石清民六子石文瑞之次子,长年在外打工,在建筑工地当钢筋工。

石宗多:男,21岁:大栽立石清民六子石文瑞之三子,打工为生,承担木匠、装潢等工作。初中一年级辍学。2004年"教乌云"时,已学会放神,掌握多位神的技艺。

石宗昌:男,26岁,大栽立石清民三子石文珍之子,初中文化,在工程队当瓦工。

石宗波:男,29岁,长年在外地打工。

石宗乐:男,24岁,大栽立石清民七子石文明之子,以打工为生。

应该说明的是,并非被选为参加乌云班学习的学员最后都能成为萨满或栽立。在学习的过程中,老萨满如发现有的学员头脑不灵、动作不协调或学习不认真,可随时淘汰。有的学员半途而废或虽坚持学完而无法胜任者,也无缘成为萨满或栽立。如1998年,石氏家族东哈支系"教乌云"时,计有11人参加,现在只剩3人,其他人均被淘汰。反之,在"教乌云"期间,如有新的候选人也可插班学习。

2. 开班拜祖

"教乌云"开班时,由老萨满主持开班仪式,相当于一个短期培训班的开学典礼。其内容和形式均富有宗教意义。届时,新学员要在老萨满和老栽立的主持下,祭拜祖先:悬起祖谱、焚香、杀牲、摆供、动法器。老萨满和新学员面向祖爷依次跪地,由老萨满祈祷祖神保佑新学员学业有成,家族祭祀传统承继不绝。祭毕,众人磕头。拜祖仪式旨在使新学员树立对祖神的崇敬之情,增强他们的使命意识,为圆满完成学习任务奠定思想基础。

3. 九天换供

"教乌云"以9天划分学习阶段,这种教育体制具有特定的宗教意义和独特的宗教仪式:"教乌云"期间,虽非正式祭祀,但毕竟要动法器,因此始终要摆供品,以示对祖先神的尊敬。每9天为一个学习阶段,每9天一换供品、供酒与供果,清理香案,拂去香灰与积尘。每过9天的换供日,是"教乌云"的重要日子,老萨满、老栽立都要到乌云班现场,亲临指导,并对学员前一学习阶段的内容进行考核,然后,转入下一个学习阶段。

4. 落乌云

"教乌云"学习期满要举行"落乌云"仪式,相当于毕业实习,既是对新学员学习成果的一次检验,也是对祖先和全氏族的一次汇报。通过"落乌云"仪式,使新萨满和栽立得到一次实际锻炼的机会。"落乌云"既是"教乌云"的一个重要环节,又自成系统;既不同于阖族大祭,又是一次实实在在祭祀活动。传统的祭礼是按特定的年份,由主祭萨满主持,依传统仪式进行;"落乌云"仪式则根据"教乌云"的实际情况择时进行,由新培训的萨满和栽立担任祭祀仪式的主力,仪式的内容依新学员学习情况而定。通常情况下要比正常的祭祀仪式内容有所简化。如石氏家族小韩支系新培养的接续萨满石宗多学乌云时年仅16岁,老栽立和族长考虑到他的年龄小,身体尚未长成,2004年"教乌云"时,主要教会了他放本家族的一些主要神灵。因此,在以接续萨满石宗多为主祭萨满的"落乌云"仪式上,放神仪式只放了6铺神,即鹰神、安巴瞒尼、金花火神、色楞泰瞒尼、多鋆洛瞒尼、巴图鲁瞒尼。石氏家族小韩屯支系和东哈支系分别于2004年12月27—29日和2007年3月8—10日举行了"落乌云"仪式,共有11位新学员主持或参与了祭祀仪式。"落乌云"仪式与该家族传统祭祀仪式相同,包括祭家神(主要程式:悬家神案子、摆供、上香、做打糕、跳家神、祭女战神奥都妈妈、换锁)和放神(悬大神案子、排神、放神[每请一位神包括请神、降神、送神等主要程式]、领牲、摆件子、送神净院子)两部分,时间为3天。传统的祭祀仪式长达9天。因石氏家族祭祀仪式内容很多,又自成体系,我将另撰文讨论。

四、"教乌云"的内容

"教乌云"的内容包括诸多方面,既包括德育教育,也包括祭祀的基本知识、祭祀礼仪、规则礼法和各种萨满技艺,主要分以下几方面:

1. 宗教道德教育

包括对家族的责任感、对萨满教的虔诚信仰、对祖先的尊敬之心和为人处世等方面的教育。主要通过老族长、老萨满对萨满候选人口耳传授,讲述萨满神话、家族历史、族源传说和族法家规等,树立他们的家族意识和宗教意识,培育他们的道德观念。

2. 祭祀礼仪

主要包括:祭祀仪式的程式、禁忌;祭坛和神堂的布置、神偶的供奉、供品的摆放、神器的使用、年息香的研制及各项禁忌;负责供品制作和摆放的锅头主要学习酿制米酒、制作打糕、水团子、杀牲、摆腱子等方法、礼仪和禁忌。

3. 萨满技艺

包括击鼓、甩腰铃、舞蹈套路和步伐、鼓点节奏、响器配合等。

4. 萨满知识

包括萨满神歌、祭祀用语、神话传说等。

以上内容是满族家祭萨满和锅头必须具备的知识和技艺,也是满族"教乌云"的主要内容,诸姓之间大同而小异。

满族石氏家族至今保留着以降神附体为主要特征的野神祭礼。因此,萨满需要掌握的技艺更多,也更复杂。对"标棍萨满"的培训,还要特别传授请神、放神的仪式,讲解每位神灵的来历,练习不同的神祇降神后,萨满特殊的舞蹈动作,唱念、使用不同法器的功夫以及跑火池、含炭吞火、登高、爬树等独特的技艺和与助神人栽立相互配合的技术。

满族民间素有"三分萨满七分栽立"之说,以此表明栽立在萨满祭祀中的重要地位。栽立不仅谙熟本氏族的祭礼、祭规、禁忌,尤其熟知每位神灵的特性、情态,具有较强的应变能力。不同的神灵降临,他们要用不同的语言和方法答对,并根据各自的习性,为其敬献供品。如祖神降临后表现出对族人的不满情绪,栽立必须巧妙答对,说明情况,请祖神原谅。萨满降神附体后,常处于昏迷状态,栽立必跪在萨满身旁,缓缓将其唤醒扶起,引导他顺利完成各项动作。同时,要与萨满对答如流,不得有误,并及时地接递萨满所用的各种神器,用动听的语言赞美神灵。

五、培训方式

萨满技艺具有综合性,可谓文武兼备,要在短时期熟练掌握,实属不易。满族各姓在长期的萨满传承实践中,积累了一套方法,并世代传袭。

1. 口传亲授

满族萨满祭祀用语均为满语,无论是神歌,还是对白。这对于不懂满语,亦无语言环境,对所唱、所说内容不解其意的初学者来说,确实很困难。须授课老萨满一句一句地教,学员们一句一句地学。口耳相授是教乌云最古老、最奏效的方法,至今仍在沿用。在传授击鼓、甩腰铃和各种神灵降临后形式多样的舞蹈动作时,老萨满对每一种鼓点、每一个舞步,都要逐一传授,一一指导,达到技艺娴熟、动作协调,能独立完成祭祀程序的教学效果。

2. 讲练结合

"教乌云"重在实践,最终目的是使新萨满独立完成祭祀仪式的全过程,实现新老交替,使家族祭祀传统得以传承下去。因而,在传授的过程中,老萨满和栽立都非常重视学员的实际操作,每教一个动作、一段神歌,都要反复练习,既有集体练习,又有个人演练和一对一的指导。

3. 复习与考试兼备

由于满语难学易忘、缺乏语言环境等困难和萨满技艺的独特性,老萨满在教授新学员时,注重复习、考试等教学方法的运用。培训新萨满以9天划分学习阶段。在9天的学习中,前8天主要是学习和练习,第9天换供日以复习和考试为主。考试通过后,才能进入下一项内容的学习。上述方法的综合运用,保证了"教乌云"的有效性。

六、满族萨满教教育的几点思考

满族"教乌云"活动集中体现了满族萨满教教育的一些问题。总的来说,满族已初具萨满教神学教育体系的萌芽。

1. 教育体制

从"教乌云"活动可以看出,满族"教乌云"活动具有明确的目的性;在长期的实践中,"教乌云"的教学内容、方法不断得以完善,形成了大体固定的要素;教育的组织,时间、人员的选定等都自有规则,并形成了初步的考评体制。在满族石氏家族,萨满助手栽立共分5个等级,等级划分的标准主要依据年龄和掌握萨满技艺的熟悉程度。① 可以说,已基本具有宗教教育的主要要素,形成了初步的教育体制。

2. 教育模式

宗教观念与现代教育模式的有机结合。在教学方法、组织形式等方面,"教乌云"吸纳了一些现代教育形式,如采取短期培训班形式,具有集体学习、相互促进、时间集中、讲练结合等特点。这与中国北方其他民族传统的新萨满跟随师傅在实践中学习的教学模式不尽一致,是满族萨满教教育的显著特点。

3. 教育主体和对象的同一性

"教乌云"具有突出的氏族性,教育的主体和教育对象都是血缘群体——氏族,使教育主体和对象具有同一性。代表氏族利益的氏族组织是"教乌云"的组织者;老萨满受氏族的委托,为了实现延续氏族祭祀文化传统的目的,承担培训技艺、传授知识之职;新学员均来自本氏族,由本氏族成员共同推举,最后由氏族组织机构确定;活动所需经费由氏族成员共同承担。这种严格的氏族性,是满族萨满教教育的突出特征。

当代中国北方一些民族在萨满传承上已打破原有的民族界限,可拜其他民族的萨满为师,由其他民族的萨满主持出萨满仪式。即使是已加入满族共同体的汉军萨满,其传承虽也以氏族为单位,但在学萨满时,可吸纳与"教乌云"家族有亲缘关系或师承关系的其他家族的成员

---

① 参见宋和平:《满族萨满神歌译注》,北京:社会科学文献出版社,1993年,第3页。

参加,从而使汉军萨满传承一定程度上带有氏族与地域结合的特色。

4. 教育性质

满族"教乌云"尽管在教育方法上吸取了现代教育的某些模式,从教学内容上看,也具有一定的通俗性,讲授一些传说、故事等通俗易懂、易激发兴趣的内容,但宗教性始终是"教乌云"的灵魂所在。宗教观念是"教乌云"活动的指导思想,萨满教仪式贯彻活动的始终,从开班、学习阶段的转换到毕业,都以特定的仪式为表现形式,从而强化了萨满教观念,体现了突出的宗教性。

以上通过对吉林省九台市满族石氏家族"教乌云"程式、教学内容、培训方式等方面的考察,探讨了满族萨满教教育体制、教育模式、教育的主体与对象的关系和教育性质等问题。根据"教乌云"这种近代以来满族萨满教传承的主要形式,我们认为满族萨满教的教育体制已初现端倪,并具有突出的特征。它既承载着满族诸姓慎宗追远、祭奠祖先的愿望和情感,积淀着民族的观念和意识,也体现了满族萨满教在长期的历史传承中的继承性和创新性,彰显其顽强的生命力。

本文原载于《社会科学战线》2009 年第 3 期

满族萨满教的祖先神信仰研究

于 洋[①]

摘　要：满族民间普遍将西墙的"祖爷板"视为祖先神神位。祖先神内涵复杂，主要包括南位神和北位神两种类型，有各自的祖先身份和文化逻辑。文章在文献和田野的双重视角下，通过对满族祖先神观念和仪式的考察，发现南位神并非祖先来源，作为"恩人神""贵人神""保护神"的客神身份被供奉；而北位神多由家族历史上已故萨满、族长等有重要影响的祖先灵魂构成，具有"巫祖"原型特征。本文通过两类祖先神的面貌、异同及相互关系的揭示，剖析祖先神信仰的萨满教来源，提出理解满族祖先神的基本路径和方法。

关键词：祖先神　南位神　北位神　萨满教

一、问题的提出

满族民间将居室西墙所立木板，作为供奉祖先的神圣位置。神位上多放置一个或多个木匣，匣内放有象征祖先神的神偶、神图等实物。祖先神，满语为"包衣滚窝车库"（家神）。在汉语表达中，人们将祖先神称为"祖爷""老祖宗"等。在观念层面，不同姓氏的祖先神有各自的家族界限，正如史禄国（S. M. Shirokogoroff）所言："满族有多少家族，就

[①] 于洋，男，人类学博士，吉林师范大学历史文化学院讲师，研究方向为宗教人类学、历史人类学。

有多少祖先神群"。① 各姓多保留着关于祖先神的口头记忆和相关记录的手抄本(萨满文本)②。在仪式方面,西墙祭祖为满族家祭活动重要祭项,是对祖先信仰观念的具体实践。

学界对满族祖先神的理解,一直较为模糊,从而导致一些学者就满族祭祖性质进行持续的争论。③ 过去,人们倾向用图腾崇拜、动物崇拜、英雄崇拜等概念理解满族祖先神对象,虽然从普遍的意义上,一些被举证的信仰对象在某一方面或某种程度上,具有这些概念的一般性,但由于忽略文化持有者的观点和逻辑,极大地遮蔽了其丰富内涵和表述规则。关于满族祖先神的内容,迄今已有不少撰述。大致可分为两类:一类是清代官私文献所记;再一类,出自今人民间考察所获的私人文献与仪式记录。对于前类记载,学界很少作为理解祖先神的资料进行系统梳理。相比之下,后一类文献中,则以满族各姓的萨满文本、造像、文化知情人的口述,这些更被研究者所珍视。尤其在信仰活动方面,它们所提供的细节更为生动、细致,可以弥补前一类资料的零散和不足。由此,从文献和田野的视角考察满族的祖先神,就具有了独特的价值。本文将目光转向满族民众的主位解释立场,寻找人们辨识祖先神的习惯和标准,进而探讨满族祖先神信仰的结构特征、思想来源及相关实践活动的功能,提出理解满族祖先神的基本思路。

二、南位神

"南位神"是满族民众的地方性话语,指供奉在居室西墙南侧的祖先神。人们也称之为"南炕神""贵人神""旁系神"等。为了论述方便,我们统一用"南位神"指称这组神灵。南位神的神匣中多放有象征性的神偶、神图等。笔者主要以4个家族为案例,从文献、口传和造像的角度对这组神灵进行考察。

---

① 〔俄〕史禄国著,高丙中译:《满族的社会组织——满族氏族组织研究》,商务印书馆,1997年版,第70页。
② 这类民俗文献为保留在满族各姓萨满中的手抄本,主要记录祭祀神灵与仪轨方面的知识。
③ 郭淑云:《中国萨满教若干问题研究述评》,《民族研究》,2011年第3期。

石姓，满姓为益格德里哈拉，①佛满洲正黄旗。根据家谱记载和长辈讲述，石姓祖先属辉发部，曾从龙入关，后随先祖吉巴库迁至吉林乌拉地区，隶属打牲乌拉总管衙门。现主要居于吉林省九台市胡家乡小韩屯、莽卡乡东哈屯。2012年以来，笔者先后两次对石姓的祭祀活动进行调查，大致知晓了该姓南位神信仰的一般状况。

南位神平时被供奉在西墙"祖宗板"南侧的木匣中，里面放置神图一幅，长约1.5米，宽约为0.8米。神图以长白山为背景，中央绘制三位神灵，分别是"超哈占爷"（军队总兵）、"尼贞布库"（摔跤手）、"巴那额真"（土地神）。在神图中，骑红马的"超哈占爷"绘制在神图中央，后两者跟随其后。与神图相对应，神偶由3个雕刻粗犷的木偶组成，其中尖顶者为超哈占爷，两位瞒尼神在两侧。在萨满文本中，对南位神有精彩的描述："超哈占爷从高耸入云的白山而来，统理征讨军务，坐骑骏马出征。40名骑士护卫，20名强汉随行。尼贞布库、巴那额真神，盘旋于日月、来往于天地之间，沿着尼西哈河降临。"

据萨满介绍，这3位神灵为许多满族人家所供奉，是有恩于石姓的保护神灵。②在人们的口碑中，至今仍传承着南位神超哈占爷"治病救人"的灵验传闻。人们也将"超哈占爷"视为满族萨满的巫祖，即萨满教的缔造者。据说，满族各姓的大萨满去世后，都要魂归长白山，在超哈占爷的"坛场"中修炼，若干年后再回到族中"抓萨满"。在日常的宗教实践中，人们在遇到"非常"事件以及节期性的供祭中，南位神是献祭的对象。

罗关，满姓为呼伦瓜尔佳哈拉，佛满洲镶红旗。据家谱记载与口述历史，罗关家族源自海西女真辉发部，顺治初年迁至乌拉街，隶属打牲乌拉总管衙门，从事打牲相关事务，家族后裔现主要居于吉林省九台市其塔木镇刘家满族村。2012年、2013年，笔者先后两次对罗关家族的祖先神信仰进行调查。

罗关家族的南位神为两位"外来妈妈"神。第一位"外来妈妈"神是

---

① 据《满洲实录》记载，"辉发国本姓益格德里，原系萨哈连乌拉（一说黑龙江，一说混同江），尼玛察部"。辽宁省档案馆编，辽宁教育出版社，2012年版，第53页。
② 访谈对象：石清珍，男，70岁。访谈时间：2012年1月25日。访谈人：于洋。

嫁出去的姑娘(姑奶奶)。相传,这位姑娘父亲去世后,家中祖先神无人祭祀。她把祖先神带到婆家,每年杀一只母鸡供祭。由于这位"姑奶奶"的行为有恩于家族,其去世后,家族成员便把她纳入祖先神中祭祀。① 另一位妈妈神为"万历妈妈"。族人传讲,这位神灵生前为明辽东总兵李成梁的小妾,后因帮助努尔哈赤出逃而被处死。后世满族人为表感恩之情,供奉这位贵人神。② 罗关家族没有这组神灵的固定神位及象征。在家祭中,人们在神堂南炕的西南角,临时搭建供台,以两只熟鸡为祭品,邀请神灵前来享宴。

图1 石姓的南位神　　图2 罗关的南位神

杨姓,满姓为尼玛察哈拉,佛满洲正白旗。根据家谱记载和口述史,杨姓原属东海女真人,后经库页岛迁至绥芬河、珲春一带。康熙年间,奉旨应征吉林驻防,其中一支到乌拉充差,其后人今主要居于吉林省九台市莽卡乡查里巴村。③ 2012年2月初,笔者观察并访问了杨姓南位神的信仰情况。

萨满文本中有对南位神的精彩描述:穿着白衣服的"山眼玛发"(长白山神)从茫茫原野而来,居于九层云天,降临到神坛之前,被黄布包裹着,灵气早就降临了。族人介绍,杨姓在早年迁徙过程中曾遭遇洪

---

① 访谈对象:关连福,男,50岁。访谈时间:2013年1月4日。访谈人:于洋。
② 访谈对象:关连福,男,50岁。访谈时间:2013年1月4日。访谈人:于洋。
③ 参见九台市文教卫生委员会编:《九台文史资料》(第七辑),内部资料,2012年版,第187页。

水,后为水中漂浮的树干搭救,后者为上述神灵赐予。为感谢这组"恩人神",杨姓族人用3根雕刻的树根象征神位,平时用黄色丝绸包裹,放在西墙的祖宗匣内,视为祖先神灵供奉。①

杨肇,满姓为尼玛察觉罗哈拉,佛满洲正黄旗。根据家谱记载和族人口述,该姓原为东海女真人尼玛察路,后被努尔哈赤招降,并赐姓觉罗,为红带子。家族先祖曾追随努尔哈赤南征北战,并从龙入关,其中一支于康熙年间为抗击沙俄被调往吉林驻防,迁至吉林南部郊区。杨肇成员现主要居于吉林市丰满区江南乡段吉村。2012年10月,笔者对杨肇家族的祭祖仪式进行考察。

由于杨肇的萨满文本在"文革"期间遗失,我们只能通过对仪式的参与观察及访谈萨满了解南位神的信息。据萨满介绍,南位神称为"玛发窝西浑"(贵人神),这组贵人神曾在家族先祖南征北战的过程中,予以帮助,有过恩惠,因此被尊奉为神灵。② 杨肇南位神由一张神图象征,上面绘有两位穿清代官服的男性,神图平时放置在木制神匣中,供奉在屋外的西南角。在祭祖仪式中,萨满要将神位请至房中西屋的西南处,设供祭祀。

前人学者的调查报告中,也提到南位神。俄国民族学家史禄国曾在瑷珲(今黑河)地区调查满族的祖先神情况,记录了三个满族姓氏的南位神群,具体如下:(1)安巴五色哈拉:天子、金佛、超哈占爷、奴干

图3 杨姓的南位神　　　　　　**图4 杨肇的南位神**

① 访谈对象,杨绍华,男,46岁。访谈时间,2012年2月2日。访谈人,于洋。
② 访谈对象,杨庆玺,男,62岁。访谈时间,2012年10月26日。访谈人,于洋。

祖先;(2)萨克达哈拉:长白山主、山珠嫩都、奴嫩祖先、超哈占爷、瞒尼色夫、菩萨、如来、九位贝子;(3)瓜尔佳哈拉:超哈占爷、天子、金鹰太色、伊尔塔木色夫、尔塔木色夫。①

以上事实可以表明,将南位神视为祖先神的信仰观念在满族民间是十分普遍的。这些神灵中,有一些是普遍性的神灵,如如来佛、菩萨。很明显,这是满族人在汉文化影响下所借用的信仰对象。还有一些神灵是民族性、地域性的,其中较为典型的神灵是"超哈占爷"(领兵统领),除上文提及的各姓氏,希林赵姓、郎姓、舒穆禄氏等家族中都有出现。② 但是,对于共性神灵,不同地域、姓氏却赋予了不同的意义和功能,如超哈占爷,有人认为是保护性神灵,有人认为是巫祖,治疗疾病的神灵等。当然,南位神也包括属于某一家族的特殊神灵。无论如何,人们对南位神的认知观念是一致的,即南位神是非祖先来源、具有保护性特征的客神。

三、北位神

北位神是满族的另一组祖先神灵。在满族民间方位观念中,"西为大、南为尊"。若南位神是尊贵的客神,那么相较而言,北位神则由家族历代以萨满为核心的"巫统"神灵构成。满族各姓关于北位神的神偶、神图等一般单独放在神匣中,不与南位神相混淆。

石姓的北位神图长约为2米,宽约为1米,绘有北位神群,俗称"神楼子"。神图上的神楼中,坐着"太爷神",为家族去世的"神选"萨满。据萨满介绍,能上神楼子的太爷神须具备以下条件:在世时为石姓成员,并为神选萨满。萨满死后其灵魂回到长白山继续修炼,并在若干年后回族中抓了新萨满。石姓神楼中,共有6位"太爷神":头辈太爷崇吉德、二辈太爷打卡布、三辈太爷乌林巴、四辈太爷东海、五辈太爷多明阿、六辈太爷贵海(一说为昆东阿)。北位神还包括一组木刻神偶,称为"瞒尼神"。"瞒尼神"是"太爷神"的助手神,为历代萨满所"掌控",具有

---

① S. M. Shirokogoroff, *Psychomental complex of the Tungus*, London: Kengan Paul. Trench. Truhner. &·CD. LTD, 1935: 146.
② 宋和平,孟慧英著:《满族萨满文本研究》,台湾五南出版公司,1997年版,第307—330页。

各自的能力作用。如在满族多个姓氏北位神中出现的"多霍洛"瞒尼，是一位瘸腿神灵，以往的记载中，这位神灵帮助萨满将死者的灵魂送往阴间，是与下界有关的神灵。[①] 还有一些神灵具有"治疗"的功能，萨满在治疗仪式中，往往"求助"这些神灵解决问题。此外，石姓萨满文本中还记载一些萨满掌控的动物神灵，如鹰神、雕神、金钱豹神、白水鸟神等，这些助手神灵也被视为祖先神。

罗关的北位神位由12组丝绸条和1组铜铃象征，共为13位神灵。根据萨满文本，这些神灵分为以下几类，第一类为去世的祖先和萨满：安巴先祖（始祖）、沙拉嘎吉贝子（女人贝子）；第二类是具有助神性质的神灵，包括纳尔浑轩楚、那丹纳尔浑轩楚、牛浑太子和牛浑贝子（驿站贝子）、朱禄轰务（双铃神）、堂古罗贝子（百岁老者）、波浑贝子（清洁贝子）、为浑得佛力勒为中阿（第一个制造独木舟的人）、不车勒德佛力勒不车色夫（为阴间准备供品的神）；第三类为动物助神，包括扎破占色夫（蟒神）、苏禄莫林阿占爷（白马神）。[②]

杨姓的北位神是相对复杂的，没有十分具体的象征，仅用盖着红布的木架象征神位。通过对萨满文本的分析，我们将杨姓的北位神分为以下几类：第一类为去世的萨满祖先；第二类为对家族有贡献血缘祖先，如治疗腰疼的祖先神、创业始祖神；第三类有萨满的助手神灵瞒尼神，如哑神何洛瞒尼、瘸神多霍洛瞒尼；第四类为萨满掌控的动物神灵，如首雕神、八尺蟒神、九尺蟒神、鹰神、金钱豹神、金雕神等。[③]

杨肇的北位神由木刻神偶来象征，平时供奉在北墙的西北角的木匣中。祭

图5 石姓的北位神

---

① S. M. Shirokogoroff, *Psychomental complex of the Tungus*, London: Kengan Paul. Trench. Truhner. &CD. LTD, 1935: 162.
② 参见宋和平：《吉林省九台市其塔木镇刘家村满族关姓神本译注》，未刊稿。
③ 王宏刚，于国华著：《满族萨满教》，台湾东大图书公司，2002版，第109—110页。

祀时,神偶从神匣中取出,放在西墙前的神架上。据萨满描述,这4个神偶为杨姓去世的四位大萨满,作为氏族的祖先神供奉。在史禄国的调查中,也曾记录了满族的北位神。以前文史氏提及的3个氏族为例,各姓的北位神如下:(1)尼安安楚兰、苏禄西雅路、飞鸟神、莫莫格-所莫格等9位神灵;(2)纳乐纳拉库、纳尔浑安楚、夫妇神;(3)白胡子老头、新撮神群、驼背老妇。

图6　石姓的北位神

图7　罗关的北位神　　　　　图8　杨肇的北位神

以上四个案例中,石姓、杨姓有神抓萨满传承,两者北位神的结构逻辑具有相似性,即以萨满作为主神和助手神灵瞒尼神、动物神的组合模式。有学者将这种具有萨满教祖先神特点的表现概括为"巫祖祖先

神"。① 这种祖先神的构造模式在整个满—通古斯语民族都是很普遍的。如史禄国调查发现,在萨满祖先神灵群,果尔德人(赫哲)的"色瓦"、通古斯人(鄂伦春、鄂温克)的"色翁",以及满族人的"窝车库"具有一定的相似性。果尔德人的神灵体系与通古斯人的神灵体系相似度更高,满族人的"窝车库"分排,每一排神灵都有一个领导者。② 相比之下,罗关、杨肇家族已经"扣香",即没有神抓萨满,已很难指出其北位神构造的本来面目,甚至也包括一些生前有过重大影响血缘祖先。但可以肯定,满族祖先神中的北位神并非我们一般所理解的家族历代祖先,而是由具有"巫力"的超自然力量构成。

四、两类仪式

出于对两组神灵的认知差异,满族各姓的祭祖仪式分祭南位神、北位神两个部分。在民间,前者多被称为"跳饽饽神",后者为"跳肉神"。在一些佛满洲家族中,北位神群中的一些神灵须在黑暗无光的环境祭祀,称为"背灯祭"。两组神灵的祭祀时间、空间、供品、主祭人表现等方面均表现出一定区别。

一般来说,满族祭祖于每年农历冬月(公历 12 月)的"秋祭"活动中进行。其目的是感谢祖先神赐予佑护,并祈求下一年的丰产。在仪式中,各姓的"包衣滚萨满"(家萨满)担任主祭人。与传统意义上的巫师型萨满不同,满族的家萨满为祭司型萨满。他们在氏族成员中产生,由有经验的老萨满培训,③掌握家族祭祀方面的知识。家萨满的作用在于通过家族的仪式和典礼将神灵赐予的助益和吉利给族人。

在祭祀时间、空间方面,南位神的祭祀一般在秋祭活动的第一天上午举行,一般为寅时。在满族人看来,这组神灵走的是"日路",这种时间选择与民众对这组神灵的态度密切相关。南位神是外来的旁系神,

---

① 孟慧英:《中国东北部地区少数民族萨满教信仰中的巫祖祖先神》,《民族研究》,2009 年第 6 期。
② S. M. Shirokogoroff, Northern Tungus Migrations in the Far East-Goldi and their Ethnical Affinities, *The Royal of Asiatic Society*, VII, 1926:60.
③ 这类培训在民间称为"教乌云"或"抬神"。

为"客神",所以依据"待客"的文化逻辑,要先祭祀这组神灵,神灵象征物所安放的位置为居室的西南角,这在满族人空间观念中是"尊贵"的位置。而北位神的祭祀时间为夜晚,走的是"夜路",要在夜空中星星出来之时祭祀,从祭祀的空间上看,这组神灵象征物要置于室内正西的位置。

从供品上看,对于那些南位神中包括佛、菩萨的家族来说,这两位神灵是"吃素神",走的是佛路,因此接受糕祭。为了避开"吃荤神","吃素神"祭祀后需要移至佛爷匣,放到屋外南墙的西边,①其余的"吃荤神"可以享用肉类祭品。一般来说,南位神的主要祭品为蒸糕或打糕,也有煮熟的鸡、鸭等。北位神则用猪祭祀,族长代表全体族人向猪耳灌酒或净水后,猪耳抖动象征神灵,然后由"锅头"②杀猪并卸成8块,煮熟后拼合成整猪形状,在北位神前供奉。满族人认为,祖先神是非物质性的,酒味、燃烧的香气、煮熟供品的味道等非物质形式是与神灵交流的中介物。

萨满的祭祖仪式,是在实践层面对信仰观念进行操演。各姓祭祀南位神的程式和内容大同小异。在这个仪式中,核心部分是萨满进行与神灵"交流"的仪式,这是一种"直接作用于神灵的口头宗教仪式"。③在仪式过程中,萨满穿长衫、系神裙、戴腰铃,一边击鼓,按照特定的曲调唱神歌,并伴随特定的舞蹈形式。这一切都是标准化的,具有高度的仪式主义特征,其中没有什么情感要素。虽然仪式由萨满个人表演,但是却以集体的方式进行,整个表演活动都满足人们的对传统的期待。祈祷神词内容大致如下:首先,萨满说明本人所属姓氏、属相;然后,唱诵家族所祭神灵的名字;接着萨满向神灵说明献祭祀的原因;最后萨满唱祈求神灵赐予佑护的内容。主要包括"请求神灵降临享祭,保佑氏族成员没有灾病、头清眼明、子孙昌盛、马俊牛肥、平安幸福"等内容。

需要指出,对于有神抓萨满的家族,南位神和北位神的祭祀由两类萨满承担。南位神祭祀由祭司型萨满承担,北位神祭祀由巫师型萨满

---

① 赵君伟:《赵氏族中大祭活动纪实》,载《牡丹江文史资料》(第7辑),1992年版,第97页。
② 负责制作供品的人员,一般为男性。
③ 〔法〕马塞尔·莫斯著,蒙山养人译:《论祈祷》,北京大学出版社,2013年版,第66页。

承担。在祭祀北位神的过程中,萨满会戴神帽,表现出以入迷术为核心的意识变化状态,在助手的配合下通过舞蹈、演唱表现出北位神的神格特征,但整个仪式却是高度程式化的,很少出现变异性。甚至在一些"扣香"的家族,萨满在祭祀北位神的过程中偶尔也会表现出巫师的特点,例如罗关家族的萨满祭祀北位神时,在表现鹰神赴宴的舞蹈中,也出现入迷状态。可以看出,虽然满族的萨满是高度祭司化的,但在仪式过程中还偶尔表现出"巫师的踪影"。

乾隆十二年(1747年)制定的《钦定满洲祭神祭天典礼》正文分为六卷,第一至四卷为祭神祭天的神祇、礼仪、祝辞等内容,第五卷为祭神祭天器用数目,第六卷为祭神祭天器用图。它是满洲皇族的祭祀法规。其中记录了坤宁宫的西墙祭祖(称作朝祭和夕祭)情况,朝祭神灵包括如来、菩萨和关帝,安于西大炕;夕祭神有穆哩罕、画像神、蒙古神神像,安于北大炕。夕祭神辞包括年锡之神、安春阿雅拉、穆哩罕、纳丹岱珲、纳尔珲轩初、恩都哩曾固、拜满章京、纳丹威里瑚里、恩都里蒙鄂乐、喀屯诺彦;后掩灭灯火进行背灯祭,迎请神灵有纳丹岱珲、纳尔珲轩初,卓尔欢钟依,朱禄朱克腾。① 可见,清代宫廷关于祖先神灵的观念和仪式与民间大同小异。不同的是,清宫堂子祭祀过程中,要将坤宁宫的朝祭神灵请到"祭神殿",后送回宫中。②

在清代笔记中,也有对满族祭祖活动的精彩描述。如完颜麟庆曾记录本家族的祭祖活动,其中南位神供糕13盘、酒13盏、香3碟,请牲前,移南一香碟及第三糕盘于板上(给佛),后省牲(避杀字),煮肉以献。北位神供糕酒数各11,仪如朝祭,献熟牲时熄香撤火,布幔遮窗,谓之背灯。③ 再如,清人崇彝曾记载:"满洲人家之神板,在正室西墙高悬,相传所供之神为关帝、马神、观音大士三神;本族祖先之位,则系于北墙,只空悬一神板也"。④ 以上考察表明,清代各层满族文化中的祖先神信仰是一致的。

---

① 姜相顺著:《神秘的清宫萨满祭祀》,辽宁人民出版社,1995年版,第220页。
② 杜家骥:《从清代宫中祭祀和堂子祭祀看萨满教》,《满族研究》,1990年第1期。
③ [清]完颜麟庆著:《鸿雪因缘图纪》,浙江人民美术出版社,2012年版,第992—993页。
④ [清]崇彝著:《道咸以来朝野杂记》,北京古籍出版社,1982年版,第51页。

五、总结与讨论

多年来,我们在对满族考察的过程中,经常会发现满族民众往往会把祖先神指向家里祖宗板上供奉的"祖爷"。有学者一直坚持说,满族的祭祖与汉族很接近,因而不属于萨满教的范畴。笔者不同意这种看法。那么,我们该如何理解满族祖先神信仰文化丛,它是如何在满族社会文化变迁中生成并定型的,其功能是什么。

大体而言,满族是17世纪初在明代建州女真、海西女真并吸收部分"野人女真"基础上而形成的民族共同体。满族人早期信仰以万物有灵论为基础的萨满教。虽然关于女真各部统一过程中的萨满教情况我们所知甚少,但之后满族国家化过程所伴随的萨满教变迁却相对清晰。努尔哈赤统一女真各部时宣称"一个新的天命时代",具有明显的萨满教预言性质。

1636年皇太极称帝,定国号为"大清",并女真改称"满洲"。在大量接触汉文化后,他在政治上除旧布新、仿效汉制,深感自身宗教习俗的一些落后和不文明的层面。天聪时期,皇太极曾下令"永不许与人家跳神拿邪,妄言祸福,蛊惑人心,若不遵者杀之"。因为当时女真人"疾病则绝无医药针砭之术,只使巫觋祷祝,杀猪劣纸张以祈神,故胡中猪纸为活人之物,其价极贵云"。① 不过,作为经济文化"落后"的少数民族统治者,满族并没有完全抛弃掉自己固有的宗教习俗,因为文化的解构,必然会危及到清朝的统治。其结果是"允许萨满作为统治阶级服务的专门化祭司集团和巫祝,而对以昏迷术跳神来实施治疗、预言进而蛊惑人心的萨满进行限制"。② 从此,满族的萨满经历了由以巫为主向以祭司为主的演变趋势。在宫廷,萨满祭司主要由官员或宗室的妻子构成,负责日常的献祭活动。民间的"包衣滚萨满"在每年氏族大会上由莫昆达选出,其中"大萨满"在每年的秋祭活动中选出,几乎所有这些萨满都不能有入迷体验。

---

① 辽宁大学历史系:《清太宗实录稿本》(卷十四),1978年版,第13页。
② 孟慧英著:《中国原始信仰研究》,中国社会科学出版社,2010年版,第240页。

到了 18 世纪中叶,城市中甚至所有在八旗驻防的满族人都在失去自身的传统,许多人不再会说满语。同时,清王朝经历了迅速的扩展,不仅触及到云贵地区,而且也拓展西北。在这种情况下,乾隆帝意识到,满族需要重建与"神圣世界"的垂直联系。[①] 换言之,从族群独特性的话语表达上,作为一个迅速壮大的帝国,满族需要维系自身统治的合法性。萨满教在这样一个过程中,拥有着文化功能。当时,宫廷的萨满已经不能说满语,失去了与早期族群传统的关联,将自身局限在不太理解的仪式框架之中。皇帝在原有萨满教传统的基础上,重新编撰、规范宫廷的萨满仪式,使相关祭祀仪礼更加丰富,参照儒家文化的背景给萨满教一个更为"文明"的形式。其成果即乾隆帝颁行的《钦定满洲祭神祭天典礼》,具体内容前文已述。由于满洲体制的官僚化,及氏族对八旗制度的附属关系,宫廷祭祀得到民间的纷纷效法。

随着对氏族源流的强调,传统的萨满教神灵犹如祖先神。如前文考察,一些家族的北位神完整地再现了萨满教典型的巫祖祖先神特征。对于另一些家族的北位神,虽然很难指出其巫祖信仰的本来面目,但可以肯定,它保留着巫祖信仰的一些特点。当然这些神灵中也包括一些真正的血缘祖先,但其性质与神灵相同。同时,各个氏族的保护神,包括民族性、地域性及佛教神灵在内的南位神也被祖先化了。这种保护神灵与巫祖神灵合并是一种内在化的过程,它将满族萨满教宗族化的同时,也加强了整体的满洲认同。正如史禄国所指出,满族文字的发明对萨满教产生了重要的影响。[②] 从近年来所搜集的萨满文本来看,至少从"典礼"颁行以后,满族民间将祭祖的仪式规则和神灵名字记录在文本上。这在某种程度上造成了满族祖先神灵的固定化、仪式程式化,失去了应有的弹性和活力,其模式一直延续至今。

总之,满族的祖先神信仰是民族统治者建立政权的过程中,在传统

[①] Caroline Humphrey, Shamanic Practices and the State in North Asia: Views from the Center and Periphery, in Shamanism, History and the State, The University of Michigan Press, 1999: 218.

[②] S. M. *Shirokogoroff*, *Psychomental complex of the Tungus*, London: Kengan Paul. Trench. Truhner. &CD. LTD, 1935: 245.

萨满教信仰的基础上,经由上层的不断改造和利用,在民间逐渐形成并定型的一种信仰模式,也许以此思路来理解满族的祖先神信仰是更为合适的。

本文原载于《世界宗教文化》2016年第3期

"安代"治疗仪式的民族精神病学阐释[①]

乌仁其其格[②]

摘　要：蒙古族传统"安代"治疗仪式，是民间信仰仪式与治疗仪式的统一，融音乐治疗、运动治疗于一体，将心理治疗、躯体治疗、社会功能恢复等有机地结合在一起，帮助患者恢复精神平衡与和谐。"安代"疗法为了解不同文化情境下精神病的表现形式、人们的应对策略，特别是地方文化在其中起到了怎样的作用，以及在传统社会中，民间信仰为人们应对疾病提供了怎样的意义支持等问题的研究提供了新的视角。

关键词：安代　治疗仪式　民族精神病学

"安代"可分为传统安代和新安代。传统安代是指以原始信仰为基础，以驱魔治病为目的，以歌舞为手段的程序严谨的民间信仰仪式，曾流行于内蒙古原哲里木盟库伦旗等地。传统安代在民间叫作唱安代。1956年以后，由专业或业余文艺工作者以传统安代为素材创演的舞台和广场安代称为新安代，也叫安代舞。1996年11月，库伦旗被文化部冠名为"中国安代艺术之乡"。2006年，由库伦旗申报的蒙古族安代舞入选首批国家级非物质文化遗产名录。人们对安代的认识，也多是把它作为一种蒙古族特有的民间歌舞艺术形式，至于它的原生形态只是

[①] 本文为国家社会科学基金资助项目"蒙古族萨满医疗的医学人类学阐释"（批准号：07XMZ016）阶段性成果之一。
[②] 乌仁其其格，女，内蒙古呼和浩特人，内蒙古师范大学社会学民俗学学院教授、博士。

"科尔沁博"①的一种民间信仰治疗仪式这一事实,却缺乏深入的了解。本文要讨论的是作为民间信仰治疗仪式的传统安代,新安代不在讨论之列。

  疾病的本质是否是人类普适的?文化对疾病的影响是本质的还是现象的?这些问题一直是人类学领域中的重要研究课题。这是因为,文化的普适性和文化的独特性是人类学的基本问题之一,而疾病本质的普适性和特殊性问题是文化的普适性和特殊性问题的重要组成部分。现代医学认为,精神疾病是指在各种生理学、心理学以及社会环境因素的影响下,大脑机能活动方式紊乱,导致认识、情感、意志和行为等精神活动发生不同程度障碍的疾病。然而,在不同的文化背景和不同的历史时期,人们对精神病的认知和诊治方法不同;精神疾病的症状、表现,以及人们的应对方式有别,医学人类学家把与之相关的研究,称为民族精神病学。又因其研究的重点以文化和精神异常现象为核心,因此,可以总称为跨文化精神病学或精神病学人类学②。本文从民族精神病学的视角,对安代治疗仪式的构成要素、治疗机制、特征以及在传统社会中,地方文化因素是如何有效地介入微观的个体因素之间,并在两者之间发挥调停作用。以期通过对体现于"安代"治疗仪式中的文化特殊性问题,及其所承载的知识形式和文化特征的分析阐释,增进人们对人类医疗信仰和实践多样性的理解和认识。

一、安代治疗仪式的构成要素及治疗机制

(一)安代治疗仪式的构成要素

  求治方与施治方:求治方是病人及其家属。病人大多是精神异常的未出嫁的姑娘或刚过门的媳妇,其次是婚后不孕的少妇。施治方,主要指"安代博"("科尔沁博"在其发展、演变的过程中,分衍出众多的派系,其中专治安代病的"博",泛称为"安代博")。担任安代病治疗主角

---

① 博"bge",蒙古族对萨满的统称。科尔沁博是迄今遗留的蒙古族萨满教的一支,它不仅具有蒙古族萨满教的一般特点,而且还具有较浓厚的地方特色。主要流行于内蒙古东部科尔沁草原一带,今科尔沁左翼中旗、科尔沁左翼后旗、库伦旗等地都有"博"存在。
② 席焕久主编:《医学人类学》,北京:人民卫生出版社,2004年版,第63—64页。

的是"安代博"和"道奇"(安代仪式中的主唱歌手)。

仪式空间：可分为"小安代"和"大安代"两种。只邀请"安代博"与病人及其亲属参加的安代叫作"小安代"。仪式在病人家中举行，宗教色彩浓厚。建大场地，由"安代博"主持，"道奇"主唱，众人参加唱跳的安代被称作"大安代"。"大安代"融信仰仪式与治疗仪式为一体，并兼有民间艺术的娱乐功能。

表现形式：歌(音乐)、舞、诗歌三位一体。安代音乐来源于萨满教的音乐、民歌及即兴填词的民间小调。传统安代的音乐有自己固定的曲牌，流传下来并有记载的安代曲谱共有57首[1]。安代音乐在调式、节奏、旋律等方面均有其特征，曲调既有流畅动听的民歌特点，又有适合舞蹈的特点，节拍规整、节奏强烈。

传统安代唱词极为丰富，流传至今的唱词，多为传统安代中近似程式化的部分，触景生情、即兴创作的唱词散失较多。传统安代唱词内容绝大部分围绕驱魔治病的宗旨，涉及社会层面相对比较固定，多反映妇女在爱情、婚姻及家庭生活方面遭遇的痛苦。在安代治疗仪式中，唱词是治疗者与病人交流、沟通的主要形式，是对病人实施心理治疗的重要手段。

传统安代的舞蹈奔放、热烈、刚健，动作与《蒙古秘史》中"为忽图剌称合汗张盛筵，于豁儿豁纳黑川，绕蓬松茂树而舞蹈，直踏出没肋之蹊，没膝之尘矣。"[2]的记载非常相似。一直到13世纪前后，在蒙古历史文献中还没有"布吉格"(舞蹈)一词。人们是以"德布申"(顿足、踏足)"博伊勒格"(身段)来表达人体有节奏、有规则的律动。安代舞绕车轴而舞的习俗，很有可能就是继承了蒙古族先民绕蓬松树而舞的传统，而顿足、踏足的基本动作更是与蒙古族原始舞蹈一脉相承。据安代舞研究者称，阴山岩画和乌兰察布岩画中，均有骑马蹲裆这一舞姿。传统安代的这一舞姿，多用来诱导病人起来舞蹈，并从病人向前披散的头发缝隙中察言观色，询问病源，以便劝慰。

---

[1] 白翠英、陈稚卉主编：《安代研究四十年》，呼和浩特：内蒙古人民出版社，1999年版，第97—98页。
[2] 余大钧译注：《蒙古秘史》，石家庄：河北人民出版社，2001年版，第53页。

分类：安代研究者将传统安代分为最古老的"唱鸢安代"，中期的"驱魔安代"及近期的"阿达安代"和"乌茹嘎安代"等四种类型。民间话语中关于安代病的致病因素有两类：一类是安代鬼魂，如：鸢鬼、恶魔、或祖先的灵魂等作祟造成的"阿达安代"；另一类是因恋爱、婚姻不幸或婚后不孕而导致的"乌茹嘎安代"。安代病的症状也可分为两类：一类是"阿达安代"，包括"唱鸢安代"和"驱魔安代"等，病人表现出失去常态的行为，如：兴奋不安、胡言乱语、大喊大叫等躁狂症；另一类"乌茹嘎安代"虽然也属于精神异常状态，但表现方式与前一种不同，如：不言不语、神情呆滞、郁郁寡欢等，严重的茶饭不思，躺倒不起，身体日益消瘦等，病因是精神压力或所思不遂而积郁成疾。前一种是兴奋型的精神异常，后者是抑郁型的精神异常。

（二）安代治疗仪式的治疗机制

在讨论安代治疗仪式的治疗机制之前，先来了解一下现代医学对精神疾病的诊断和治疗方式。目前，有关精神障碍的病因学研究表明，对于大多数功能性精神障碍尚未发现明确的病因与发病机制。精神病学家承认，由于人类精神活动的复杂性以及对精神病认识的局限性和方法学问题，目前很难确定常见精神障碍的确切病因，人类对许多精神障碍的病因研究仍未有重大突破。对于精神科病例的临床诊断，到目前为止，还缺乏足够可靠、确切的客观检验手段。在相当大的程度上，还借助于询问、交谈、观察等基本方法[①]。

精神疾病的治疗经历了漫长的发展过程，直到20世纪才有了较大发展。

现代医学对精神病的治疗主要是药物和心理治疗。在各种精神病治疗手段中，药物治疗是最为重要的一种。药物的使用对治疗和缓解病情起到了重要作用，但有些药物有毒副作用，有些药物虽然比较安全，但长期使用会产生药物依赖。

心理治疗是治疗者应用心理学原则与方法，以慎重的态度与患者交互作用，来促进患者积极的人格发展，以达到适应正常生活的目的。

---

① 郝伟主编：《精神病学》，北京：人民卫生出版社，2005年版，第9页。

心理治疗依其主要学术理论与施行要点,可分为以下种类:分析性心理治疗,认知性心理治疗,支持型心理治疗,行为性心理治疗,人际性心理治疗[1]。如上介绍,治疗精神疾病药物应用于临床是在20世纪中期,在此之前,科尔沁地区的蒙古族民众在应对年轻女子所患的精神疾病时,采用了除药物之外的,以心理治疗为主的综合性的治疗手段,这不能不说是一种特殊的文化现象。下面试作分析。

对疾病的治疗始于患者的求治愿望和对疾病的命名。对具体的安代病,病人与治疗者有不同的表达。病人或家属带着自己对症状的认识而来,等待"博"给出一个具体解释和治疗建议。如是恶魔作祟,或者是祖先没有得到应有的祭祀或供奉等等。说出病名并解释病因本身就可以看成治疗过程的开始。精神病学家、人类学家E·福勒·托里在与非洲巫医一道工作之后得出结论,认为巫医同精神病学家治病使用的是同样的机制和技术,而且都获得同样的效果。他把全世界的医疗方式分为四类:

1. 命名过程。如果一种疾病有个名称——"神经衰弱""恐惧症"或者"祖灵附体"等;那么这种病就可治愈,病人意识到医生懂得他的病情。

2. 医生的个性。那些对病人的病感同身受,表示同情,对病人热情而又无所求,并对病人表现真正关心的医生会收到良好的医疗效果。

3. 病人的期望。就是唤起病人治好病的期望。

4. 治疗技术。药物、电刺激疗法、调节技术等在世界不同地方得到长期使用[2]。

这四种疗法中唯有第四种是现代社会的人们熟悉,并能接受的疗法,而其他则很少被认为是医疗方法。使用"命名过程、医生的个性、病人的期望"三种疗法医治病人是一些信仰治疗师惯用的方法。"安代博"治病正是开始于"命名过程"和对病因的解释。重病因是信仰疗法的特点之一,"博"根据本土的知识和逻辑寻找病因,并提出解决的方

---

[1] 席焕久主编:《医学人类学》,北京:人民卫生出版社,2004年版,第76—78页。
[2] 〔美〕C·恩伯—M·恩伯著,杜杉杉译:《文化的变异——现代文化人类学通论》,沈阳:辽宁人民出版社,1988年版,第486—487页。

法。"博"对病因的解释是基于其原始信仰基础之上的,无非是恶灵附体或祖先怪罪之类的原因,但有些症状对他们也有意义,"博"也通过病人的不适感觉和不同的表现来认识疾病,并且,某些治疗仪式的类型与某些特定的症状有关,如同样是精神异常,若病人表现得兴奋狂躁,"博"可能作出如"阿达安代"之类的判断,并建议举行"阿达安代"治疗仪式,若是退缩抑郁的,"博"可能会判断为"乌茹嘎安代"而建议举行相应的仪式。"阿达安代"或"乌茹嘎安代"名称本身既是病名,也限定了病症,在相当程度上指明了病因,同时又是一种特定的治病方式。所以"博"给出一个病名本身对随后的治疗具有重要的意义。

上述的命名和病因解释过程完成后,病人转到"道奇"那里,"道奇"进一步查找病因,并根据病人的具体情况选择合适的治疗方式。以"乌茹嘎安代"仪式为例。在民间话语中,"乌茹嘎安代"主要是未出嫁的姑娘和新婚不久的媳妇得的病。传统社会的女性除应对与男性共同的来自生计、风险环境、社会变迁等方面的压力之外,还有女性性别本身所带来的一系列问题:如较之男性更严厉地受到伦理道德规范的约束,恋爱、婚姻没有自主权,因包办婚姻而被迫与意中人分离,嫁给不称心的男人,使得情感上产生难言的痛苦,而且此类问题,无法向人倾诉,日久天长便积郁成疾。已婚女性大都生活在扩大家庭中,既要生儿育女、相夫教子,又要侍奉公婆,处理好与丈夫家人的关系。至于那些婚后不孕的妇女,在传统礼教下,因不能传宗接代而带来的丈夫抱怨、公婆歧视,甚至是邻里的舆论等对年轻女性所造成的精神压力是可想而知的。

"博"、"道奇"、社群成员的作用首先在于启动病人自我疗治的机制,启发病人吐露内心的想法,然后因势利导加以疏导和劝慰。所以安代歌手总会以下面的唱词,启发病人倾吐隐衷,以便对症下药:是对父母有怨?将你的爱情割断?/是出嫁的地方不好,没有实现你的心愿?……安代曲目中有专门的探问调,安代歌手会和着曲调多方询问病人的心结所在。常涉及的有婆媳关系、夫妻感情,或是对旧情人难以忘怀,"是否辜负了心上人,至今想来还悔恨?"其中,问得最多的要数针对包办婚姻给病人带来的痛苦。如"是否父母太绝情,小小年纪逼成婚?断送了萌发的爱与情?"等等。经过多方的猜测和探询,了解到病人患病的真实原因之后,治疗者对病人的痛苦感同身受,表现出极大的同情和理解。这种理解是病人获得精神支持的第一步,为病人宣泄积郁心中的情感提供了一个正当的渠道。如下面的唱词:

> 天空晴朗没有云彩,哪能会降甘露?
> 从古至今没有爱情,怎能有欢乐的歌声……
> 鲜红的太阳挂在天空,浮云遮住就会阴天。
> 嫁人不随自己的心愿,犹如跳进万丈深渊……

上述的唱词,会使病人意识到自己的痛苦被他人所认识、理解和尊重,进而对治疗者产生信任和依赖感。当说到病人的痛处,病人可能会倾诉,可能会痛哭,当病人的负面情绪得到充分的宣泄后,接下来少不了对病人劝慰,同时也鼓励病人树立战胜病魔的信心,打消病人的思想顾虑。如:

> 纯白色的鸟,胸脯上有了斑疹,
> 你清秀的身体,心中有了病。
> 虽然多年的愁云,笼罩了你的心肺,
> 如今凤愿将满足,保你马上神志清①。

如果当事人的婚姻已既成事实,则更多的是规劝病人接受现实,改善夫妻关系,积极地适应生活,古今同理,如:

> 榆树长在哪里,浓荫投在哪里,
> 婚事定在哪里,心就留在哪里。
> 好比檀香珍木,定要长青长绿,
> 要和弯弓男人,和睦才能幸福②。

---

① 苏尤格:《"安代"文化意识溯源》,《内蒙古大学学报》,1995年第1期。
② 孟根:《安代中的迷狂状态》,《内蒙古大学学报》,1995年第1期。

这类劝唱,一定程度上反映了当时社会的道德伦理观念,虽然具有劝谕性,但也很贴近生活现实。可见,在治疗仪式中,治疗者首先启发病人表达自己,通过病人的表达,了解病人的深层心理、欲望以及病人内心的冲突。对病人所承受的压力和痛苦表现出真诚的理解与同情,但并不是一味地纵容,而是启发病人意识到自己认识上的一些偏差,经过改变病人对己、对人、对事的看法与态度来改善心理状态,以便更好地适应生活。与劝谕性的规劝相比,安代治疗仪式中更多的是对病人的鼓励和支持。现代精神病学心理治疗中的一项内容,即支持型心理治疗,其主要特点是善用治疗者与病人间建立的良好关系,积极应用治疗者的权威、知识与关心来支持病人,使病人发挥其潜在能力来处理问题,度过心理上的危机或避免精神崩溃。在安代治疗仪式中,治疗者就是在取得病人的信任后,很好地利用了他的权威和知识,对病人进行心理支持和行动指导,调动病人自身的力量,在大家的帮助下战胜疾病。如:

> 跟随大伙儿唱跳吧,啊乖乖!
> 应该多流些汗水哟,啊乖乖!
> 越跳越轻松哟,啊乖乖!
> 脾血就会畅流哟,啊乖乖!
> 围着圈子多跑哟,啊乖乖!
> 肝血就会畅流哟,啊乖乖!
> 鄂勒(鸢)安代唱好后,啊乖乖!
> 身体就会康复哟,啊乖乖![①]
> ……

如上所述,对于精神疾病,现代医学主要是靠药物治疗,药物治疗虽然是精神治疗史上一大进步,但其中的许多药物会使人产生不良反应,而且长期用药会产生药物依赖。20世纪中后期,这一情况发生了

---

① 绰克:《安代与蒙古医学》(蒙文版),《内蒙古民族师范学报》,1992年第4期。

改观,1997年,精神病学家英格尔(Engel)提出了"生物、心理、社会医学模式"。英格尔认为生物因素、社会文化因素、心理冲突或行为学习与精神疾病的发生、发展都具有一定的影响。因此,在理论上必须从多元的、系统的、整体的角度认识精神疾病,在临床方面强调重视人的社会属性,将躯体治疗、心理治疗、社会功能康复等有机地结合在一起,并在力所能及的范围内,帮助患者适应自己所处的社会文化环境。英格尔主张的治疗模式,逐渐得到了许多精神病学家和社会科学家的认可。笔者认为,蒙古族传统安代治疗仪式与现代精神病学的治疗理念有相似之处,治疗中综合运用了支持型心理治疗、认知方式治疗、社会文化治疗、人际关系治疗等方式。将人的个体特殊性与社会文化属性相结合,集心理治疗、躯体治疗、运动治疗、音乐治疗于一体。帮助患者纠正偏离行为,恢复精神的平衡与和谐,适应自己所处的社会文化环境,正确地面对生活和人生。

二、安代治疗仪式的特征

个人疾病的社会化和社会资源运用的最大化,以及信仰仪式与治疗仪式的统一是安代治疗仪式的主要特征。

在安代仪式中,病人是主角,她坐在安代场地的中心,左右有两个英俊的小伙子搀扶,"道奇"和众人肩靠着肩,面向着病人,以病人为中心围成一个同心圆。在唱词中对病人的称谓是"波若"(即宝贝、乖乖之类的昵称)。安代仪式进入高潮是以病人开口说话,站起身加入跳安代的行列开始的。进入高潮后"道奇"或即兴演唱一些幽默、诙谐的唱词,其中不少是把当时社会中的权贵当成讥讽揶揄的对象,如喇嘛、王爷等,或穿插演唱一些优美的民歌、小调,有时也会互相打趣为难,目的都是转移病人的注意力,千方百计逗病人开心,为病人消愁解闷。在整个治疗过程中,病人不再是一个含怨抱屈,需要仰人鼻息、或压制自己的真实想法的怨妇,被人忽略的弱女子,在举行安代仪式期间,她是大家关心、支持的对象。她的病也不只是她独自面对的问题,而是具有权威的"博"和几乎所有和她有关的社会成员共同面对的问题,她的压力和病痛由大家共同分担。人们共同的信仰为人们应对痛苦和危机提供了意义支持。病人是无辜的,尽管人们在相当大的程度上已认识到"乌茹嘎安代"是"心病",但受萨满教灵魂信仰的影响,故而同时认为也是"魂病",是鸢鬼在"正午午时,趁着女子熟睡时,投下云般阴影,让她们在噩梦中,患上安代病"。

社会资源运用的最大化体现在物质、人力资源以及文化资源都得到了最大限度的调动和应用。传统安代的一个突出的特征是广泛的群众参与性。在大安代的演唱中,参与演唱的群众少则三十人、五十人,多则几百人;演唱的天数最少七天,多则二十一天。一家办安代,全村人纷纷集资协助,凑起粮米、灯油热情地替主人招待歌手和来宾。四面八方的人也会闻风而至。一个场子跳不开了,就再修一个或几个场地。这些外村来的人不要病人家属招待,都是自发地组织起来,一村或几村联办一个场地,于是自然形成竞赛的场面。病人往往被歌舞最热烈的场子吸引过去,跑到那里去纵情歌舞。这就是安代的"夺场"。夺得病人的场子情绪会更加高涨。被夺去病人的场子,被认为很没面子,要重新组成力量,用更热烈的欢歌狂舞把病人重新吸引过来。

安代治疗仪式是信仰仪式与治疗仪式的统一。为了分析的方便,我们可简单地将安代治疗仪式分为三部分。第一部分,安代的发起,是治病的准备阶段;第二部分,由"道奇"主持的部分,是治病的实施阶段;第三部分,送安代,是治病的收场阶段。

在仪式的发起部分,身着法衣的"博"手持宝剑或单鼓上场主持安代仪式。先赞响铃鞭的神威,再报出他请来的是哪几位大神。这些仪式无非是在强调"博"作为信仰治疗师的神威,收到既威慑鬼神,又在病人及其信众心目中树立权威的双重作用,制造特定氛围和情绪场,企求借助信仰的力量达到歌舞治疗的灵验。

第二部分,即由"道奇"实施治疗的阶段。这种疗法不用药物,而是直接与病人同舞共歌以解脱其精神上的忧郁。体现了古老文明以歌舞愉悦祛病的作用。

最后部分,"博"再次登场举行繁复的仪式,如将先事准备好的纸扎房子、秫秸等扎成的病人的"替身",以及恶灵索要的东西一齐烧掉,以示满足鬼神所有愿望,同时也给病人传递一种病魔已被驱逐的信息。

"博"一旦宣布医治安代成功,家人就会把患者背回屋里,并且不让患者见到外人静养,据说,这样做意在哄骗鬼怪,说安代女已经死亡。这些仪式本身进一步强调了信仰的作用,再一次给病人一种心理安慰,让病人相信病魔已被送走,灾难已消除,这对病人的康复无疑会起到有益的作用。此外,安代场中竖起的车轴,系于车轴的白巾或黑巾,车轴下埋的五谷,仪式中人们始终围绕着车轴而舞的举动,结束时烧掉的"替身"等等象征行为,虽然因穿越了久远的历史时空,今人已无法彻底揭示其早期文化符号之谜,但笼罩在神秘信仰氤氲下先民们的自我拯救意识与追求美好生活的愿望,却与今人并不隔膜。仪式本身虽带有浓厚的民间信仰色彩,却始终围绕着治病救人的目的。

三、安代治疗仪式中的地方文化因素分析

跨文化精神病学研究表明,精神疾病的生理学改变是文化普适的。我们要探讨的是体现于安代治疗仪式中的文化特殊性问题,即地方文化如何有效地介入微观的个体心理因素与宏观的社会因素之间,并在两者之间发挥调停作用。

著名的人类学家和精神病学家克雷曼(Arthur Kleinman)的跨文化精神病学和人类学研究中,最为出色的莫过于他对抑郁症的研究。克雷曼认为,健康问题和社会问题是息息相关的,宏观社会因素是抑郁症的真正病因。克雷曼指出,抑郁是一种具有文化普适性的疾病。换言之,抑郁背后所存在的生理学改变在不同文化的人群之间都是一样的。不同文化中抑郁症的区别在于它的表现不同,对生活的意义不同,人们的应对方式不同。越来越多的医学证据证明,克雷曼在这一点上是正确的。抗抑郁药物的发现和广泛应用更加支持了抑郁症的生理学改变的人类普适性。因为无论何种文化中的患者,在服用了抗抑郁剂之后,抑郁症状都得到了缓解。那么,文化因素是怎样建构抑郁症的呢?克雷曼接受了格尔茨(Cliffofd Geerz)的观点,认为影响抑郁症进程的文化因素并不是宏观文化因素,而是地方性的文化因素,比如患者的家庭和社区的文化特征。这些文化特征包括规范、意义、权力结构等等。克雷曼认为,文化对抑郁症的建构作用主要体现为,它在宏观的社

会因素和个人认知因素之间发挥调停作用。也就是说,文化因素在宏观的社会因素和微观的个人心理因素之间起到一个中介的作用。没有地方性文化的中介,社会因素不可能发挥作用。也正是有了文化的中介,抑郁症的表现、进程和结果也才有了地方性特征,是文化因素使得不同民族的人在抑郁症的表现上迥然不同①。医学社会学的相关研究也印证了克雷曼的观点。医学社会学认为,疾病(disease)是一种负面的躯体状态,是存在于个体的生理学功能异常;患病(illness)是一种主观状态,个体在心理上感觉自己有病,并因此修正自己的行为;病态(sickness)则是一种社会状态,主要表现为由于疾病削弱了患病者的社会角色。医学社会学特别关注病态的概念,因为它包含着明显的社会学因素分析②。社会学家普遍将病态看作是一种社会偏离行为的表现,即病态不只是个人正常生理状态的改变,同时也是社会状况的失调。患病意味着削弱了一个社会群体或作为社会最小单位——家庭组织开展正常活动和履行正常社会功能的能力。"安代病"的患者大都是年轻的女性,她们或为人女、或为人妻、或为人母,扮演着各自的社会角色,承担着相应的社会责任。按照功能学派理解的偏离行为,患病不仅是生物学健康标准和个人完好感受的偏离,同时也是有碍社会正常秩序、影响社会系统和谐与稳定性的"功能失调"③。按照克雷曼的分析,文化的特殊性表现为,在个体的心理因素和宏观的社会因素之间,地方文化发挥着调停作用,通过地方文化的介入和良性干预,纠正患者的失衡,帮助患者返回到功能正常发挥的状态,最终达到维护社会和谐平衡与正常秩序的目的。

安代治疗仪式中,地方文化主要指民间信仰和本土的民间、民俗医疗知识和智慧。其中,信仰文化为疾病提供意义支持。"博"对病因的解释是基于其原始的灵魂观的,但客观上却起到了对患者的保护和开

---

① 高永平:《现代性的另一面:从躯体化到心理化:克雷曼的医学人类学研究》,《国外社会科学》,2005年第3期。
② 〔美〕威廉·科克汉姆著,杨辉等译:《医学社会学》,北京:华夏出版社2000年版,第143页。
③ 〔美〕威廉·科克汉姆著,杨辉等译:《医学社会学》,北京:华夏出版社2000年版,第145—146页。

脱的作用。患病的责任不在病人,而是附体的"鬼祟"作怪,病人只是受害者。一般而言,精神疾病较之躯体疾病会受到更多的排斥甚至是被逐出主流社会之外。在大多数社会,年轻女性得"相思病"或婚后不孕是要被嘲笑或歧视的,安代病人却并没有被抛弃,而是得到了极大的同情和关怀。在普遍信奉萨满教的文化情境下,"博"的所有象征性仪式行为对"安代病"的治愈起着举足轻重的作用。地方文化的另一个重要内容是本土的医疗知识,即当地社群基于经验和实践之上的对疾病的认知和行之有效的治疗方法。如前面分析过的首先取得病人的信赖,使病人树立战胜疾病的信心;其次启发鼓励病人表达自己,而后因势利导化解病人的心理压力,调动病人自我恢复机制。在心理治疗的基础上综合了躯体治疗、运动治疗、音乐治疗等等。这一整套的治疗方式是蒙古族人民的独特创造,具有鲜明的地方文化和民族文化特征。

　　蒙古族"安代疗法"这一文化事象说明,疾病的本质是人类普适性的,但文化对疾病的表现、进程、结果的影响却是各不相同的。

四、余论

　　安代治疗仪式是蒙古族人民在现代医学诞生之前,应对疾病的策略之一。塔尔科特·帕森斯(Talccot Parsons)在其《社会系统》一书中提出了病人角色的概念。帕森斯把生病视为人类正常生理和社会状况的失调,是一种偏离行为。医疗机构是纠正、控制偏离行为的专门机构,专职的医生对控制偏离行为负有主要责任[1]。对现代社会而言,这具有不言自明的合理性。然而,如果把人类应对疾病的方式放到非现代、非西方的历史或社会语境下考察,其合理性却并非是自明的。蒙古族传统安代治疗仪式这一特殊的文化事象说明现代医学并不是治疗偏离行为的唯一方式,地方文化也可以起到相同或相似的作用。它为理解不同文化情境下精神病的表现形式,以及人们的应对措施,特别是地方文化在其中起到了怎样的作用以及在传统社会中,道德和信仰为人们应对疾病提供了怎样的意义支持等问题的研究提供了一个新的

---

[1] Parsons Talcott. *The social system*. Glencoe, The Free Press, 1951.

视角。

安代治疗仪式是"科尔沁博"信仰治疗仪式的组成部分,与萨满教的其他治疗仪式一样,也是在萨满教观念支配下的信仰治疗实践。它始终未能与远古先民的文化意识、宗教观念彻底决裂,其对病因的解释以及治疗仪式中送鬼驱魔的内容,无疑是非科学的。社会的发展,生产力水平的提高,生活内容的丰富,必然带来人们思想观念的改变。萨满教这种原始宗教失去了赖以生存的土壤,安代疗法也就随之消失,但同时也使得安代逐渐脱离了宗教的束缚,开始了相对独立的发展,由田间地头、由草原、由广场进入了剧场,最终成为具有广场、剧场双重性质的民族民间歌舞艺术形式。

本文原载于《文化遗产》2008年第3期

搭巴达雅拉
——科尔沁蒙古族萨满"过关"仪式音乐考察

刘桂腾[①]

摘　要：中国东北阿尔泰语系各民族的萨满大多都有定期聚会的习俗，它是一种传授萨满才艺、考验萨满实力或者新萨满"出徒"的仪式。鄂伦春族的"斡米南"、鄂温克族的"奥米那楞"、达斡尔族的"奥米南"等，都是具有这种性质的萨满活动。"搭巴达雅拉"（过关）仪式，是科尔沁蒙古族萨满的盛会。令人惊心动魄的过关场面：走钢刀、踩铁铧、咬烙铁、拢火以及充满原始野性的血祭昂格道（精灵），使人们在火光血影的辉映中领略了人神同娱的萨满遗风。这是一份关于科尔沁蒙古族萨满"搭巴达雅拉"仪式音乐的考察报告。

关键词：搭巴达雅拉　仪式音乐　蒙古　科尔沁　萨满　色仁钦

农历九月九，是科尔沁一带蒙古族萨满举行"搭巴达雅拉"的日子。搭巴达雅拉（dabadayala），汉译"过关"；是蒙古博[②]聚会的节日，同时也是师傅检验徒弟技艺的机会。中国东北阿尔泰语系各民族的萨满都有定期聚会的形式，是传授萨满才艺、考验萨满实力或者新萨满"出徒"的仪式。譬如鄂伦春族的"斡米南"、鄂温克族的"奥米那楞"、达斡尔族的"奥米南"等。目前，只有科尔沁大萨满色仁钦博还能够主持蒙古族的"搭巴达雅拉"仪式。届时，众徒从四面八方带一只羊汇集到科尔沁左

[①] 刘桂腾，男，上海音乐学院特聘教授，研究方向为音乐民族志、民族音乐学。
[②] 博，科尔沁蒙古族对萨满的称谓。

翼中旗腰林毛都苏木南塔嘎查,参加由色仁钦主持的过关仪式。参加搭巴达雅拉的徒弟来自科尔沁左翼后旗、中旗,科尔沁右翼中旗,扎鲁特旗,奈曼旗,库伦旗等①。

2002年至2004年三年间,我先后5次率考察组进入科尔沁萨满文化的主要遗留地区——哲里木盟地区,考察科尔沁蒙古族萨满仪式音乐②。其中,2次专门跟踪考察了科尔沁著名大萨满色仁钦博所主持的"搭巴达雅拉"仪式;对这个仪式及其相关的文化背景作了深度调查。

按行政区域划分,科尔沁蒙古族的主体集中在哲里木盟(现通辽市),其自然、社会环境概况:

地理气候: 哲里木盟位于内蒙古自治区东部,东经119°15′～123°43′,北纬42°15′～45°41′,东连吉林省,南临辽宁省,西接赤峰市,北与兴安盟和锡林郭勒盟毗邻,总面积为5.95万平方公里。而历史上,哲里木盟的范围更广。乾隆年间至清末面积为28.81万平方公里,清初面积达149.32万平方公里。哲盟地处温带大陆季风气候区,四季分明,春季干旱多风,夏季雨热集中,秋季凉爽短暂,冬季漫长干冷。年平均气温在5℃至6℃,多风沙,年平均风速在4米/秒左右。

地貌特征: 哲里木盟地处松辽平原东端,蒙古高原递降辽河平原的斜坡。其地势西北高东南低。北部高寒山区和浅山区为大兴安岭余脉,海拔为800米至1000米,最高峰达1400多米。东南部和中部为西辽河、新开河、教来河冲积平原,海拔为150米至250米。西南部和南部为丘坨与浅山区,海拔为400米至600米。全地区的山地约占32.4%,丘坨约占16.6%,平原约占21%。哲盟地处科尔沁草原腹地,有可利用草场178.6万公顷。

人口分布: 哲里木盟的蒙古族,一部分为成吉思汗长弟哈布图哈撒尔的后裔科尔沁部,由额尔古纳河、海拉尔河和呼伦湖一带东迁至嫩

---

① 我对参加2004年10月23日搭巴达雅拉仪式的人员作了调查统计:科尔沁左翼后旗23人,科尔沁左翼中旗12人,科尔沁右翼中旗8人,扎鲁特旗9人,奈曼旗2人,库伦旗2人;此外,还有锡林郭勒盟1人。为尊重当事人的意愿,本文隐去了这些人的姓名、住址等情况。

② 考察组由我和3位助手组成:于波担任摄像、摄影助理,杨家斌担任文字助理,宋克东担任事务助理;在考察工作过程中,这些分工时常互有交叉。

江,后迁入扶余地区;一部分为古乃蛮部和成吉思汗的后裔奈曼部,从宣府、大同一带迁至西拉木伦河流域;一部分为成吉思汗的后裔扎鲁特部,从喀尔喀河流域越兴安岭到西辽河中游一带;一部分为清初从漠南蒙古诸部喇嘛和民众迁居库伦旗一带。全盟总人口290.6万,其中蒙古族约110万,占全盟总人口的40%[①]。

建置沿革: 哲里木盟的建置始于清朝,古为东胡、室韦之地。清崇德元年(1636年)设科尔沁右翼中旗、前旗、后旗,科尔沁左翼中旗、前旗;顺治七年(1650年)设科尔沁左翼后旗;科尔沁6旗受盛京(奉天)将军监督与节制。东北沦陷时期,属伪兴安南分省管辖。1946年成立哲里木省,同年又改为哲里木盟,由辽吉省(后改为辽北省)代管;1949年哲里木盟划归内蒙古自治区;1953年哲盟建置撤销,所属各旗县市归内蒙古东部区行政公署管辖;1954年恢复原建制;1969年哲盟划归吉林省;1979年复归内蒙古自治区。1999年1月,经国务院批准撤销哲里木盟建制,设立地级通辽市,其行政区域基本未变。

民族来源: 科尔沁蒙古人是一代天骄成吉思汗家族的后裔。14世纪,科尔沁蒙古人在鄂尔古纳河、海拉尔河、呼伦湖一带游牧;15世纪初,因部落战争迁至大兴安岭以东的嫩江流域游牧;清初,又移住西拉木河流域,就牧于今哲里木盟、兴安盟、赤峰市一带。

宗教信仰: 哲里木盟地区有佛教、道教、伊斯兰教和萨满信仰等流传。历史上,以萨满信仰和喇嘛教(藏传佛教)最为盛行。昔日哲里木盟建有大小142座喇嘛庙,近代科尔沁蒙古族的萨满信仰体系中融入了佛教因素。

语言文字: 阿尔泰语系蒙古语族蒙古语。蒙文,是蒙古族主要使用的文字。蒙古族是哲里木盟的主体民族,这里有着良好的蒙语语言环境,全盟的蒙古族中,有80%讲蒙语。哲里木盟的蒙古语与其他地方的蒙古语基本一致,包含科尔沁土语、喀喇沁土语和巴林土语。农村、牧区多讲蒙语,城市习用汉语。日常社会交际中,以汉语和蒙语兼用。

[①] 杨青锋:《哲里木盟志》,北京:方志出版社,2000年,第1793页。

血与火的洗礼：搭巴达雅拉仪式

久居大漠边缘的科尔沁蒙古族的萨满祭祀仪式，一直为热衷于萨满文化的研究者所神往。接到色仁钦博再次举行搭巴达雅拉的电话，一如每次踏上科尔沁大地时的感觉：兴奋、刺激，充满了探索欲……对我来说，科尔沁之旅似乎永远难以画上句号，令人魂牵梦绕。

2004年10月21日，从丹东出发，经本溪、沈阳、阜新，车过彰武便由辽宁进入内蒙古境内：公路两侧的视线逐渐开阔起来，路况也明显要好于辽宁的省级公路。但入夜后行车很危险，得小心驾驶：许多烧柴油的农用三轮车(当地俗称"柴三")没有尾灯，稍有不慎便有追尾的危险；更可怕的是公路的中心隔离带是开放的，不时见有公然逆行的车辆！途中，一辆"柴三"与我们迎头擦身而过——大家惊出一头冷汗！我们这班人马都能熟练驾车。除了我，他们都有专业司机的工作岗位或经历，大家轮换开车，一口气跑了600多公里。从通辽市到转折点舍伯吐镇的路况依然很好，而从舍伯吐到腰林毛都的二三十公里路程就惨了，道路凹凸不平只好慢慢行进，赶到南塔嘎查色仁钦家里已是午夜1时55分。

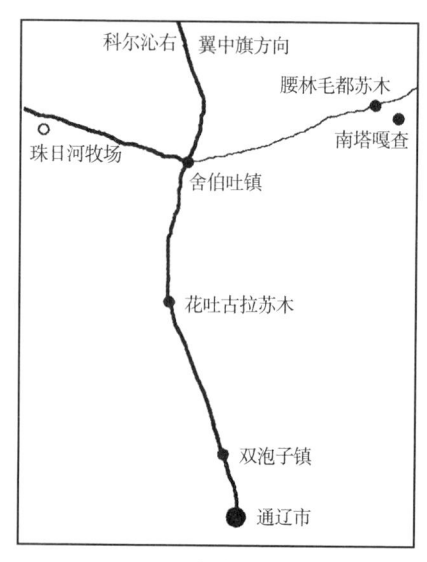

图1 考察路线图

一、仪式的准备

2004年10月21日(农历九月八),内蒙古自治区科尔沁左翼中旗腰林毛都苏木南塔嘎查色仁钦博的家里①。参祭者在仪式正式举行的前一天到达,准备参加第2天仪式。

1. 场地

搭巴达雅拉仪式分为室内和室外两个地点举行。室内立神堂,为献牲、请神、送神之地;室外围祭场,为踩铡刀、踩犁铧、咬烙铁、拢火之地。

神堂西屋为神堂,是"请神"和献祭的场所。东屋是置放祭祀器具和准备食品的地方。中间为灶房,左右两个锅灶用于烧菜和煮饭。

神堂的西墙上有一固定的神龛,墙上悬挂成吉思汗的画像,其下还摆放着色仁钦的师傅良月渥德干的照片。其前置一碗,碗内放杂粮(高粱米),插了9个"昂格道"(精灵),它们是色仁钦博的辅助神。神龛的下方置一方桌为神案,中间置若干水果为供品,其左置1把"吉德"(神剑),其右置1支神鞭,这些都是色仁钦行博的祭器。桌面还摆放着一盏点燃了的铸铁油灯、陶瓷香炉、挂件和盛放在纸盒里的若干柱香;神案最前面置3个盛满白酒的酒盅,每个酒盅的下面用折叠的白布衬垫,举行仪式时将其点燃。

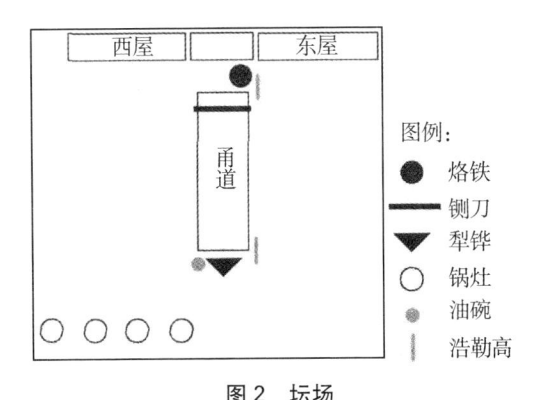

图2 坛场

---

① 使用GPS测量的具体位置数据为:北纬-N 44.1134909447283°,东经-E 122.352011622861°,高度-166.1923828125。

祭场用麻袋铺出一条过关使用的甬道,将铡刀埋在地面,露出一寸余的刀锋。南北两端各置一个"浩勒高",汉译"拦截"之意,用于拦截那些没有请来的"以前的老手"(不同道门儿的萨满们)和恶鬼,防止他们恶意捣乱和破坏这次过关活动。浩勒高,是白布或白纸剪成的图案,挂在木杆支架上,用于阻挡外来的恶魔。犁铧用柴火烧红后,置甬道的南端;进行"咬烙铁"仪式时,主持者位于甬道的北端。

2. 祭品

举行搭巴达雅拉使用的祭祀用品,有献神的牺牲、果蔬和祭祀仪式使用的一些祭祀器具。

牺牲书色(羊),由参祭者自带。

果蔬按时令和当地市场供应的品种选用,主要有苹果、香蕉等。

祭器萨满作法使用的吉德(神剑)、伊勒吐(腰刀)、泰顺(神鞭)、霍特嘎(神刀)和参祭者"过关"用的铡刀、烙铁、犁铧等。

3. 神偶

科尔沁蒙古萨满中流传的古老神偶称"昂格道",俗称"昂道",文献一般记作"翁衮"。昂格道是蒙古萨满信奉的精灵神系,多为4厘米左右的人或动物形象,材质为青铜、铸铁、石等,是蒙古萨满行博时的辅助神。人形的昂格道为全身偶像,头顶设一纽,拴上绳索可作护身符挂在脖子上。

色仁钦博的昂格道有9个:泰仍昂格道2个,人形(手脚残疾),一个为4厘米,一个6厘米,铜质;扎舍昂格道2个,人形,一个3厘米,铜质,一个5厘米,铁质;巴日昂格道1个,虎,5厘米,铁质;绍布1个,猫头鹰,昂格道,2.5厘米,铜质;布勒昂格道1个,布勒昂格道,马蹬,铜质;龙昂格道1个,6.5厘米,石质;狗昂格道1个,5厘米,石质。据说还有朱贵昂格道(蜜蜂)、少布昂格道(鸟)、乌胡那昂格道(种公羊)等等,我们没有见到神偶的实物。昂格道是科尔沁蒙古萨满仪式中最具特色的神系,据说有的蒙古博一次就"呼请"了32位昂格道[①]。

[①] 白翠英:《科尔沁博艺术初探》,通辽:哲里木盟文化处内部资料本,1986年,第17页。

4. 乐器

科尔沁蒙古族举行搭巴达雅拉仪式的乐器有塔拉哼格日各（单面鼓）、托力（腰镜）、杭豁铁西古日（铃鞭）等。① 这些器物，在萨满那里是具有灵性的祭器。据20世纪80年代民俗学的考察资料记载，科尔沁蒙古萨满的"铁日古西"有4种：②鄂勒彦铁日古西（鞭）、杭豁铁西古日（铃鞭）、苏哈铁日古西（布条缠裹的鞭）、海珠孩铁日古西（小孩玩的小鞭）。据说神鞭"要用四周没有遮挡、没经过人畜碰过的受日照最多的独根柳条制成"鞭杆，取其"神奇圣洁"之意③。

色仁钦博称神鞭为"泰顺"，当为"铁日古西"的疾读，有两种：一是用皮条（而非布条）缠裹的神鞭，称"苏哈泰顺"；一是带铜铃的神鞭，称"杭霍泰顺"。其制作方法是，取河边柳条为杆，以疯狗皮编为鞭，鞭杆尾端拴结铜铃2个。仪式中，萨满将杭霍泰顺和苏哈泰顺置神像旁供奉，未见别的场合使用。

图3 隆盛的"搭巴达雅拉"（过关）仪式场面

---

① 有关塔拉哼格日各、腰镜等乐器的具体形制数据等，详见刘桂腾《科尔沁蒙古族萨满仪式音乐考》，此不赘述。
② 白翠英：《科尔沁博艺术初探》，通辽：哲里木盟文化处内部资料本，1986年，第40页。
③ 乌丙安：《神秘的萨满世界》，上海：三联书店上海分店，1989年，第234页。

二、仪式的过程

2004年10月22日（农历九月九），神堂和祭场。

08：30－清扫祭场。

08：41－磨铡刀、备犁铧。

08：45－摆供、焚香、点油灯。

08：56－生火，在屋内的大铁锅里炒面。

09：11－挖灶坑。

09：34－埋铡刀。

1. 书色乌日格纳（祭羊）

09：44－徒弟排队。

10：04－众徒进羊圈争先恐后牵自己带来的羊。

10：07－色仁钦博素服，持鼓击打，众徒献羊。"书色乌日格纳"，汉译"祭羊"。诸徒弟将带来献祭的"书色"（羊）依次牵到神堂前。献祭者先跪地向神案方向合掌三叩首，退下；两位族人将羊的双腿拎起，头和尾分别面向神案左右摇三次，放下；色仁钦博走近羊前，对着祭羊开始击鼓，每击一次，用脚踩羊的脖子一下，三番后，族人将祭羊牵走。色仁钦博如此一位一位为其徒所献祭羊祈请神灵受领。这个仪节，类似于满族萨满祭祀仪式中的"领牲"礼。

谱例1.《书色乌日格纳鼓点》

[色仁钦等演奏，刘桂腾采录、记谱；音频：鼓点－031007－013－21]

10：32－祭场上开始将"神领"的牺牲，选其5只宰杀。

11：13－血祭。屠夫将进行完"领牲"礼的祭羊放倒在地，用尖刀将其腹剖开一个约10厘米的口子，把参祭者自己带来的昂格道塞进羊的腹中，然后用一树枝削刻而成的"针"将刀口缝合，待祭羊气绝后取出，意为神灵已经附着在昂格道上。择其"五样"(肝、舌、脾、大肠头、小便肉)带血放到碗里送到神案上供奉。显然,这个献祭的仪节保留了原始血祭的遗风。

11:22－烧犁铧。

12:37－色仁钦博戴神帽,系神裙,围腰镜,持塔拉哼格日各(单面鼓)。

12:44－色仁钦博击鼓唱诵,献祭请神。

祭仪在屋内神堂开始。族人焚香、奠酒,然后,色仁钦博头戴飞鸟五福冠,腰围五彩神裙,手持塔拉哼格日各,腰系腰镜,击鼓唱诵,请诸位神灵降临,众徒虔诚地合掌跪于前。场面肃穆、庄严。

神案前摆放了一个圆桌。族人将收拾完的羊放在场院里的大锅里煮熟;然后由一族人从中拣出羊的各个部件组成一只"全羊",将其摆放在一个大锅盖上,端到神堂的圆桌上供奉神灵。色仁钦博立于前,平端塔拉哼格日各,鼓的正面朝下,用鼓鞭从下向上击打鼓面,诵唱神歌《哲恩哲》(谱例2),其内容是述说羊身上的各个部位,请神灵享用。距神案最前的一族人,一手持酒盅,一手持白布条,在色仁钦博击鼓诵唱时,不断用白布条沾酒向空中挥洒,众徒列其后合掌跪地。

2. 达嘎特哈乎(请神)

12:48－请神。"达嘎特哈乎",汉译为"祈祷请神"之意;亦称"西特根扎拉乎",意为"请信仰的神"。在这一仪节中,蒙古博击鼓诵唱呼请他所信奉的所有神灵来享用"书色",祈请它们能够护佑并辅助自己行博,以借助神灵的法力而施术(谱例3)。

12:51－色仁钦博唱《哲恩哲》。

谱例 2.《哲恩哲》

搭巴达雅拉

［色仁钦等演奏，刘桂腾采录、记谱；音频：神歌-哲思哲-041027-013-13-1］

谱例 3.《达嘎特哈乎》

搭巴达雅拉

[色仁钦等演奏,刘桂腾采录、记谱;音频:神歌-达嘎特哈乎-041027 - 013 - 13 - 2]

唱完《达嘎特哈乎》,紧接着又唱《哲恩哲》(谱例略)。

13:00 - 色仁钦一手端酒盅,一手持白布巾蘸酒向空中弹洒,为敬神之意。请神仪式结束。

3. 扎都(踩钢刀)与霍书(踩犁铧)

13:32-燃香。色仁钦博率众徒从神堂出来,在祭场的甬道北端一排而立。

色仁钦博一手端酒盅,一手持白布巾蘸白酒分别向东西南北四个方向弹洒祭拜,每个方向弹洒3次。然后,色仁钦博和钱玉兰渥德干击鼓唱神歌《搭巴达雅拉》(谱例4)。

谱例 4.《搭巴达雅拉》

[色仁钦等演奏,刘桂腾采录、记谱;音频:神歌-搭巴达雅拉-031007-015]

13:35 -族人递上来一盅酒,色仁钦博喝下后,脱鞋,开始领众徒依次过关。

13:36 -色仁钦博持鼓,边击鼓边行进,带领众徒踩钢刀。在色仁钦博的带领下,众徒赤脚依次踩钢刀而过。过关时,要按纵横两个方向行进,共走 2 遍。有畏惧者,色仁钦博加重击鼓力度以鼓舞之。

谱例 5.《鼓点》

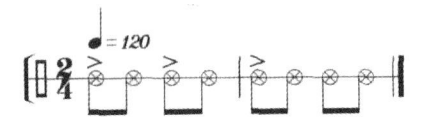

[色仁钦等演奏,刘桂腾采录、记谱;音频:鼓点 041027 - 019]

13:37 -踩完铡刀,开始踩铁铧。

色仁钦博持鼓击打,族人将烧热的铁铧放在甬道的一端,旁边还放了一碗豆油。色仁钦博边击鼓边行走,踩铁铧者在色仁钦的带领下依次渐行,走到铁铧前,用脚跟沾些碗里的豆油,然后猛地用脚跟"踩"两下滚烫的铁铧。如此动作反复两遍才可以通过。当带油的脚跟接触到铁铧的瞬间,铁铧嗤的一声燃起火苗和一股浓烟。

图 4　蒙古博"霍书"(踩铁铧)场面(摄影:刘桂腾)

踩铁铧使用的鼓点与踩钢刀的鼓点相同。

图 5　蒙古博"扎都"(踩钢刀)场面(摄影：刘桂腾)

4. 点书嘎(咬烙铁)

13：53 - 咬烙铁。

钱玉兰渥德干击鼓(谱例 6)，色仁钦手持一把烧红的烙铁，自己先做了个示范，然后徒弟依次从他面前走过。他将烙铁伸进徒弟的嘴里，徒弟要用牙咬两下烙铁，如此反复 2 遍。有人胆怯，色仁钦鼓励之。

图 6　蒙古博"点书嘎"(咬烙铁)场面(摄影：刘桂腾)

咬烙铁使用的鼓点与以上相同。

谱例6.《鼓点》

[色仁钦等演奏,刘桂腾采录、记谱;音频:鼓点041027-019-1]

图7 蒙古博"嘎拉都日玛"(拢火)场面(摄影:刘桂腾)

5. 嘎拉都日玛(拢火)

14:07 - 击鼓。

14:08 - 敬酒、点火。

14:09 - 撒炒面。

色仁钦博带领几位主要的徒弟手持秫秸左右分立,在鼓声中,萨满燃起秫秸,抓起炒面不断向点燃的秫秸上抛扬,众徒排队从中间鱼贯而过。

伴着鼓声,炒面在时明时灭的"火球"中飞扬,场面十分热烈,将塔巴达雅拉仪式的情绪推向了高潮。队伍行进的方向:屋内到屋外,再从屋外到屋内。

谱例 7.《煞鼓》

[色仁钦等演奏,刘桂腾采录、记谱;音频:鼓点 031007 - 017 - 1 - 2]

14:13 - 整个仪式结束。色仁钦击鼓谢神,大家鼓掌庆贺顺利过关。

14:26 - 色仁钦坐堂,接受徒弟敬献礼金,每人 100 元,为其"洗礼"。

14:50 - 族人与参祭者吃饭。这次过关仪式共宰杀了 5 只羊。仪式结束后,参祭者一起吃肉。

历史上,科尔沁博的过关仪式有过"二道关"和"九道关"之说。能过"二道关"是行博的基本标准,能过"九道关"是技艺高超的博。今天色仁钦博主持的过"二道关",共有三个项目:一是"踩铡刀",二是"踩犁铧",三是"咬烙铁"。色仁钦博向我介绍:过"九道关"所需的器具、祭品和人员等都远远大于过"二道关"。凡器必九:铡刀 9、犁铧 9、烙铁 9、羊 9、牛 9……,并要有 9 个以上博师傅参加。特别是由 9 个铡刀组成的"刀梯",上下难度很大。因为费用高昂、仪式复杂、所需技艺高超的萨满师傅众多(这是无法用钱来解决的主要问题),所以,目前在科尔沁已经无条件举行过"九道关"的仪式了。

三、仪式的音乐

音乐伴随着搭巴达雅拉仪式的整个过程。神堂里主要由色仁钦博演唱神歌,祭场中主要使用塔拉哼格日各演奏鼓点。

1. 传承方式

当前田野考察的结果说明:科尔沁蒙古族萨满祭祀仪式没有像有些满族萨满那样的"神本子"记录程序和神词,仍然是以"口传心授"的方式传承。我们在考察现场看到,个别年轻的徒弟使用录音机记录色仁钦博的演唱,并进行模仿。日常的传授,也主要是采取"言传身教"——带着徒弟,在实际的行博过程中学习。以近几年一直跟随在色仁钦博身边的钱玉兰渥德干为例,在我的 5 次考察过程中,她对唱词的熟练程度与日俱增。搭巴达雅拉仪式,是习练博技的重要载体和机会。参加活动的徒弟们提前一天赶到师傅家,很重要的任务就是进行"排练"和"彩排"。熟悉仪式的程序,练习演唱神歌和演奏鼓点等。

但是,80 年代的田野考察资料有这样的记载:"门德巴乙尔博说,现在的博都没有经书了。可以前是有的……但在我们的调查中,博们都说现在确实没有经书。只有后旗西日莫老人讲,他 23 岁时(1933 年)在那森朝克图博家里见到过'博经',蓝皮,用 32 开大小的毛边纸对折抄写,共四册,约'一扎'厚。西日莫不识字,但记忆力非常好,有'过耳不忘'之誉。他当时听别人念这部'博经',记得第 1 本讲的是宝木勒的事;第 2 本是'大姐';第 3 本是'杨姐'(据说,这是郭尔罗斯草原博庙中供的博师祖。宝音贺喜格博说他曾去叩拜过。近代科尔沁博唱词中屡屡提及'大姐'、'杨姐');最后一本是讲赫伯格泰。"[①]从这些口碑资料中,我们还无法确定以上说法是否可靠。但有一点可以确认,科尔沁蒙古草原最后一批有名有姓的大博们(如门德巴乙尔、宝音贺喜格、色仁钦等)没有一个是依靠"博经"来继承和习练博技的。

2. 社会功能

搭巴达雅拉仪式,是习练(对于初学者)、检视(对于熟练者)、示范

---

① 白翠英:《科尔沁博艺术初探》,通辽:哲里木盟文化处内部资料本,1986 年,第 40 页。

(对于萨满师傅)萨满技艺的机会。搭巴达雅拉仪式,几乎囊括了科尔沁蒙古族萨满的技术项目。譬如,烧红的烙铁、犁铧等都是博治病的手段。色仁钦博介绍,在治病的过程中,博用嘴咬住烧红的烙铁然后往病人的患处喷吐;用脚踩一下烧红的犁铧然后踩揉病人的患部。这些博技,都是通过搭巴达雅拉仪式而习得的。因而,搭巴达雅拉仪式具有文化传承功能。

搭巴达雅拉仪式是萨满的盛会,这个由草原、沙漠为主要生存环境时代留下来的萨满遗风具有强烈的族群凝聚力。先民时期,过着游牧生活的蒙古人生产、居住十分分散,搭巴达雅拉是各部落牧民交流、聚会的机会与形式;在现在,对于信众来说搭巴达雅拉仪式仍然保有这样的社会功用,而对于大多数民众来说,搭巴达雅拉仪式是陌生而又难得一见的"新奇"事儿;同时,聚会也是活动参加者所期待的内容。显然,搭巴达雅拉仪式具有凝聚族群的功能。

音乐在搭巴达雅拉仪式中所扮演的角色,一是与神灵沟通的语言,譬如当萨满与神灵对话时,神歌几乎是唯一的表达形式。一是制造神秘而紧张的现场气氛,譬如鼓声在仪式中的作用。音乐给肃穆,甚至有些呆板的宗教活动以更多的世俗色彩,增加了仪式的"娱乐性"使其更具吸引力。

3. 音乐特点

蒙古族萨满音乐具有擅长叙事的特点。大量田野考察的结果表明,近世的科尔沁萨满音乐依然保留了长于叙事的特点。传统的音乐观,往往忽视甚至贬低仪式情境中那些并不刻意强调旋律性的"念诵"的音乐价值;而现代音乐学的学术视野,则将这种"念诵"作为音乐不可分割的组成部分来考量。曹本冶在仪式音乐研究中提倡"信仰、行为、音声"三元理论结构模式,这与梅里亚姆的"音乐、行为、概念"三元理论结构模式"有异曲同工之处"[1]。不难看出,曹氏所制理论模式的灵感当源于梅里亚姆的"三元论"。但对于现代音乐学的研究,曹氏提出的在实际运用上需配合"近—远""内—外""定—活"三个基本性的两极变

---

[1] 曹本冶:《中国传统民间仪式音乐研究》(西南卷),昆明:云南人民出版社,2003年。

量作为研究中国信仰体系仪式音乐的理论方法基础,有着重大而现实的理论意义。其中,"近—远"两极变量,是将仪式中的"音声环境"由传统的"音乐性"扩充至"语言性"。这样,在语言性至歌唱性范围之内的各种念诵和唱诵以及乐器和法器所发出的声音便都合理地纳入了民族音乐学的视野中。据此,我们将科尔沁萨满神歌分为念诵、唱诵和舞诵三大类。

念诵类的萨满音乐,是节奏、旋律等"音乐"因素与音素、音节、音调等"语言"因素结合最为直接的一种音乐表达方式;唱诵类的萨满音乐,在曲调上偏重于音乐的抒情性,而歌词仍为叙事性的内容;舞诵类的萨满音乐,是指载歌载舞的音乐表达形式,鼓乐在这种类型的萨满音乐中占有主要地位。搭巴达雅拉仪式中的音乐,主要为念诵和唱诵两类。

(1) 念诵类

在念诵类的神歌里,出于仪式情境中萨满叙述性的表达需要,强调神歌的语言性;因而,旋律线比较平稳,多是围绕主音作同音反复或级进式的运动(间或也有少量小三度的跳进),节奏变化较小,多为单句式不断反复的曲式结构。

《哲恩哲》(见谱例 2)属比较典型的念诵类萨满神歌。这首神歌为 C 徵调式,是由单句式不断反复而构成的曲式结构。乐段初始的一句"哲恩哲"稳稳地呼出主音 Sol;随之,旋律一直围绕主音 Sol 作念诵式的平稳运动,仅占八分之一时值的同音反复给人留下深刻的"念诵"感;其间,旋律的级进或少量的小三度跳进只是同音反复变换不同音高的台阶。神歌的节奏型为 ×××× ×××× | ×× ·。段落转换时,旋律与节奏依然如此,只是乐段初始的"哲恩哲"落音为 la,引进了新的旋律因素,使旋律线产生了短暂的对比性变化,并产生了"离调"的感觉,随后,旋律又复归原来的行进方式。需要注意的是:在科尔沁蒙古族萨满中,色仁钦博是个擅长歌唱的萨满;因而他演唱的"念诵类"神歌旋律性比较明显。不过,从已有的田野考察资料来看,色仁钦博演唱"念诵类"神歌的这个特点在整个科尔沁蒙古族萨满中并非个案。所以,我们有理由认为,与其他民族的萨满相比,科尔沁蒙古族萨满演唱的"念诵类"神歌具有较强的旋律性。

（2）唱诵类

在唱诵性的神歌中，旋律运动以跳进为主，音域较宽，节奏富于变化，多为上下句式或起承转合式的曲式结构。

《达嘎特哈乎》(见谱例3)为A羽调式，是由上下句式构成的曲式结构。上句与下句落音均为主音la，歌唱的速度较为和缓，所以，尽管旋律线行进起伏很大(有高达九度、十一度的跳进不断出现)，整个神歌听起来还是比较沉稳。

《搭巴达雅拉》(见谱例4)为C徵调式，由起承转合四个乐句构成的曲式结构。但乐句之间的长度并不完全相等，为2+2+3+2的结构。这种结构形式，使神歌具有蒙古短调民歌方整的基本架构；但在"转"的乐句中突然将节奏抻开，6-1-2-5的连续跳进使旋律辽阔、舒展，由g到b^1的宽广音域，又使神歌蕴含了些许蒙古长调民歌的元素。

蒙古博主要运用叙事性的神歌来进行人与神灵之间的对话。但与其他民族萨满擅长的吟诵性的音乐叙事方式有所不同，蒙古族萨满的叙事性神歌，无论在旋律行进抑或节奏节拍上均有较强的"歌唱性"。不难看出，草原牧歌高亢的音调，宽广的音域，自由的节奏，这些音乐元素在蒙古族萨满音乐中也有所体现。

沙与草的滋养：搭巴达雅拉仪式形成的自然环境因素

探索成活一种文化类型的诸种外部因素及其影响是饶有兴味的。这些"因素"，当然也包括自然地理环境条件。因之，结束搭巴达雅拉仪式的实地考察后，我选择了具有科尔沁典型特征的草原和沙丘——珠日河牧场、努古斯台沙地进行考察，试图寻觅神秘的科尔沁蒙古萨满文化形成的地理学答案。

1. 珠日河草原

珠日河牧场是科尔沁草原的中心地带，一片迷人的草原风情。然而，只有将悠扬的蒙古长调与宁静的蓝天、空旷的原野和肃穆的敖包叠置在一起，你才会真正领略到大自然的无穷魅力——灵魂在这里与自由相伴。著名的珠日河敖包就矗立在草原上，敖包前立一石碑，上面镌刻的"科尔沁第一敖包"由著名蒙古族作家玛拉沁夫手书。枯黄了的草原,在秋风的吹拂中即将冬眠;在冬眠中,又期盼着春风的来临——这就是生命轮回的轨迹?晚宿珠日河牧场的蒙古包。夜幕掩映下的珠日河草原空寂无人,晚秋的风有些寒冷,使我浑身的毛孔都在紧紧地收缩。我在想:当年先民们如何在这邝无人烟的草原里生活呢?回眸蒙古包——小毡门透出来摇曳的烛光,泛红的色温,跳跃的光影伴着塔拉哼格日各的鼓声,还有大碗酒……我蓦然醒悟:蒙古包,那里凝结了草原蒙古先民的全部温暖、爱情和生活的希望。

2. 努古斯台沙地

努古斯台沙地是科尔沁地理变迁的一个缩影。在这里,倘若将这堆沙丘与周围地貌分割起来看,在秋风的梳理下,黄金般的沙粒形成了轮廓明朗、错落起伏的沙漠景致。萨满信仰,源于先民对大自然的敬畏,是人类获取超自然力的一种精神渠道。它也是信仰者对解决丰欠、疾患、生育这些关乎人生重大问题的独特思维方式。你想,当狂风扬起漫天黄沙,天地混沌一团辨不清东西南北的时候,萨满的呼号意味着什么呢?"万物有灵"的观念,是萨满信仰的哲学基础;当它凝结为人与自然关系的社会法则时,必然就会成为一种强大的精神力量。走进沙丘,我说不清这里留下了多少科尔沁蒙古人先民艰辛的足迹。塔拉哼格日各之声仿佛依然在大漠中回荡:述说一部"黄金家族"的英雄史诗。一股莫名的引力将我向大漠深处牵引。我想说:科尔沁,你令我着迷;腾格里,我仰望着你……

于是,珠日河的草原,努古斯台的沙丘,与色仁钦博额头那满是年轮的皱纹,与搭巴达雅拉仪式中的火光血影,与昂格道、浩勒高……一层一层叠印在一起;色仁钦博的塔拉哼格日各之声,仿佛依然在草原和沙漠中鸣响、回荡。对于信仰者来说,那是开启生命神秘之门的钥匙,那是与疾病、死亡角斗的武器,那是与上苍沟通的灵媒。在科学面前这是虚幻,可在萨满及其信众那里又是真实;在大多曾经具有萨满信仰的民族那里这已经成为历史的记忆,而在科尔沁——它还是生活中的现实。

为什么?

当你承认科学以及由此而来的现代化还没有解决人类生命、生存和生活中的一切问题时,也许你就找到了答案;当你理解了他们的文化,也许你就了解了自己——平衡人与自然的关系,是生命的永恒主题;寻求解脱,是人类的一种本能。不过,在我看来,与其相信"万物有灵",毋宁承认人类就是大自然的一部分。

人与神的对视:搭巴达雅拉仪式产生的宗教信仰基础

在佛教进入蒙古地区之前,狩猎经济基础上形成的"萨满信仰"一直是当地蒙古人的原始宗教。自 16 世纪始藏传佛教(格鲁派喇嘛教)传入蒙古并逐渐成了主要宗教;1570 年土默特部阿勒坦汗制定了宗教法典《十善福经法》,大力推广佛教;1618 年林丹汗封西藏红教喇嘛沙尔巴呼图克图为"瓦察喇达喇呼图克图"并兼国师①,利用喇嘛教不断扩大自己的政治影响;1640 年喀尔喀、卫拉特各部领主会盟,制定了《喀尔喀卫拉特法典》,明确了黄教是喀尔喀、卫拉特蒙古人共同尊奉的宗教。

地处大漠边缘的哲里木盟地区,佛教的传入时间相对较晚。17 世纪佛教开始在科尔沁蒙古人中传播,在清政府的鼓励和支持下其社会影响逐渐加大。明崇祯七年、后金八年(1634),涅只脱因大师应皇太极之邀亲往盛京,并于清崇德元年(1636)到图什业图汗地传教②。哲里木盟著名的兴源寺始建于 1650 年,由顺治皇帝赐额;始建于 1742 年的福缘寺,由乾隆帝赐名。隆盛之时寺庙里的僧众达百人以上③。

但,历史证明:萨满信仰并没有因此而消亡。佛教与萨满信仰之间的矛盾与斗争,始终伴随着蒙古人的历史进程。《十善福经法》和《喀尔喀卫拉特法典》都明确禁止萨满信仰,甚至宣布以"科以财产刑"的法律手段惩罚违者。但民间大多数皈依于喇嘛教的蒙古人仍然没有真正摆脱萨满信仰的影响,蒙古的部族统治者以"法典"的形式确定佛教的统治地位,恰恰表明蒙古人传统的萨满信仰具有着根深蒂固的历史渊

---

① 图什业图汗地:今科尔沁左翼中旗一带。参见蒙古族通史编写组《蒙古族通史》(修订版中卷),北京:民族出版社,2001 年,第 184 页。
② 杨青锋:《哲里木盟志》,北京:方志出版社,2000 年,第 173 页。
③ 杨青锋:《哲里木盟志》,北京:方志出版社,2000 年,第 1739—1742 页。

源和顽强的宗教影响力。

由于萨满信仰在蒙古族的历史发展中曾占有统治地位,后来被喇嘛教所取代。因而,在东北诸多萨满信仰民族中,蒙古族的萨满信仰经历了与众不同的磨难,在与喇嘛教的激烈抗争中九死一生、顽强生存。然而,在考察过程中我们发现,近代科尔沁蒙古族萨满对待佛教的宽容态度以及由此而来的对佛教因素的吸纳令人惊叹!相比之下,它没有像喇嘛教那样对萨满信仰实施强烈的打压、排斥政策,而是在压迫中奋力抗争;在抗争中不断妥协。也许这正是边缘文化在主流文化笼罩下的一种聪明的生存、发展策略;但我更愿意将其看作是萨满信仰体系所具有的开放性使然。田野考察资料证明:尽管近代科尔沁萨满信仰体系中已经融入了喇嘛教的因素,但与将释迦牟尼奉为"一神"的佛教徒不一样,在具有萨满信仰的科尔沁蒙古人那里,"佛"只是萨满世界的"万神殿"中之一个,并不具有凌驾诸神之上的统治地位。充满原始野性的科尔沁蒙古萨满信仰及其仪式依然属于草原,属于沙地,而不属于寺院。你亲眼见过科尔沁萨满的做法吗?你亲耳聆听过色仁钦博的神歌吗?如是,你就会对此深信不疑。

在集人格与神格于一身的萨满那里,神居于天而人立于地。当人与神直面对视的时候,便创造了一种天人合一的灵界。万物有灵,人神皆在其中。萨满为族群创造神灵,神灵因人类所需而产生;人之灵升腾为魂魄,神之灵显形于万物。这就是萨满的宇宙观——人与自然和谐的哲学基础。

本文原载于《中央音乐学院学报》2006年第1期

达斡尔族萨满仪式展演的记述与分析：
以斡米南仪式的萨满神歌文本为例

萨敏娜[①]

摘　要：达斡尔族是中国大陆55个少数民族之一。萨满教是达斡尔族传统文化的重要组成部分。1990年代以来，达斡尔族的萨满教出现了复振与重建态势，涌现了当代达斡尔族著名的"霍卓日·雅德恩"（即"莫昆·萨满"）斯琴掛和沃菊芬，她们举行了大量公开的仪式活动。其中，为期三天的"斡米南"仪式最为盛大、最为隆重，通过竖立神树"托若"、向诸神献礼、请诸神降临欢愉聚会宣示神谕、为族众祈福等环节，完成"莫昆·萨满"的等级晋升。斡米南仪式实际上反映了达斡尔族以"霍卓日·巴日肯"（即"祖先神"）为核心信仰对象的神灵观、科学疾病观、萨满传承制度的时代变迁，强调了"莫昆·萨满"的神圣使命，提出"莫昆圈"的概念，激发了莫昆家族成员的责任心和上进心，强化了不同莫昆、不同民族间的密切联结与交往。

关键词：达斡尔族　萨满教　斡米南　神灵观　莫昆圈

前言

达斡尔族，中国大陆55个少数民族之一，有语言，没有文字。2010年第六次全国人口普查资料显示，达斡尔族现有总人口131,992人。

[①] 萨敏娜，女，哲学博士，中央民族大学哲学与宗教学学院副院长，主要研究方向为宗教文化。

达斡尔族主要居住于内蒙古自治区呼伦贝尔市莫力达瓦达斡尔族自治旗(旗相当于县)、鄂温克族自治旗、海拉尔区,黑龙江省齐齐哈尔市梅里斯区,新疆维吾尔自治区伊犁州塔城地区等。莫力达瓦达斡尔族自治旗是达斡尔族聚居最集中的地区,政府所在地尼尔基镇。

萨满教是达斡尔族传统文化的重要组成部分,曾经深刻地影响了他们社会生活的方方面面。萨满教以"万物有灵"和"灵魂不死"为思想基础。正如吕大吉先生所说:"灵魂观念,在一切宗教观念中是最重要、最基本的观念之一。灵魂是寓于个体之中,赋予个体以生命力,并主宰其一切活动的超自然存在"①。灵魂,达斡尔语叫作"苏木斯"(/sums/)。② 达斡尔人认为每个人都有"苏木斯",每个动物都有"苏木斯",树木花草、山川湖泊也都有生命,动物经过多年修炼能够成为精灵,这就是达斡尔人的万物有灵观念。达斡尔族把世界分为上、中、下三界,上界是"德日·腾格日"(/dər təŋgər/,意为上天),即圣洁的天堂,是天神和"恩奴日"(/ənnur/)(神仙)居住的地方;中界是"端讷·噶吉日"(/dʊan gadʑir/,意为中间的地方),即人间,是人类和动物、植物生活的地方;下界是"伊日木汗"(/irmʊxan/),即阴间世界,是阎王和死人的灵魂所居之地③。人在睡眠时灵魂能够离开肉体,经历的所见所闻就是睡眠中的梦境;当人死亡时灵魂便离开肉体到"伊日木汗"等待转世再生;冤死者的灵魂因为尚未到期,不能回到阴间世界,流浪人间,伺机作祟,加害于人④。普通人的灵魂在其死后就永远离开肉体,转生或漫游。萨满的灵魂在其去世之后能够成为"巴日肯",并在家族中寻

---

① 吕大吉:《宗教学通论新编》,中国社会科学出版:1998年版,第105、109页。
② 本文出现的达斡尔族萨满教的特定名词与术语,首先根据达斡尔语发音直接转写成汉字,再以国际音标标注。
③ 满都尔图:《达斡尔鄂温克蒙古(陈巴尔虎)鄂伦春萨满教调查》,吕大吉,何耀华总主编,满都尔图主编:《中国各民族原始宗教资料集成·鄂伦春族卷·鄂温克族卷·赫哲族卷·达斡尔族卷·锡伯族卷·满族卷·蒙古族卷·藏族卷》,北京:中国社会科学出版社,1999年,第299页。
④ 满都尔图:《达斡尔鄂温克蒙古(陈巴尔虎)鄂伦春萨满教调查》,吕大吉,何耀华总主编,满都尔图主编:《中国各民族原始宗教资料集成·鄂伦春族卷·鄂温克族卷·赫哲族卷·达斡尔族卷·锡伯族卷·满族卷·蒙古族卷·藏族卷》,北京:中国社会科学出版社,1999年,第298页。

达斡尔族萨满仪式展演的记述与分析：以斡米南仪式的萨满神歌文本为例

找下一代继承者。达斡尔族把萨满称为"雅德恩"(/jad'ən/)，不论男女。按照所领神灵不同，"雅德恩"分为"霍卓日·雅德恩"(/xʊdʒɔr jad'ən/)和一般"雅德恩"。① "霍卓日·雅德恩"就是领本"哈拉"(/xal/)"莫昆"(/mokun/)②的"霍卓日·巴日肯"(/xʊdʒɔr barkən/，祖先神)为其主要神灵的莫昆·萨满(/məkun saman/)，一般"雅德恩"是领"外来神"的萨满。除了"雅德恩"，达斡尔族的司祭者、治疗师还有"斡托西"(/ʊtʊʃi/)、"巴格其"(/bagʧi/)、"巴日西"(/barʃ/)、"巴日耶浅"(/baræʧen/)等③。与《达斡尔族社会历史调查》的记述有所不同，我在多年的田野调查与访谈中发现，同"雅德恩"一样，他们也都有"霍卓日"，都能请各自的祖先神附体，他们的灵魂在其去世之后也能够成为"巴日肯"，并在家族中寻找下一代继任者，但是其级别与地位均比"雅德恩"要低。

达斡尔族信奉的神灵世界庞大、神秘、复杂、多样。"巴日肯"(/barkən/)、"翁果日"(/ʊŋgɔr/)都是达斡尔族对神灵的称呼，祂们都泛指神灵。一般来说，"巴日肯"常指静态的、形象的神灵，比如画像，偶像；"翁果日"则是指变化着的、活态的神灵，"巴日肯"与"翁果日"是对神灵不同状态的称呼，而不是指不同的神灵。按照达斡尔族的信仰观念，"巴日肯""翁果日"作为神灵，能够寄寓在神服、神器和画像、偶像中，也能随时离开，到处巡游。当萨满进入神灵附体状态时，人们说"翁果日"下来了、降临了；神灵附体状态结束后，人们说"翁果日"出去了、离开了。供在家里的叫作"巴日肯"，附体萨满的叫作"翁果日"④。萨满的"翁果日"能够邀游于天际和人间，需要的话也可以去下界追魂。从前，如果有人因横祸早亡，据说，神通广大的萨满能到阴间世界把他

---

① "霍卓日"(/xʊdʒɔr/)，原意为根、本源、本，指祖先神。
② "哈拉"(/xal/)，是达斡尔族父系氏族社会的基本组织，是具有共同的父系祖先、共同的分布地域、共同的经济生活和社会文化活动的、实行民主管理的血缘集团。各哈拉以其祖先分布地域内的山川河流作为本哈拉的名称。这一组织形式延续到20世纪初。随着人口的增加，各哈拉均分为若干血缘关系更为亲近的分支——莫昆(/mokun/)，取代哈拉的若干职能而成为达斡尔族社会的基层组织。详见满都尔图主编(2007：181,192)。
③ 内蒙古自治区编辑组：《达斡尔族社会历史调查》，呼和浩特：内蒙古人民出版社，1985年，第258、259、266页。
④ 萨敏娜：《试论达斡尔族萨满教的神灵世界》，《世界宗教文化》，2014年第5期，第64页。

的灵魂领回来,还原其躯体。过去小孩闹病,以为是其灵魂离开肉体到处游荡,便举行招魂仪式①。

在达斡尔族民间,萨满教万物有灵的信仰观念和崇拜活动根基深厚,几经风雨却从未真正中断,虔诚的信仰一直在民间顽强的延续。改革开放后,特别是1990年代以来,中国经济蓬勃发展,文化环境宽松,传统文化出现了全面恢复和重建态势,更有非物质文化遗产保护项目的实施,中国北方民族特别是达斡尔族的萨满信仰得以全面复振,19世纪末至20世纪初,达斡尔族中出现了以斯琴掛②和沃菊芬③为代表的新时代大萨满,他们举行了大量公开仪式活动。其中,要数"斡米南"仪式最为盛大、最为隆重。据当地达斡尔族老人讲述,斡米南仪式大约在1940年代以后从海拉尔地区消失。2004年斯琴掛首次举办斡米南仪式,之后她又举办过三次。斯琴掛的徒弟沃菊芬萨满也已经举行三次斡米南仪式。据说,一个萨满一生举办三次斡米南仪式就可以达到最高级别了。目前,斯琴掛、沃菊芬不仅是达斡尔族最高级别的大萨满,还是达斡尔族中仅有的两位举行过正式领神仪式、拥有萨满神服的"霍卓日·雅德恩"。

一、"斡米南"之涵义

(一)斡米南

据文献记载,过去,达斡尔族、鄂温克族、鄂伦春族的萨满一生当中都要举行几次斡米南仪式。

---

① 满都尔图:《达斡尔鄂温克蒙古(陈巴尔虎)鄂伦春萨满教调查》,吕大吉,何耀华总主编,满都尔图主编:《中国各民族原始宗教资料集成·鄂伦春族卷·鄂温克族卷·赫哲族卷·达斡尔族卷·锡伯族卷·满族卷·蒙古族卷·藏族卷》,北京:中国社会科学出版社,1999年,第299页。
② 斯琴掛,达斡尔族,是鄂嫩哈拉(/ənən xal/)博斯克浅莫昆(/bɔsktʂæ mokun/)第7代"霍卓日·雅德恩",1998年"出马",举行正式领神仪式,出生并居住于内蒙古自治区呼伦贝尔市鄂温克族自治旗政府所在地巴彦托海镇,巴彦托海镇又名南屯。
③ 沃菊芬,达斡尔族,是沃热哈拉(/wər xal/)绰库勒莫昆(/tʂukul mokun/,因为绰库勒莫昆生活在博荣村,也叫作博荣浅或者博荣凯牙)第9代"霍卓日·雅德恩",2001年"出马",举行正式领神仪式,出生并居住于内蒙古自治区呼伦贝尔市莫力达瓦达斡尔族自治旗政府所在地尼尔基镇。

达斡尔族萨满仪式展演的记述与分析：以斡米南仪式的萨满神歌文本为例

20世纪30年代，日本学者秋叶隆在对大兴安岭东北部鄂伦春族萨满教调查时，从当地萨满口中得知鄂伦春族有一种萨满大祭——"奥米那廷"仪式，每三年或五年举行一次，当氏族遇到重大灾难如恶疫流行时也可以举行，当地人称为"奥米那廷"（Oemnattan）①。

《鄂温克族社会历史调查》记述了阿荣旗查巴奇乡鄂温克族每年在阴历四月间有萨满的集会叫"奥米那楞"，它的内容有两个：一个是老萨满领教新萨满，另一内容是在这个会上祈求"毛哄"的平安和繁荣②。陈巴尔虎旗莫尔格河鄂温克族也有类似的"奥米那楞"会，一般都是在羊羔离奶时，在八月最好的季节举行，参加的人有时达200多人，所有的萨满都穿着法衣参加，要跳神三天三夜。鄂温克人的萨满一生至少举行四次重大的"奥米那楞"③节会。④

20世纪40年代，日本学者大间知笃三对海拉尔地区达斡尔族的萨满祭祀活动进行了调查。他认为各萨满至少每三年就要举行一次斡米南仪式，以莫昆为单位，在夏季的野外，用三天时间来完成。他归纳了举行斡米南仪式的目的主要有4种：感谢所供奉神灵的庇佑；为了增强萨满自身的能力；为新萨满就任或为新做成的萨满服饰而举行；有时重病痊愈者为向神灵致谢也举行此类仪式⑤。

《达斡尔族社会历史调查》较为详细地记述了斡米南仪式：每个雅

---

① 秋叶隆：《鄂伦春的萨满教——大兴安岭东北部鄂伦春调查报告（二）》大间知笃三著，辻雄二，色音编译：拿木吉拉校：《北方民族与萨满文化—中国东北民族的人类学调查》，北京：中央民族大学出版社，1995年，第29页。
② 内蒙古自治区编辑组：《鄂温克族族社会历史调查》，呼和浩特：内蒙古人民出版社，1986年，第115—116页。
③ "奥米那楞"是《鄂温克族社会历史调查》记述的鄂温克族的仪式，"奥米那廷"（Oemnattan）是《鄂伦春的萨满教—大兴安岭东北部鄂伦春调查报告（二）》记述的鄂伦春的仪式，是记述者根据民族语发音记录转写的汉字，或许发音本来不同，或许记述者采用的汉字不同，但都是类似于达斡尔族的"托若·托里-斡米那贝"（/turɔːtuli uminabe/）、斡米南（ominaan）仪式。
④ 内蒙古自治区编辑组：《鄂温克族族社会历史调查》，呼和浩特：内蒙古人民出版社，1986年，第335—337页。
⑤ 大间知笃三：《达斡尔族巫考—以海拉尔群体为主要对象》，辻雄二，色音编译，拿木吉拉校：《北方民族与萨满文化—中国东北民族的人类学调查》，北京：中央民族大学出版社，1995年，第61页。

达干(即雅德恩,萨满),在一定期间内,都要举行一次祭祀或跳神仪式,达斡尔话叫作"斡米南"或者"依尔登"。每隔三年,大约在旧历三、四月举行一次斡米南仪式,这是雅达干的盛典,它的目的是要给诸神献礼,给本人(指上述"每个雅达干"、即举行斡米南仪式的雅达干)及爱里莫昆人们消灾求福,并检验上次斡米南以来,本人的举止是非等[1]。

乌力斯·卫戎也认为斡米南仪式是达斡尔族萨满最为隆重的祭典,仪式通过向诸神献礼,来祈求萨满和氏族全体成员的平安和健康[2]。

富育光则将达斡尔族的斡米南仪式看作是萨满祭祀典礼的内部活动,是最为隆重的祭礼,每隔三年,大约在旧历三、四月份举行,目的是给诸神献礼[3]。

吕萍与邱时遇合著的《达斡尔族萨满文化传承——斯琴挂和她的弟子们》将斡米南仪式视为萨满为自己所做的升级仪式,虽然仪式中穿插着祭天、祭祖、祈福消灾等内容,形式较其他仪式也很繁琐,但最终的目的是萨满级别的提升[4]。

匈牙利学者 Dávid Somfai Kara 与 Mihály Hoppál 认为,/ominaan/,这个词的词源表明,这个仪式最有可能起源于阿尔泰语系通古斯语族的鄂温克民族,其词根很可能是通古斯语的 OMI "灵魂,精神"和动词 OMI-NA-"唤起神灵"所派生。神灵的唤起仪式鄂温克语称为 ominaran,奥米那仁,而达斡尔语称为 ominaan,斡米南。Ominaran 或 ominaan 基本上是一个很大的家族祭祀仪式,仪式上氏族萨满调用最重要的自然神灵、氏族祖先神灵和萨满的助手神灵。通过调用新的助手神灵,萨满能够获得较高的级别,并增加自身的

---

[1] 内蒙古自治区编辑组:《达斡尔族社会历史调查》,呼和浩特:内蒙古人民出版社,1985年,第262—265页。
[2] 乌力斯·卫戎:《达斡尔族的萨满教》,吉林民族研究所编:《萨满文化研究》,长春:吉林人民出版社,1988年,126—129页。
[3] 富育光:《萨满教与神话》,沈阳:辽宁大学出版社,1990年,第144页。
[4] 吕萍,邱时遇:《达斡尔族萨满文化传承——斯琴挂和她的弟子们》,沈阳:辽宁民族出版社,2009年,第46—56页。

实力①。

尽管不同学者对于不同历史时期和不同民族中的斡米南仪式的看法不尽相同,但他们的研究成果还是提供了非常珍贵的斡米南仪式资料,特别是《达斡尔族社会历史调查》比较完整地描述了达斡尔族的斡米南仪式的过程。不过,过去的调查采访主要来自口述和口传,即便有学者考察了一次真实的斡米南仪式展演过程,因种种因素没能完整翻译斡米南仪式最关键的核心内容,即萨满神灵附体状态下所唱神歌,也没有解释"斡米南"的涵义。我有幸考察了斯琴掛与沃菊芬举办的六场盛大隆重的斡米南仪式,翻译了2009年和2011年斡米南仪式的绝大部分萨满神歌,②我认为这些神歌文本内容完全能够提供有关斡米南仪式的各种信息和内涵。至今为止,鄂温克族中尚未有真正的萨满举行过斡米南仪式,鄂伦春族萨满传承几乎中断,还没有出现新时代的萨满。因此,中断60多年后斯琴掛萨满及其弟子沃菊芬萨满举行的斡米南仪式更显得弥足珍贵,在中国北方民族萨满文化传统恢复和传承中具有典型性和代表性,具有非常高的学术研究价值。

(二) 托若、托若·托勒贝、托若·托里——斡米那贝

实际上,达斡尔族更多时候把斡米南仪式叫作"托若·托勒贝",在斯琴掛和沃菊芬的斡米南仪式中,她们在进入神灵附体状态下反复讲做"托若·托勒贝"(/tʊrʊːtʊlbe/)仪式,偶尔会讲"ominaan"一词。"托若"(/tʊrʊː/),达斡尔语本义是"脚""柱脚",比如桌子、房子的柱脚,动物的蹄脚也叫作"托若",比如牛、猪的蹄脚。在萨满文化情境中,"托若"是"托若·莫德"(/tʊrʊːmɔːd/)的简称,即托若树,意为神树。"托勒贝",是"竖立、支撑"的意思。所以,"托若·托勒贝"(/tʊrʊːtʊlbe/)直译过来就是"竖立托若树",即"竖立神树"。在2011年的斡米南仪式中,萨满"翁果日"三次说到"托若·托里-斡米那贝"(/tʊrʊːtʊli ʊminabe/),

---

① Somfai Kara, Dávid, and Mihály Hoppál, A Revitalized Daur Shamanic Ritual from Northeast China. Shaman 17(1–2),2009:141–169.
② 2009年斡米南仪式的萨满神歌翻译文本,详见萨敏娜、吴凤玲等《达斡尔族斡米南文化的观察与思考——以沃菊芬的仪式为例》。2011年斡米南仪式的萨满神歌翻译文本,详见萨敏娜《达斡尔族萨满仪式调查研究》。

主祭萨满沃菊芬祖先神"贵·雅德恩"首次降临就说：

> 今天，鄂嫩哈拉的"萨满爷爷"和沃热哈拉的"霍卓日"一起"竖立托若树"，要"斡米那贝"（/ʊminabe/）。村里的孩子们，都把你们的不好丢掉，你们的道路都会变好。

"托若·托勒贝"是"竖立神树"，那么"斡米南"或者"斡米那贝"究竟是什么意思呢？对此，我专门采访过沃菊芬萨满，她说，"斡米那贝"就是让自己的"翁果日"高兴，让所有的"翁果日"高兴；"斡米那贝"就是竖立"托若树"，然后升级，请众"翁果日"降临吃、喝，享用供品和牺牲，各自请自己的"翁果日"降临，让他们"瑟博吉勒贝"（/səbdʒilbe/，意为聚会欢愉）。可见，"斡米那贝"有竖立神树、请诸神降临、向诸神献礼、让诸神欢愉聚会、萨满升级等基本涵义。

二、斡米南仪式的主要展演概况

本文以沃菊芬萨满于 2011 年 7 月 19—21 日举办的斡米南仪式为例。为期三天的斡米南仪式仪程复杂繁多，每半天为一个相对独立仪程：领祭萨满、主祭萨满和陪祭萨满进行献牲祷告；举行"达日卡贝"仪式，莫昆及族众给"托若·巴日肯"磕头，领祭萨满、主祭萨满和陪祭萨满击鼓唱祷，向"托若·巴日肯"报告磕头者的哈拉、莫昆及属相；待献牲的肉煮熟摆供后，领祭萨满、主祭萨满和陪祭萨满进行献祭祷告；领祭萨满和主祭萨满开始交错请神降临，萨满以"翁果日"的名义宣示神谕；"翁果日"离开，休息和餐饮。

综观达斡尔族的"托若·托勒贝"仪式，领祭萨满与主祭萨满在神灵附体状态下所唱神歌部分是仪式的最重要环节，也是仪式参与者最为关注和关心的仪程内容。每个萨满"翁果日"都会找几个甚至十几个哈拉莫昆不同属相的人们进行警示、劝告，回答莫昆、族众及其他慕名者的各种疑难困惑。萨满"翁果日"的神歌所表达与嘱咐的内容涉及面极为广泛，限于论文篇幅无法在此一一详细记述、全面呈现。为了阐释、分析达斡尔族萨满教的复振面貌，现将此次斡米南仪式的主要仪程内容、所降诸神及所召哈拉莫昆简记如下。

(一) 准备工作

任何一个萨满仪式都必定在一定的时间空间中展开。在举行仪式半月前,主祭萨满沃菊芬的莫昆家族就在纳文江①边修建了宏大的专用仪式场地和一个硕大蒙古包作为主祭主屋,并提前三天开始在室外供祭四面八方地方神灵。

"托若·托勒贝"(/tʊrʊːtʊlbe/),顾名思义,竖立神树"托若"(/tʊrʊː/)。"托若树"选用连根挖起、枝繁叶茂、挺拔笔直的鲜活白桦树,在仪式第一天清晨太阳冉冉升起之时竖立。室内地中央竖立两棵白桦树,叫作"格日·托若"(/gəriːtʊrʊː/),即"室内托若树"。"室内托若树"之间绑三根横木,叫作"特日肯"(/tərkin/),意为梯子,象征"天梯",根部缠绕黑、白两个蛇神神偶,叫作"哈日·其昂·霍别楞"(/xar tʃiaŋ xʊbælaŋ/,意为黑、白变化者)。主祭萨满沃菊芬是家族第九代"霍卓日·雅德恩"(/xʊʤʊr jad'ən/,莫昆·萨满),室外竖立九棵白桦树,叫作"博迪·托若"(/bədi tʊrʊː/),即"室外托若树"。"室外托若树"根部四周打四根树桩,叫作"阿尔腾·蒙斡·噶塔"(/alt mɔŋgo gat/,意为"金银桩")。"室内托若树"与"室外托若树"以一条牛皮绳和七彩线相连接,牛皮绳叫作"拴那"(/ʃʊanna/)。据说,"拴那"和七彩线是神灵往来的通道。

(二) 主要仪程及所降诸神

第一天

(甲) 上午

1. 主祭萨满祭拜莫昆家族"雅德恩·敖包"(/jad'en ɔbɔː/)。② 同时,摆供。
2. 领祭萨满穿萨满服,唱"请神衣佑助歌"。③

---

① 纳文江,嫩江一条主要的支流,位于内蒙古自治区呼伦贝尔市莫力达瓦达斡尔族自治旗旗政府所在地尼尔基镇东,自北向南流淌。
② 萨满墓地,莫力达瓦达斡尔群体叫作"雅德恩·敖包",海拉尔达斡尔群体叫作"山登"。
③ 请神衣佑助歌,本文作者翻译并根据神歌内容命名。

3. 为陪祭萨满神服"开光"。①

4. 领祭萨满祖先"翁果日""拉·萨满"(/laːsaman/)②首先降临,找沃热哈拉(/ʊrə xal/)"霍卓日·雅德恩"、莫昆家族主事男子安排仪式主要事项。

5. 为天神和祖先神献牲,向天地四方神灵祷告。

6. "达日卡贝"(/daːrkabe/),给"托若·巴日肯"(/tʊrʊːbarkən/)磕头。③

7. 主祭萨满祖先"翁果日""贵·雅德恩"(/guj jadʼen/)④首次降临,安排主要仪程内容,找沃热哈拉属猪、属虎、属鸡、属龙、属猴、属狗、属羊者告知;找李肯哈拉(/likən xal/)属猪者告知。

8. 领祭萨满祖先"翁果日""多恩浅·霍卓日·额头乌"(/dʊntʃæ xʊdʒʊr ətəu/)⑤降临,找沃热哈拉属羊、属猪、属鸡、属龙者告知;找敖拉哈拉(/ɔwl xal/)拉里浅(/lali tʃæ/)属羊者告知;神灵自述来源。

9. 陪祭萨满"翁果日"降临,未开口说话。⑥

10. 主祭萨满祖先"翁果日""沃热哈拉·霍卓日·雅德恩"(/ʊrə xal xʊdʒʊr jadʼən/)⑦首次降临,解释陪祭萨满没有开口的原因;找沃热哈拉博荣凯牙属鸡、属龙、属牛、属羊、属鸡者告知;回答求问者的问题。

11. 献祭天神

白色绵羊煮熟摆供,领祭萨满、主祭萨满等在"室外托若树"下"天

---

① "开光"是借用佛教用语,达斡尔语叫作"阿米拉贝"(/amilabe/),意为赋予生命、活力。除了萨满神服,新制作的萨满神具、神器、神灵画像、偶像也都需要"阿米拉贝"。
② 拉·萨满,斯琴掛萨满的太爷爷,斯琴掛是莫昆家族第7代萨满,拉·萨满是第6代萨满。
③ "达日卡贝",一种祷告活动,参加斡米南仪式的各莫昆家族及族众,求助者给"托若·巴日肯"磕头,萨满击鼓唱祷,向"托若·巴日肯"报告磕头者的哈拉莫昆及属相,叫作"达日卡贝"。"托若·巴日肯"特指斡米南仪式中受邀或者应允降落于"托若树"并享用供品牺牲的所有"翁果日"。
④ 贵·雅德恩,沃菊芬萨满的爷爷,沃菊芬是莫昆家族第9代萨满,贵·雅德恩是第8代萨满。
⑤ 多恩浅·霍卓日·额头乌,鄂嫩哈拉多恩浅莫昆的祖先神。
⑥ 陪祭萨满巴达玛降神,但未说话。巴达玛是斯琴掛的巴尔虎蒙古族弟子。沃菊芬这次举办斡米南仪式之时,她尚未举行正式领神仪式。
⑦ 沃热哈拉·霍卓日·雅德恩,即沃热哈拉"霍卓日·太提",沃菊芬莫昆家族的第7代萨满。

神"供桌前击鼓唱祷。

(乙) 下午

1. 主祭萨满"翁果日""沃热哈拉·西额·敖雷"(/ʊrə xal siə aʊləi/)①首次降临,自述经历;找沃热哈拉属猪、属鸡、属马孙媳妇、属猪孙女、属牛者告知;找莫日登哈拉(/mərdəŋ xal/)和敖拉哈拉领神者告知。②

2. "莫日登·太提"(/mərdəŋ tajti/)③降临于主祭萨满,自述经历,训练莫昆弟子请神降临。

3. 主祭萨满"翁果日""沃热哈拉·西额·敖雷"(/ʊrə xal siə aʊləi/)再次降临。

4. 给"托若·巴日肯"磕头。

(丙) 晚上

举行献祭黑山羊仪式。④

1. 献牲唱祷。

2. 献祭唱祷。

3. "腾格日依·诺额"(/təŋgəri nʊ'ə/)⑤降临于主祭萨满,找鄂嫩哈拉(/ənən xal/)属猪者告知;神灵自述;找莫日登哈拉属马者告知。

第二天

(甲) 上午

1. 为"敖包·敖拉·额金"(/ɔbɔːaʊla ədʒin/)⑥和"安门·敖包·额

---

① 沃热哈拉·西额·敖雷,沃热哈拉莫昆家族的大山神。
② 领神者,即领着祖先神的人们,包括已经举行领神仪式(即所谓的"出马"仪式)的和尚未举行领神仪式的萨满(或其他司祭者、治疗师)或候选者。
③ 莫日登·太提,也尊称为莫日登·额头乌,即莫日登哈拉的祖母,莫日登(孟)哈拉的祖先神。
④ 按照达斡尔族万物有灵的信仰观念,世界上除了那些请坐在家里的"巴日肯",野外还有很多无主的游荡精灵和孤魂野鬼,为了安抚它们,保证仪式顺利进行,斡米南仪式第一天晚上举行献祭黑山羊仪式。
⑤ 腾格日·诺额,天狗神。
⑥ 敖包·敖拉·额金,指托库润·敖拉·额金,即圆顶山的主人,主宰。

077

金"(/anmən ɔbɔːɹdʑin/)①献牲。

  2. 给"托若·巴日肯"磕头。

  3. 领祭萨满祖先"翁果日""霍卓日·太提"(/xʊʥʊr tajti/)②降临。

  4. 主祭萨满祖先"翁果日""霍卓日·太提"(/xʊʥʊr tajti/)③第二次降临，找鄂嫩哈拉"霍卓日·雅德恩"表示感谢；找李肯哈拉年长属兔、属猪、属兔孙女、属虎孙女婿告知；找沃热哈拉属猪、属龙(种田的)、属牛、属鸡、属猪者告知；找鄂嫩哈拉属羊者告知；找沃热哈拉博荣浅来自远方属鸡、属狗、属虎、属羊者告知；找敖拉哈拉(/ɔwl lwɛ/)拉里浅(/lalitʃæ/)属羊、属鸡者告知；找郭博勒哈拉(/gʊbal xal/)满那浅(/manətʃæ/)属狗、属猪者告知；找杜拉苏拉(/dʊlasʊlə/)"巴日西"④告知；找莫日登哈拉属狗、属猴、属鸡、属虎重孙告知；找苏都日哈拉(/sudur xal/)来自远方属狗、属鼠、属羊、属鸡者告知；找敖拉哈拉登特科浅(/dəŋtəkətʃæ/)属虎、属猴者告知；回答求问者的问题。

  5. 领祭萨满"翁果日""安门敖包·额金"降临，找沃热哈拉属猪、属鸡、属狗者告知；自述经历。

(乙) 下午

  1. 给"托若·巴日肯"磕头。

  2. 主祭萨满"翁果日""拐勒哈德·额金"(/gʊajl xad əʥin/)⑤降临，找沃热哈拉属猪者告知；找郭博勒哈拉(/gʊbal xal/)塔温浅(/

---

① 安门·敖包·额金，即安门·敖包的主人、主宰。安门·敖包坐落于内蒙古陈巴尔虎旗境内，据说是达斡尔族修建的古老敖包。
② 霍卓日·太提，即领祖先神的祖母神，斯琴掛莫昆家族的祖先神，她的太爷爷拉·萨满的上代某位萨满。据说，很久以前，这位老姑奶奶嫁给了布里亚特人，所以降神状态下手执双马头杖，也唱蒙古语，找跟随斯琴掛萨满到来的巴尔虎蒙古人。
③ 霍卓日·太提，领祖先神的祖母神，即霍卓日·雅德恩，指沃菊芬莫昆家族第7代萨满。
④ 杜拉苏拉，鄂温克族杜拉尔、敖拉、萨玛格日等姓氏群体的统称。这位"巴日西"是斯琴掛弟子、鄂温克族。
⑤ 怪勒哈德·额金，怪勒哈德的主人、主宰。怪勒哈德，即怪勒悬崖，坐落于内蒙古莫力达瓦旗境内。"拐勒哈德·额金"意为"怪勒悬崖的主人"，本来是郭博勒哈拉塔温浅的地方山神、守护神。斯琴掛、沃菊芬修建了"怪勒哈德·敖包"并连续供奉了三年。所以，翁果日表示，自己孩子没有认出自己的时候，鄂嫩哈拉、沃热哈拉、属猪的孩子、奎力浅认出并将它扶立起来。

tawənʧæ/)属猴、属蛇、属羊者告知;找莫日登哈拉(/mərdəŋ xal/)寿儒托日苏浅(/ʃəwr tʊrsuʧæ/)属狗者告知;回答求问者的问题。

3."嘎胡查·爷爷"(/gaxuʧa jeje/)①降临于领祭萨满,找沃热哈拉属猪者告知;找郭博勒哈拉属狗、属龙、属虎、属蛇、属牛、属猪及属鼠媳妇、属龙的"雅德恩"姑娘告知;找沃热哈拉远方来的属羊父子告知;找敖拉哈拉告知。

4."登特科浅·霍卓日·巴日肯"(/dəŋtəkəʧæ xʊʤʊr barkən/)②降临于主祭萨满,训斥属虎孙女不会走萨满路。

5. 主祭萨满"翁果日""沃热哈拉·奴吉日·巴日肯"(/ʊrə xal nuʤir barkən/)③降临,找沃热哈拉属猪孙女、小孙女,属虎孙女告知。

6."梅森·太提"(/məjsən tajti/)④降临于领祭萨满,表示失礼了;找沃热哈拉属猪者告知;找莫日登哈拉属猴姑娘告知;找金肯哈拉(/ʤiŋkən xal/)属马小子、年长属鼠姑娘告知;找谢金艾勒(/ʃæʤin æl/)属猪小子告知,自述来源。

7. 主祭萨满"翁果日""杜卡·巴日肯"(/duka:barkən/)⑤降临,找沃热哈拉人氏讲看家护院与仪式规矩;回答求问者的问题。

8."敖拉哈拉·乌西·娘娘"(/ɔwl xal u:ʃi:njaŋnjaŋ/)⑥降临于主祭萨满,找沃热哈拉属猪、属羊表示感谢;找敖拉哈拉属牛、属马、属龙者告知;回答求问者的问题。

(丙)晚上

举行祭火神仪式。⑦

---

① 嘎胡查·爷爷,即嘎胡查·萨满,郭博勒哈拉满那莫昆的祖先神。"嘎胡查·爷爷",郭博勒哈拉满那莫昆的先祖萨满之一,在海拉尔达斡尔群体中非常著名。据说是郭博勒哈拉满那莫昆将军家的放牧者,后来成为萨满,著名大萨满。民间有很多关于嘎胡查萨满的传奇传说故事。参看内蒙古自治区编辑组《达斡尔族社会历史调查》。
② 登特科浅·霍卓日·巴日肯,敖拉哈拉登特科浅的祖先神。
③ 沃热哈拉·奴吉日·巴日肯,沃热哈拉莫昆家族的蛇神。
④ 梅森·太提,金肯哈拉梅森浅莫昆祖先神。
⑤ 杜卡·巴日肯,沃热哈拉莫昆家族的门神。
⑥ 敖拉哈拉·乌西·娘娘,敖拉哈拉的娘娘神——乌西·娘娘神。
⑦ 斯琴掛萨满说,萨满人"斡米南"的话必须祭火神,祭火神的目的就是祈福莫昆家族吉祥如意,牲畜满院,生活富裕。

室外江边点燃一堆篝火，领祭萨满和主祭萨满率众面朝篝火和纳文江水击鼓唱歌，主祭莫昆家族族众弟子们向篝火中敬洒白酒、投掷肉、乳制品、点心。领祭萨满带领大家喊"霍日耶！霍日耶！"众人给火神跪拜磕头。

第三天

（甲）上午

1. 为"怀玛日·巴日肯"（/xuajmar barkən/）①献牲。
2. 给"托若·巴日肯"磕头。
3. 领祭萨满唱"请神衣佑助歌"、戴"阿巴嘎拉岱"（/abaɡaladaj/）面具②。
4. "怀玛日·巴日肯"（/xuajmar barkən/）降临于领祭萨满，找沃热哈拉属猪者告知；自述经历；找沃热哈拉属牛、属鸡、属牛、属龙、属牛、属蛇者告知；找郭博勒哈拉属虎；回答求问者的问题；找敖拉哈拉登特科浅属猴姑娘告知。
5. 主祭萨满"翁果日""托库仁敖拉·多罗岱讷乌音"（/tʊkrən aʊladʊlʊ dajn ujin/）③降临，找沃热哈拉属猪者告知；找莫日登哈拉寿儒托日苏浅属鸡者告知；找满那浅属狗者告知；找拉里浅属鸡者告知；找沃热哈拉属牛、属龙者告知；回答求问者的问题。
6. "巴日西"候选者英的祖先"翁果日""登特科·太提"（/deŋteke tajti/）④降临，英开口说话。
7. "登特科·太提"（/deŋteke tajti/）⑤降临于领祭萨满，哭诉所抓之人不能明白自己的萨满道路，表达委屈的心情。
8. "尼日耶浅·达其·敖包·额金"（/nirɡʧæ daʧi ɔbɔːədʒin/）⑥降

---

① 怀玛日·巴日肯，传入的达斡尔族的古老守护神，敖拉哈拉里浅莫昆等主要供奉。
② 阿巴嘎拉岱，斯琴掛萨满的神具，红铜面具。据说戴面具传自她的太爷爷"拉·萨满"。
③ 托库润·敖拉·多罗·岱讷乌音，圆顶山上的七仙女，达斡尔族的远古守护神灵，沃菊芬萨满莫昆家族主要供奉。
④ 敖拉哈拉·霍卓日·太提，即敖拉哈拉登特科浅莫昆的祖先神。
⑤ 敖拉哈拉·霍卓日·太提，即敖拉哈拉登特科浅莫昆的祖先神。
⑥ 达其·尼日耶浅·敖包·额金，即原来的尼日耶莫昆的敖包神。尼日耶·敖包原来位于莫力达瓦达斡尔族自治旗尼尔基镇东山断崖山头之上，据说由初到莫力达瓦地（转下页）

临于主祭萨满,找莫日登哈拉西博奇浅(/ʃibʊʧiʧæ/)属狗、尼日耶浅(/nirgʧæ/)属猴、西额莫日登浅(/ʃiə mərdəŋʧæ/)属鸡者告知。

9. 主祭萨满祖先"翁果日""贵·雅德恩"(/guj jad'ən/)第二次降临,表达决心。

10. "霍日耶! 霍日耶!"(/xʊræ xʊræ/)聚福仪式。

领祭萨满、主祭萨满击鼓唱祷,带领仪式参与者手捧食物喊"霍日耶! 霍日耶!"分享祖先神赐予的福源。

(乙)下午

1. "阿尔善"(/arʃan/)①圣水洗涤仪式。
2. "阿斯朗"(/aslaŋ/)②萨满神服之牛皮绳抽打仪式。

(丙)晚上

1. 举行主祭萨满吃血仪式。
2. 主祭萨满祖先"翁果日""贵·雅德恩"(/guj jad'ən/)第三次降临,做仪式总结:仪式按照原有规矩做,非常正确;今后再出"雅德恩",为了民族同胞要不断竖立"托若树";按照传统,仪式只做三天;为了民族莫昆,萨满道路要上台阶;请领神者好好收拢自己的神灵;送天上地下、河滩草甸、山川水泊神灵。
3. 送神

主祭、领祭萨满默默念祷,送神。

三、斡米南仪式的简要分析

在上述这些繁杂的仪程中,领祭萨满带领主祭萨满、陪祭萨满及众

(接上页)方定居生活的莫日登哈拉尼日耶莫昆修建的家族莫昆敖包,莫日登哈拉其他6个莫昆也来祭拜,后又渐渐成为莫力达瓦达斡尔族群体普遍供奉的敖包,清代后期又赋予了官祭都统衙门敖包的身份。莫力达瓦达斡尔族自治旗建旗后,渐渐成为旗政府官祭敖包,2001年由于敖包所在山头炸平修建尼尔基水利枢纽工程,该敖包迁址到尼尔基镇西山,一分为二,尼日耶浅莫昆家族敖包由达斡尔族七个哈拉莫昆共同集资修建,官祭都统衙门敖包由政府出资修建于民族园内。

① "阿尔善"/arʃan/,是一种了煮沸的鹅卵石、小铜镜、黄油、刚嘎草、牛奶的混合水,萨满用"阿尔善"圣水为人们掸洗,同时,唱歌祝福,晃动神鼓。

② "阿斯朗"/aslaŋ/,是萨满神服两侧悬挂的细长牛皮绳子,萨满与助手拉起"阿斯朗"在人们的后背按压或者抽打,同时唱歌祝福。

多弟子不断击鼓唱祷，简单舞步，说唱结合，语调不同，衬词多样；唱祷内容包括献牲、请神、报告、聚福、洁净、祛病除灾，等等。其中，萨满神灵附体状态下以"翁果日"名义所吟唱内容占据仪式全部神歌的绝大部分篇幅，仪式的总体安排、具体步骤，室内外神圣空间的布局装扮，仪式的传统礼仪，祖先神与助手神的来源经历，人们遭遇的种种磨难坎坷及应对破解之法，都能够从萨满神歌的吟唱文本中寻求答案。

（一）反映了达斡尔族以"祖先神"为核心信仰对象的神灵观

达斡尔族信仰万物有灵，信奉的神灵众多，按照不同方式划分，可以有不同种类。孟慧英认为，"在精灵领域，我们主要面对的是两方面问题：一是人类，特别是萨满，与精灵的关系；二是对精灵的分类和等级演化的把握①。"在萨满教学术研究领域，有许多关于神灵分属的词汇，比如，守护神、助手神等，属于萨满与其神灵的关系范畴；主神、副神等词汇，则与一般意义的神灵等级相关。从斡米南仪式的萨满神歌文本来看，达斡尔族萨满的神灵无外乎祖先神和助手神两大类。其中，祖先神是核心信仰对象，是萨满的主要守护神；其他神灵都是助手神，是萨满的辅助守护神，也是重要守护神。

1. 传统核心信仰对象——祖先神"霍卓日·巴日肯"

达斡尔族最尊贵、最重要的神灵就是祖先神，叫作"霍卓日·巴日肯"。正如日本学者大间知笃三调查发现，"达斡尔族神系中的最高神是腾格里（tengri）（即腾格日/təŋgər/，天神）。但在他们信仰生活中起着现实的最强有力作用的是斡卓尔（ojor）（即"霍卓日"/xuʤuːr/，海拉尔达斡尔群体发音为"斡卓日"/uʤuːr/）。莫昆信仰的中心对象是斡卓尔，莫昆·萨满信仰的中心对象也是斡卓尔②。"

"霍卓日"（/xuʤur/，原意为根、本源、本）一词本来是指称血亲远祖祖先，而且最初是指称母系家族的祖先，后来逐步发展为指称父系家

---

① 孟慧英：《萨满教的精灵世界》，《民族艺术》，1999年第2期，第75页。
② 大间知笃三：《达斡尔族巫考——以海拉尔群体为主要对象》，辻雄二、色音编译，拿木吉拉校：《北方民族与萨满文化—中国东北民族的人类学调查》，北京：中央民族大学出版社，1995年，第63—64页。

族的祖先①。因此，血统上的氏族祖先"霍卓日"是人，不是神，归入家谱系列，由氏族长"莫昆达"（/məkunda/，莫昆家族族长）组织祭祀；而所谓的巫统上的氏族祖先神"霍卓日·巴日肯"才是神，由"霍卓日·雅德恩"传承并代表其意志服务于全体氏族莫昆。就是说，即使是最初的萨满也是血亲远祖，还是停留在人的阶段，是家族成员，属于血统中人，在他故去之后才成为神，成为祖先神的代表、代言人。其后的历代萨满无不如此，他们生前是通神的人，属广义的"霍卓日"之列，去世之后才成为神，进入到狭义的"霍卓日"范围，传承并彰显祖先神"霍卓日·巴日肯"的意志与超能。因此，大间知笃三所说的"霍卓日"后面必须加上"巴日肯"才更加确切、完整，叫作"霍卓日·巴日肯"，即祖先神，氏族祖先神，莫昆祖先神，否则，就会把人和神混淆起来。巫统人员"霍卓日·雅德恩"只是所有血亲远祖广义"霍卓日"的一小部分，是血统群体的一个特殊部分。过去，只有男人才能进入家谱，女人不能，即使是女性莫昆·萨满也不例外。

斡米南仪式中，祖先神是核心，主祭萨满遵照祖先神的意志"竖立托若树"，也可以说是"祖先神"在"竖立托若树"。此次斡米南仪式上，领祭萨满斯琴掛的祖先神代言人"拉·萨满"首先降临指导仪式时就对主祭萨满沃菊芬说：

> 你把过去的"霍卓日"给立起来了，占据一方水土坐下来的时候，你叫醒了从前的"霍卓日"，你叫醒了原来的"霍卓日"。你在自己的一方水土"竖立托若树"，你找到了好看的地方坐下来了。

主祭萨满沃菊芬的祖先神代言人"贵·雅德恩"首次降临时说：

> 一代又一代接续而来，沃热哈拉博荣凯亚"贵·雅德恩"

---

① 萨敏娜：《试论达斡尔族萨满教的神灵世界》，《世界宗教文化》，2014年第5期，第64—65页.

> 我来了。莫昆家族的人们都来了,我高兴。我的子子孙孙都来了,我高兴。孙子重孙的兄弟们都来了,我高兴。今天,我"竖立托若树"的时候,从千万个地方都来人了,我高兴。莫昆的人们来了,不是莫昆的、外姓氏的人们也来了,我高兴。

"霍卓日·雅德恩"代行"霍卓日·巴日肯"的意志,莫昆·萨满竖立神树也就是莫昆祖先神竖立神树,所以有祖先"翁果日"的"我树立托若树的时候",可见,斡米南是主祭萨满为祖先神所做的仪式,即祖先神的仪式。

在2009年沃菊芬萨满首次举行斡米南仪式的时候,领祭萨满即师傅萨满斯琴掛的祖先神曾经对"托若·托勒贝"(斡米南)仪式进行过阐释:

> 我要让你们知晓,两个"雅德恩"举办仪式叫"托若·托勒贝"(竖立神树),一个"雅德恩"举办叫"伊额德维"(/igədəwæ/,意为变大、增强)①。

因此,斡米南以主祭萨满和领祭萨满的祖先神为核心,还有其他弟子们或领神者的祖先神参与。此次斡米南仪式中,降临于领祭萨满斯琴掛的莫昆祖先神除了她自己的莫昆家族鄂嫩哈拉博斯克浅(莫昆)的"拉·萨满"和"霍卓日·老姑太提"、鄂嫩哈拉多恩浅(莫昆)"多恩浅·霍卓日·额头乌",还有郭博勒哈拉满那莫昆的"嘎胡查·爷爷"、金肯哈拉的"梅森·太提"、敖拉哈拉登特科浅(莫昆)的"霍卓日·巴日肯"。降临于主祭萨满沃菊芬莫昆家族的祖先神除了她自己莫昆家族沃热哈拉博荣浅(莫昆,也叫作绰库勒莫昆)的"贵·雅德恩"和第七代"霍卓日·雅德恩"(即"霍卓日·太提"),还有莫日登哈拉的莫昆祖先神"莫日登·太提"、敖拉哈拉登特科浅(莫昆)的"霍卓日·巴日肯"降临。

---

① 萨敏娜、吴凤玲等:《达斡尔族斡米南文化的观察与思考——以沃菊芬的仪式为例》,北京:民族出版社,2011年,第18—19页。

2. 助手神——祖先神的追随者

对于一位"霍卓日·雅德恩"(莫昆·萨满)而言,除了"霍卓日·巴日肯"(莫昆祖先神),他(她)供奉的其他神灵都属于萨满的助手神,或者说是祖先神的助手神。一般莫昆·萨满都有一、两位祖先神作为他的主要守护神,还有数量众多的辅助守护神——助手神。助手神最初也都是外来的神灵,主要是自然界中的动物精灵,属于血亲关系以外的神灵,世代跟随祖先神,与祖先神共同接受萨满及其莫昆家族的供奉,提供保护与帮助,逐渐成为莫昆家族的重要守护神。一般认为,祖先神越强大,萨满的法力越高强;助手神越多,萨满的本领也越大。祖先神强,助手神众。

此次斡米南仪式中,领祭萨满的助手神有"安门敖包·额金""怀玛日·巴日肯";主祭萨满的助手神有"沃热哈拉·西额·敖雷""拐勒哈德·额金""沃热哈拉·奴吉日·巴日肯""杜卡·巴日肯""敖拉哈拉·乌西·娘娘""托库润敖拉·多罗岱讷乌音""尼日耶浅·达其·敖包·额金"等。达斡尔族萨满神灵观中,祖先神为核心,助手神跟随。此次斡米南仪式上,主祭萨满莫昆家族的助手神降临时这样表述自己。

沃菊芬翁果日"西额·敖雷"(大山神)说:

> 我代代跟着沃热哈拉博荣浅行走,我是沃热哈拉的"西额·敖雷"(大山神),我领着"乌其肯·敖雷"(小山神)行走呢。

主祭萨满的助手神"沃热哈拉·奴吉日·巴日肯"(蛇神)说:

> 一代接着一代来的,我是"沃热哈拉·奴吉日·巴日肯",我下来了。我抓着纳文江、诺敏河跟着来的,我翻滚着泉水到来的。

主祭萨满的助手神"杜卡·巴日肯"(门神)说:

代代我跟着沃热哈拉走的,"杜卡·巴日肯",我的身体下来了。今天"竖立托若树"的时候我被请来了。

3. 萨满神灵的特点
(1)萨满神灵与自然环境密切相关。

祖先神与自然环境密不可分,即使是上代萨满的精神、魂灵,其经历与来源也都与自然环境密不可分。敖拉哈拉登特科浅(莫昆)的祖先神"登特科浅·霍卓日·巴日肯"附体于主祭萨满时说道:

一代接续一代,我是登特科浅,跟着登特科的"霍卓日·巴日肯"。我艰难地行走过来,我把天当作被子,我吃着草籽、把地当作褥子走来。我被扶立起来了。我感谢呢!我跟着高山悬崖到来的,我翻滚着泉水走过的,我代代跟着"雅德恩"走的。

金肯哈拉梅森浅(莫昆)的祖先神"梅森·太提"降临于领祭萨满时也有类似的自然环境背景的表达:

我来到了莫力达瓦地方,山崖之上我有位置,红松之上我有座位。在第七代上我接续而来,我让莫昆繁荣兴旺。

助手神拥有天然的自然环境渊源,它们都是来自于自然界的动物精灵,比如那些跟着祖先神的莫昆家族的山神、蛇神等。沃菊芬翁果日"沃热哈拉·西额·敖雷"(大山神)降临时说道:

一代又一代接续而来,"沃热哈拉·西额·敖雷"我的身体下来了,见到我的孙子重孙,我高兴啊!过去啊,我被土埋着走过,被悬崖夹着行走,在河边草丛被埋着行走,今天我从茂密森林里下来了。见到了孙子重孙们,我高兴啊!

达斡尔族萨满仪式展演的记述与分析：以斡米南仪式的萨满神歌文本为例

动物精灵本身就来自于大自然。主祭萨满祖先神"贵·雅德恩"在此次斡米南仪式开始就迎请自然神灵：

> 我是沃热哈拉的"霍卓日·巴日肯"，我高兴地迎接呢，河滩草甸的神灵，树木之上的神灵，水系神灵，自己都来了，外面的神灵都来了。我都在迎接它们进来呢。

在仪式结束时，"贵·雅德恩"请领神者们一起送回那些自然神灵：

> 我们去把茂密树木中的神灵、草甸河滩的神灵送回去就座，请地方之主宰神灵、水域之主宰神灵送回去就座，天空中翱翔的飞禽之灵，送它们回去座位。

萨满神灵与自然环境密切相关的观念对达斡尔族的生态观产生了积极影响。山脉、河流不能随意开发、破坏，自然资源不能无节制地索取。沃菊芬的"翁果日""托库润敖拉·多罗岱讷乌音"（圆顶山上的七仙女）告知某养鱼人：

> 拉力浅属鸡的孙子重孙，我要喝你献的有颜色的酒。你掏开我的血管养鱼呢，你要不断供奉你的"罗松"（河神），你挖土的时候要不停地敬洒牛奶。你要找人放生（鱼），你要在纳文江放生，诺敏河也要放生。那么，你的道路会好吧。

"托库润敖拉·多罗岱讷乌音"在回答某人的动土之事时说：

> 那个地方要以"大的（牺牲）"供奉。那不是省心的地方，那个地方破坏的话要出事，是踩着诺敏河水的山脉。供黑猪头求一求试试吧，然后，再动土。

自然神灵是自然界中的精灵，自然环境的山啊，水啊，都是他们的领地甚至命脉,休戚与共,息息相关。所以,动土、挖河那都是动了自然神灵的命脉了。敬奉神灵必须保护它们的家园环境,保护环境、爱护自然就是尊敬山神、水神。

(2) 萨满神服、神具、神灵画像和偶像、神龛房子是萨满神灵的寄居之所。

这一观念以主祭萨满斯琴挂的"请神衣佑助歌"最为典型:

> 我的白色衣服啊,请增加我的本领吧;
> 像哈达一样颜色的扣子啊,请一辈子做我的伴帮助我吧;
> 裁剪的叶子一样的前襟啊,请渐渐地融入我这一辈的身体吧;
> 扎梅花一样的领子啊,请慢慢地渗透进我这一代的身体吧;
> 我的衣衫的后腰下摆啊,请进入到我的皮肤和肌肉里边吧;
> 我的衣衫的前腰下摆啊,请融入代代传承之接续者我的身体吧;
> 我这唯一的护心铜镜啊,请帮助保护我的心脏和胸骨吧;
> 我的用一对犴皮缝制而成的神服,已经成为最高神灵的我的太爷爷传给我的神服啊,请给我力量吧,请保护我吧;
> 我的神服前面右边的30只铜镜啊,请把不好的一切都挪开吧;
> 我的神服前面左边的30只铜镜啊,请把四面八方的不吉利都给扫除吧;
> 我的后背的大铜镜啊,请帮助保护我的生命吧;
> 我后背的四个小铜镜啊,请把四方的坎儿都移走吧;
> 我的24条飘带啊,请成为我永久的伴为我召请神灵吧;
> 我的60只铜铃啊,请把我的消息和声音悠远地传送给神灵吧;
> 我的镶嵌着360颗五色宝贝一样贝壳的坎肩啊,请指导

达斡尔族萨满仪式展演的记述与分析：以斡米南仪式的萨满神歌文本为例

我这一代接续的萨满吧；

我的用金子与黄铜制成的带有神鹿角杈的帽子啊，请保护我的生命和动脉吧；

我的红色腰带啊，请增加我的力量和本领吧。

达斡尔族有萨满乘坐神鼓在空中飞行的观念①。铜铃也可以载神遨游，斯琴掛翁果日"嘎胡查·爷爷"降临后说：

这么大的事情，我到来了，坐在鄂嫩哈拉的"霍卓日·雅德恩"的铜铃上来的，来到了莫力达瓦的地方，和子孙们团聚的时候，我高兴啊！

神龛是巴日肯的日常居所。"登特科浅·霍卓日·巴日肯"附体于主祭萨满时说：

一代接续一代，我是登特科浅"霍卓日·巴日肯"，今天，在你们"竖立托若树"的时候，我跟着子孙们来了。原来啊，我被土埋着走的，托沃热哈拉的好，我有了"巴日肯"屋子坐着呢。

（3）萨满与其神灵互为导师。

首先，萨满必须遵从祖先神和助手神的意志，彰显其存在和超能；反过来，萨满也不是完全被动，萨满对其神灵能够引导、教导，所以，斯琴掛萨满说，"翁果日"随它的"额金"(/ədʒin/，主人、主宰)，能够跟着学好，也可能跟着学坏。

其次，萨满神灵的本领在其为族众、莫昆服务的过程中变得强大，所以，神灵附体萨满时常常说自己迈进了千户人家，治好了万人疾病。

---

① ［日］大间知笃三：《达斡尔族巫考—以海拉尔群体为主要对象》，辻雄二，色音编译，拿木吉拉校：《北方民族与萨满文化—中国东北民族的人类学调查》，北京：中央民族大学出版社，1995年，第74页。

(4) 萨满神灵有等级差别。

从"登特科浅·霍卓日·巴日肯"降临于主祭萨满训诫自己所"抓"之人的话语中可以看出这一点：

> 今天，在你们"竖立托若树"的时候，我跟着子孙们来了。我高兴地来了。本来到了我应该"出来"的时候了，但是，今天，我想"出来"的心思都没有了。小的"巴格其"都能下来说话的时候，抓着"雅德恩"的道路下来说话你怕什么?!

可知，"巴格其"比"雅德恩"小，意味着"巴格其·霍卓日"比"雅德恩·霍卓日"低。斯琴掛萨满说，不能评论神灵这个能力强，那个神灵本事小，神灵不过是分工不同，各有各的本事，各有各的能耐。神灵有分工，本领也各异，不妄言神灵的能力强弱、本领大小，是出于对神灵的尊重和敬畏。

(二) 彰显了达斡尔族莫昆·萨满的神圣使命

当代达斡尔族"霍卓日·雅德恩"把约束莫昆、帮助民族、为国出力作为自己的神圣使命。此次斡米南仪式上，主祭萨满沃菊芬的祖先"翁果日""贵·雅德恩"三次降临都反复强调这一根本宗旨，首次降临时对那些领神者说：

> 三年才做一次"托若·托勒贝"，所以，有本事的人都要把自己的神灵请下来，修好自己的路，让自己的神灵坐好了再走。你们要帮助自己的民族，帮助自己的莫昆。今天，你们要是能进来走走，你们的道路都会变好，你们的发黄的树木将重现生机，变得青葱吧。

"贵·雅德恩"第二次降临时表达心志：

> 从今以后，我要给我的子孙们，给我的民族同胞们好好看病！为了自己的民族我会不断向前迈进！只要你们喊"博

荣·雅德恩",我都能到达你们那里,把你们子孙的坎坷给渡过。我将为国出力,帮助民族,约束自己的"莫昆·库热"。①

"贵·雅德恩"第三次降临后再次表明这一决心:

> 我为了帮助自己的民族出来的!我为了给国家出力出来的!我为了约束我的"莫昆·库热"出来的!因此,我现在要让自己的道路更上台阶,好好帮助我的民族同胞!我会不断迈步向前!向前迈进!

为了实现约束莫昆、帮助民族、为国出力这一神圣使命,萨满人务必要引导自己所领神灵学好。沃菊芬"翁果日""杜卡·巴日肯"(门神)回答某求问者时告知此人家有一个叫作"查出库·太提"(/tʃaːtʃuk tajti/,意为碗祖母神)的"巴日肯",曾经领着它走的人特别不好,所以,把"巴日肯"都教坏了。由此,"门神"劝诫领神者要牢记自己的神圣使命,统领好自己的神灵,切勿使神灵学坏:

> 供奉"祖先神"的人们,领着神灵行走的人们,无论如何,要为了子孙后代,为了民族莫昆,你们都要好好约束着自己的神灵坐着,请它们好好就座,呼唤着它们收拢好它们。不好的道路一定不要让它们走。别人使坏了,你们一定要不断地告诉它好,你们要回报以好,将来它会好好管束你们的子孙。未来的时间里,孩子们的口舌都将不会讲民族语,都变成汉人了不是吗。尽管如此,想到将来约束不好自己的神灵而可能出现的状况的话,你们务必要好好约束收拢自己的神灵,好好让它们就座。你们看不看病都没有关系,不能教自己的神灵学坏。

---

① 莫昆·库热,直译为"莫昆圈",实为莫昆的范围、边界。

(三) 体现了达斡尔族莫昆·萨满的科学疾病观

"你们看不看病都没有关系",是相对于"不能教自己的神灵学坏"而言。健康是人们最为关心的永恒话题,因为它是人类的基本需要。莫昆·萨满的首要职责就是守护莫昆族众的健康和安危。因此,萨满神灵最为关注人们的健康,斡米南仪式上,萨满神灵反复劝告人们一定要注意身体。医学科学不断进步,斯琴挂萨满与时俱进提出科学的疾病观,她把人们的疾病分为"实病"与"虚病"。实病需要到官家医院、吃官家药;虚病才是萨满诊治的范畴和应对的领域,泛指人力所不能控制和把握的范畴和内容。

有些疾病无关乎祖先神灵或者鬼怪灵异之事,需要看官家医生吃官家药。主祭萨满莫昆家族第七代萨满"霍卓日·太提"回答塔温浅求问者说:

> 你的血液总是往上浮肿,一阵阵你的眼睛视线模糊,你的身体有现在叫作糖尿病的疾病,你还血稠,一阵阵你会腿疼、心动、头脑变慢,你吃点官家的药吧。

主祭萨满翁果日"拐勒·哈德·额金"回答求问者时判断说:

> 你的两个膝盖不好。你的右膝都变小呢,你的左膝也变小呢。右边的更重一些,你用羊膝盖敷敷试试。你的心脏也不太好,老是浮肿。你的血液也有点毛病,你的小腹老是冰凉,你的手脚都浮肿,你的这个情况要抓紧吃官家的药。

这些都是实病,依靠现代医学能够治疗痊愈。还有很多疾病是目前医学科学不能解释和治疗的,被民间称之为"虚病"。斡米南仪式就提供了许多应对虚病的办法,主要有"泰日米特"[①]"多姆勒"[②]"阿尔善"

[①] "泰日米特"/tærmit/,萨满神灵附体后喝牛奶、水或者酒,然后喷洒在被叫到人的头面部,认为这样可以起到保护、保佑的作用。
[②] "多姆勒"/dumǝl/,萨满采用的一些治疗的、护佑的象征物和办法。

"阿斯朗"等。

主祭萨满翁果日"沃热哈拉·西额·敖雷"(大山神)用"泰日米特"进行治疗：

> 我要找那些被疾病困扰的，给他们用牛奶和酒"泰日米特"。有"神灵"的，也都过来，用牛奶给你们"泰日米特"，把你们的道路修好。把你们的苦难去除，把你们的疾病化无。把白色的牛奶拿来。(助手给她喝了一大口牛奶，沃菊芬喷向跪着的人群。)把你们的疾病化无了，把你们的苦难去除了。

"沃热哈拉·奴吉日·巴日肯"(蛇神)则提供了一种特殊的"多姆勒"治病方法：

> 我有属虎的孙女，我想喝你的白色牛奶。你要往白布上扎7根针，往红布上扎9根针，然后，晚上睡觉的时候，你把它们卷起来放在脚下，8点到10点的时候，你就那么卷着放，那么，你的血管会通畅，你的病会好些吧。

据说，"泰日米特"方法多种多样，"多姆勒"办法更是千变万化，不同情况萨满采用不同方法。此次斡米南仪式上还举行了"阿尔善"圣水洗涤仪式与"阿斯朗"牛皮绳抽打仪式。主祭萨满祖先神"贵·雅德恩"是这样说明"阿尔善"和"阿斯朗"的作用与功能的：

> "阿尔善水"洗的时候，我把你们的不好都给丢掉了，我把你们的苦难都给挪开了。给你们修路，让你们从"阿斯朗"下面走过，你们都向着绿色的道路走去，你们要像太阳一样闪耀着走。我的孙子重孙们的疾病都将消失，都从坎坷中出去。

达斡尔族萨满不仅有巫术性、象征性治疗手段，还有许多中草药治疗方法。此次斡米南仪式中，萨满神灵就为人们提供了许多草药方。

主祭萨满祖先"翁果日"第七代"霍卓日·太提"提供的草药方：

> 你要好好注意自己的身体，你要多求你的"霍卓日·太提"，再吃点官家的药。到时候你喝"泰日米特"水，叫作小黄芩，叫作大黄芩，叫作柴胡的草，"绊斯·伊勒阿"(/tʃʊs ilga/，一种花的名字)的根，和"泰日米特"合在一起，和冰糖在一起煮着喝试试吧。那样，你的热会变凉，血液会好吧。

"沃热哈拉·西额·敖雷"(大山神)提供的草药方：

> 我有属猪的孙女，我要喝你的有颜色的酒。今年，你的身体一直不太好，吃点药吧，去博荣山采一些稠李子、山丁子，和白糖、红糖，煮开了喝，那样，你的头疼的毛病会减轻。没事的时候，黑色的稠李子成熟的时候，煮点喝吧，那样，你的怒气会消减吧。

把疾病分为实病与虚病的疾病观科学合理，符合时代潮流与进步。

(四) 反映了达斡尔族萨满传承制度的变迁

达斡尔族萨满传承最根本的原则是按照父系血统传承。"霍卓日·雅德恩"(莫昆·萨满)是领本哈拉、莫昆的"霍卓日·巴日肯"(莫昆祖先神)为其主要守护神灵的"雅德恩"，必须在本哈拉莫昆家族内部传承，由本莫昆成员担任，男、女均可接任[①]。这是传统原则，正统传承惯例。目前，为民众所接受和认可的莫昆萨满依然严格按照父系血缘关系传递与承续，但是，随着时代变化和历史原因等多种因素，这种传承原则也不是一成不变了。

1. 萨满人可以走两条道路，兼领父系家族祖先神和母系家族祖先神。这种情况的前提是，候选者首先领父系家族祖先神、走父系家族的

---

① 萨敏娜：《达斡尔族萨满仪式调查研究》，博士论文，中央民族大学，2015年12月，第49页。

达斡尔族萨满仪式展演的记述与分析：以斡米南仪式的萨满神歌文本为例

巫统道路，其次才领母系家族祖先神、走母系家族的巫统道路。

沃菊芬翁果日"尼日耶浅·达奇·敖包·额金"（尼日耶浅莫昆原来的敖包山神）对莫昆家族领神者说：

> 尼日耶浅属猴的孙子重孙，我要喝你的白色牛奶。你抓着自己的道路"出来"的。你虽然出自"梅森·太提"（/məjsən tajti/，金肯哈拉祖先神），你还是把"莫日登·太提"（/mərdəŋtajti/，莫日登哈拉祖先神）抓在首位走呢，你占据着我的"敖包山"走呢。你的手指有"多姆"（/dʊm/，一种特殊能力）吗？你在走你的"巴格其"道路吗？

这位"巴格其"其父系家族是莫日登哈拉，金肯哈拉是其母系家族，所以说你在把"莫日登·太提"抓在首位走呢，占据着"尼日耶·敖包"呢。

2. 走不了大的道路，先走小的道路。祖先神"西额·巴日肯"一般都有五条道路，祖先神抓萨满时根据候选者条件赋予相应的道路，条件改善了，勤勉工作，勤于供奉，能力提高了，按照祖先神的旨意，选择小的道路比如"巴日西""巴格其"的弟子也可以逐步走上大的道路，晋升、晋级为"雅德恩"。敖拉哈拉"登特科浅·霍卓日·巴日肯"降临于主祭萨满时说道：

> 一代接续一代，我是登特科浅，跟着登特科的"霍卓日·巴日肯"，今天，在你们"竖立托若树"的时候，我跟着子孙们来了。原来啊，"西额·巴日肯"有"西额·雅德恩"，有"巴格其"，有"斡托西"，有"巴日西"，有"巴日耶浅"，我原来是"西额·巴日肯"。

这位敖拉哈拉登特科莫昆的祖先神灵的道路比较典型。据说，祂原来能走五条道路，各分工职司的巫统人员齐备，有雅德恩、巴格其、斡托西、巴日西、巴日耶浅。但是，近年出现的两个传承者（都是斯琴掛的弟子)都是出的"巴日西",有"雅德恩"的道路都不能走。后来,一个仍然是巴日西,另一个升级后可以执神鼓,但还不能穿萨满服。

3. 某些莫昆家族的祖先神、助手神没有找到合适的传承人时,可以暂时接受其他哈拉莫昆萨满的供奉并提供保护和帮助。这是一个全新而典型的传承现象。

"拐勒哈德·额金"本是郭博勒哈拉塔温浅莫昆的山神,自己莫昆暂时没有出现传承人,斡米南仪式上附体于主祭萨满,找沃热哈拉莫昆家族表示感谢:

> 你让我高兴啊!我不因你的白色绵羊而高兴,你知道我,让我每年都下来说三、五句话,我高兴。今天,我会继续帮你修路。你的孙子重孙我会不断帮助。郭博勒哈拉塔温浅的人们不知道的情况下,你把我扶立起来了,我高兴地感谢你!

"敖拉哈拉·乌西·娘娘"是敖拉哈拉拉里浅莫昆的娘娘神,同样,自己莫昆没有传承人,附体于主祭萨满,首先找沃热哈拉家族人们表示感谢:

> 按道理,我应该盘腿坐在拉里浅的家里,跟着他们行走,跟着他们的"太提"(/tajti/)坐在他们家里。年年我都吃着你的果品糕点,接受你的供奉,我因你而高兴啊!你们的属羊的孙子重孙,我会从她身边左右跟着走,我会抬起她的肩膀,你的道路我无论如何都会帮助,你的孩子们我会代代照看。

这种传承原则的松动是适应新的时代条件的变化、不得已的折中办法,寻找候选者不是一件容易的事情,达斡尔族中从来都是很少有人愿意走上这条道路。变迁也是在不违背根本传统的前提下适度改变、顺应潮流。

(五)萨满仪式对传统氏族社会组织"莫昆"的恢复与重建

如前所述,"哈拉"(/xal/),是达斡尔族父系氏族社会的基本组织,是具有共同的父系祖先、共同的分布地域、共同的经济生活和社会文化活动的、实行民主管理的血缘集团。20世纪初,随着人口的增加,各哈拉均分为若干血缘关系更为亲近的分支——莫昆(/mokun/),取代哈拉的若干职能而成为达斡尔族社会的基层组织[①]。

"莫昆"在此次斡米南仪式中多次被提及,萨满神灵首先按照不同莫昆及属相找人告知注意事项,并一再叮嘱那些领神者特别是领着祖先神的人们务必要统领好自己的神灵,帮助民族,约束"莫昆·库热"。那么,仪式中萨满神歌反复讲到的"莫昆·库热"(/mokun kurə/)究竟是什么意思呢?"莫昆"是达斡尔族过去的社会基层组织,"库热"是圆圈、圈、圈子的意思。因此,"莫昆·库热",直译为"莫昆圈",实为莫昆的范围、边界,萨满仪式神歌中指代整个莫昆家族、莫昆家族的人们。过去,达斡尔族按照莫昆建立村落,所以,萨满神歌中也常出现"爱里"(/æli/)或"爱勒"(/æl/),即村、村落,同样指代莫昆家族。

在此次斡米南仪式中,领祭萨满与主祭萨满通过师徒关系建立起不同莫昆家族之间的密切联系。而且,不仅达斡尔族内部不同莫昆联系起来,由于师徒关系、姻亲关系、亲属关系、朋友关系,还把鄂温克族、蒙古族布里亚特群体、巴尔虎群体,甚至部分汉族群体圈进来,"莫昆圈"的范围不断扩大。当然,总的来看,达斡尔族的"莫昆圈"的概念与费孝通先生所讲的"差序格局"大致符合,也是按照中心向外扩散同心圆水波纹一样,越远越薄越远越淡[②]。但是,在传统基层社会组织"莫昆"的职能基本消失的现代社会,"莫昆·库热"的概念在斡米南仪式中重现并被反复强调,而且,是以对血缘关系为基础的祖先神的信仰和崇拜连结并扩大着"莫昆圈"的范围,可以说,"莫昆圈"的概念在今天具有达斡尔民族传统文化"活化石"的意义。

在此次斡米南仪式中,影响"莫昆圈"扩大的核心与关键因素一是莫昆·萨满,二是莫昆祖先神及其追随者助手神。总之,在"莫昆·库热"逐步扩充增大过程中,"祖先神"的核心信仰观念起到至关重要的

[①] 满都尔图主编:《达斡尔族百科辞典》,海拉尔:内蒙古文化出版社,2007年,第181、192页。
[②] 费孝通主编:《乡土中国生育制度》,北京:北京大学出版社,1998年,第24—36页。

作用。

1. 姻亲关系促使"莫昆·库热"扩大。

领祭萨满斯琴掛的丈夫是蒙古族李肯哈拉，是她的得力助手，李肯哈拉从斯琴掛成为萨满的时候起就已经进入了斯琴掛的鄂嫩哈拉博斯克浅莫昆家族了，姻亲关系使"莫昆·库热"扩大。所以斯琴掛的徒弟、主祭萨满沃菊芬的祖先神"贵·雅德恩"对斯琴掛的丈夫说"你在帮助达斡尔族"，当然要给予其李肯哈拉家族的孩子特别关照：

> 我要找李肯哈拉属猪的孙子重孙，喝你的有颜色的酒。你从远方来，领着你的"额吐温·太提"(/ətu'un tajti/，李肯哈拉祖先神)来的。我因你们而高兴啊！你的身体有些毛病，到官家医院喝点药吧。你进到"阔托日"里，我能前后左右跟着你，你摔倒时我会拉着你的手扶你起来。

2. 师徒关系促使"莫昆·库热"扩大。萨满每收一个徒弟，就建立起与该徒弟所在莫昆家族的联系与交往。领祭萨满斯琴掛的祖先"翁果日""拉·萨满"降临指导仪式安排时就提到这种情况：

> 从远方来到这里"出马"，进到我的"莫昆·库热"里的杜拉日的姑娘，让我很伤心啊！另外哈拉的姑娘，你们要给她穿上她的"扎瓦"(/dʒawaː/，萨满服)让她坐下来，告诉她8月19的时候要做"熟勒森·塔克依勒"(/ʃuːləsən takil/，一种祭祀仪式名称)。我在告诉，你们听懂了吗？你们要是听懂了，给她穿上她的萨满服，我在告诉，我在说。

这位杜拉尔的姑娘和另外哈拉的姑娘都是斯琴掛的弟子。进到我的"莫昆·库热"是指进入了师傅萨满所在的莫昆家族圈，这个圈子就不是纯粹的鄂嫩哈拉博斯克浅莫昆的范围了，一定是一个扩大了的莫昆圈，进入弟子越多，师傅萨满所在的莫昆圈就越大。通过师徒关系，莫昆·萨满及其祖先神把不同莫昆联系在一起。

3. 特殊传承方式促使"莫昆·库热"扩大。

"嘎胡查·爷爷"本来是郭博勒哈拉满那莫昆祖先神，普遍受到海拉尔地区达斡尔族的供奉。虽然满那莫昆至今一直没有出现新一代莫昆·萨满，但生活于海拉尔地区的斯琴掛萨满"出马"后一直供奉这位祖先神，郭博勒哈拉满那莫昆也因此进入到斯琴掛萨满的鄂嫩哈拉博斯克浅莫昆的范围，这种特殊的信仰文化传承方式也促使"莫昆·库热"扩大。应邀来到斡米南仪式，斯琴掛萨满翁果日"嘎胡查·爷爷"自然表示要帮助主祭萨满的沃热哈拉莫昆家族的孩子们：

这么大的事情，我到来了。来到了莫力达瓦地方，和子孙们团聚的时候，沃热哈拉的孩子们，我高兴啊！我的这个身体来了，我高兴地约束着自己，告诉你们事情，给你们修路，给你们汇聚财富，把你们的病灾挪走，像我自己的孩子一样看待。

4. "莫昆·库热"的影响与范围不断扩大。

斯琴掛萨满与沃菊芬萨满的各种公开仪式活动特别是斡米南仪式在呼伦贝尔地区特别是在莫力达瓦达斡尔族自治旗范围内的民众中的影响日益扩大。莫力达瓦达斡尔族自治旗腾克达斡尔民族乡的鄂嫩哈拉七个莫昆率先于2015年夏联合发起共同出资修建并祭祀"鄂嫩哈拉敖包"活动，之后，2016年夏库如奇达斡尔民族乡、杜拉尔鄂温克民族乡也先后发起恢复修建"地方敖包"的活动，都是受到这种水波纹式扩大的"莫昆圈"辐射的影响。这些敖包修建与祭祀活动均由斯琴掛和沃菊芬共同主持。

当地的人们相信，修建哈拉莫昆敖包、修建地方山神敖包能够保佑哈拉莫昆家族和一方百姓，他们甚至把某些莫昆家族修建祭祀敖包与其子弟在学业、工作上的进步联系起来，坚信自己的哈拉莫昆修建祭祀敖包也能带来莫昆的繁荣与进步。可见，以斡米南仪式为代表的萨满仪式与萨满神歌反复强调"莫昆·库热"的概念，在一定程度上恢复和强化着达斡尔族民众的家族意识，唤起了莫昆家族的荣誉感和归属感，激发了莫昆家族的责任心和上进心，具有团结和凝聚莫昆家族的积极意义。

四、结论

通过对沃菊芬萨满 2011 年斡米南仪式神歌吟唱文本的简要分析可以得出以下几个基本结论:

1. 达斡尔族萨满教的神灵观以"莫昆祖先神"为核心信仰对象。依据萨满与其所领神灵的关系,达斡尔族的萨满神灵可以划分为两大类,即祖先神和助手神。萨满神灵能够寄予神服、神具、偶像之中;萨满与其神灵互为导师,能够教导其向好或学坏。祖先神与自然环境密不可分,助手神拥有天然的自然环境渊源;达斡尔族的神灵观带来较强的自然环境保护意识。

2. 达斡尔族的莫昆·萨满具有非常强烈的使命感和责任感,把约束莫昆、帮助民族、为国出力作为祖先神赋予的神圣使命,原则是不能教自己的神灵学坏,不能为了钱财求自己的神灵,不能参与官家事务等。

3. 当代达斡尔族大萨满及其仪式具有科学的疾病观。现代萨满顺应医学科学和时代进步把疾病分为实病和虚病。实病要看官家的医生吃官家的药,虚病才是萨满需要应对的领域。他们既采用传统萨满式治疗,也为人们提供一些中草药方。

4. 按照传统达斡尔族萨满传承原则,莫昆·萨满只能以父系血缘关系传递。时代变化了,现代萨满人可以走两条道路,兼领父系莫昆家族与母系家族祖先神。而且,走不了大的萨满道路的时候,可以先走小的道路,出巴格其、巴日西等。

5. 斡米南仪式的萨满神歌提出了"莫昆·库热"的概念。在达斡尔族传统氏族社会组织"莫昆"瓦解、淡化很久以后,以祖先神为核心信仰的观念,通过萨满及其仪式活动,重新恢复、凝聚起莫昆家族的向心力和上进心,激发了莫昆家族积极向上、奋发进取的决心和志向。

关于斡米南仪式萨满神歌的吟唱文本,尚有许多未及展开的话题。萨满神歌语言优美,合辙押韵,"鸡蛋不是不能跟石头打架吗""衣衫长了裹腿脚、舌头长了绕脖颈"等俗语蕴含哲理;达斡尔族信奉的神灵众多、层级结构复杂;萨满仪式与莫昆家族的互动关系,都有待于今后进一步深入研究。

达斡尔族萨满仪式展演的记述与分析：以斡米南仪式的萨满神歌文本为例

附 图

斯琴掛萨满和她的弟子们
2009 年 6 月 20 日,沃菊芬斡米南仪式

斡米南仪式的空间分布
2011 年 7 月 19 日,沃菊芬斡米南仪式

祭火神
2011 年 7 月 20 日,沃菊芬斡米南仪式

领祭萨满斯琴挂神灵附体
2011 年 7 月 20 日,沃菊芬斡米南仪式

主祭萨满沃菊芬神灵附体
2011 年 7 月 21 日,沃菊芬斡米南仪式

主祭萨满沃菊芬用牛奶为族众"泰日米特"祈福
2011 年 7 月 21 日,沃菊芬斡米南仪式

陪祭萨满巴达玛神灵附体
2011 年 7 月 21 日，沃菊芬斡米南仪式

"霍日耶！霍日耶！"祈福仪式
2011 年 7 月 21 日，沃菊芬斡米南仪式

参加调研的博士生、硕士生
(从左到右)于洋、孟盛彬、萨敏娜、苑洁、邱东梅
2011年7月19日,沃菊芬斡米南仪式,萨志明摄影

(注:本文附图及文中配图除注标注外,均为论文作者拍摄)

本文原载于胡台丽,刘璧榛主编《当代巫文化的多元面貌》,台湾"中央研究院"民族学研究所,2019年9月

达斡尔族萨满教的衰落与文化重构

孟盛彬[①]

摘 要：萨满教是达斡尔族固有的宗教信仰，时至今日萨满在达斡尔族社会生活中仍有一定的影响力。从它的发展演变历程来看，大致经历了古代全盛时期、近代衰落时期和现代文化重构时期。萨满作为传统文化的集大成者，短时间内还不能彻底消除其影响，这是萨满教能够继续存在的重要原因之一。

关键词：达斡尔族 萨满教 文化重构

萨满信仰作为人类社会普遍存在的文化现象，在世界不同地区不同民族发展进程中都产生过深远的影响。萨满教作为达斡尔族固有的宗教信仰，自古至今相沿未变，在不同的历史时期，虽然遭到了来自藏传佛教和道教不同程度的冲击和影响，但没有从根本上动摇达斡尔族萨满教信仰的根基，作为全民族的宗教信仰，萨满教被顽强地延续下来，直至今日萨满在农村、牧区生活的达斡尔人中仍有一定的影响力，地方上的萨满敖包祭祀仪式和萨满定期举办的法会"奥米南"仪式仍然存在。从达斡尔族整个发展演变历程来看，大致经历了古代全盛时期、近代衰落时期和现代文化重构时期。

一、达斡尔族先世对萨满教的信仰

据历史文献记载，在我国北方阿尔泰语系民族中，很早就留下了萨

[①] 孟盛彬，男，人类学博士，云南民族大学人文学院副教授，主要研究方向为宗教人类学。

满教活动的踪迹。如匈奴每遇大规模的军事行动,都有萨满活跃其中,发挥着重要的作用。萨满教作为自然形成的原始宗教,它的起源无疑比这些记载更加久远。自古以来,萨满教影响下的北方民族多为无文字社会,建立政权形成文字记载之后的北方诸民族都逐渐放弃原有的萨满信仰,而改宗其他制度化的宗教,因此历史上没有留下系统的萨满信仰文献记述,对其发展轮廓进行清晰勾勒绝非易事,如今只能依据萨满教的某些特殊现象和史书上的零星记载,对其历史进程作一大致的推断。

关于达斡尔族的历史源流,学术界大多倾向于契丹后裔说,认为达斡尔族是直接承袭契丹人的一部分。① 据《契丹国志》卷首《契丹国初兴始末》中,记载有这样一个追溯祖先的历史传说,传说有三个君长:"后有一主,号曰乃呵,此主特一骷髅,在穹庐中,覆之以毡,人不得见。国有大事,则杀白马灰牛以祭,始变人形,出视事,已,即入穹庐,复为骷髅。因国人窃视之,失其所在。复有一主,号曰涡呵,戴野猪头,披猪皮,居穹庐中,有事则出,退复隐入穹庐如故。后因其妻窃其猪皮,遂失其夫,莫知所如。次复一主,号曰昼里昏呵,惟养羊二十口,日食十九口,留其一焉,次日复有二十口,日如之。是三主者,皆有治国之能名,余无足称焉"。这个传说在现代人看来几近于神话,但从萨满教信仰习俗的角度来看,三位神秘的君长就是当时的大萨满。首先达斡尔人的萨满不管男、女巫师都称为"雅德根",其中"根(gan)"就是由"汗"音变而来,表示部落首领。在古代民族中,握有神权的萨满曾拥有至高无上的权杖,他们既是宗教祭祀,又是政治上的领袖,是一种首领与巫师合一或并存的社会政治结构。如在我国鄂温克人当中,萨满就享有很高的威望,起初氏族的首领大部分都由萨满来担任,因而他不仅是氏族的巫师,而且也是本氏族的生产生活的组织者,氏族习惯法的解释者和维护者。② 其次,把有名声的萨满死后晒干保存在屋里,这是古代的习惯,直到近代还有个别部落仍保留有这一传统丧葬习俗。到了后期,萨

---

① 陈述:《大辽瓦解以后的契丹人》,《辽金史论文集》,沈阳:辽宁人民出版社,1985年,第322页。
② 秋浦:《鄂温克人原始社会形态》,北京:中华书局,1962年,第98页。

满的丧葬习俗则演变为野外或高山之巅的风葬。在《契丹国初兴始末》记载的第一位君长乃呵应该就是一位很有名声的大萨满，所以在他死后仍然被保存在穹庐中供奉，每逢部落中遇有大事，举行祭祀仪式时，都请这位已故去大萨满的灵魂降临人间，附在另一位主持祭祀仪式的萨满身上，通过其口来传达法旨。第二位君长涡呵，在作法时披野猪皮，带野猪头。在古代森林民族的萨满就是披兽皮举行仪式，萨满的服装就象征着一种动物，后来经过演化就变成了现代人们所看到的萨满神服，但头饰上的鹿角、神鹰装饰却被完好地保留了下来。有的萨满在作法过程中要模仿各种动物神的形象，如果是野猪神下凡附体，就要模拟野猪的动作、神态、声音，披上野猪皮，带上野猪头效果会更加逼真。而且按照萨满教的观念，神服象征着神灵，决不能让人碰触，否则要遭报应，涡呵失去神服也意味着他失去了作为萨满的标志。萨满作为社会中特殊人物，为了保持特有的神秘感，大多会选择离群索居，除了跟自己家庭成员和比较亲密的人有接触外，跟周围的人都保持一定的距离，这样，一是可以增强自身在群体中的神秘感，二是可以维护举行仪式的神圣性。如果具有了萨满的身份，在社会生活也会受到应有的尊重，尤其是经他手治愈的病人，对他更是恭敬有加。人们对萨满有悖于常理的言行举止，也会采取比较宽容的态度。羊是游牧民族重要的生活资源，第三位君长昼里昏呵能日复一日地维持族众的生活需求，自然属于能力超群出众之人，所以要说"皆有治国之能名，余无足称焉"。这段记载中也反映出了契丹人由森林狩猎部落向草原游牧民族过渡的历史进程，在森林中从事游猎活动，生活来源极其不稳定，获得多少猎物，当时人认为并非人力所能左右，全凭山神的赐予，因此就有了对山神的崇拜。

据《辽史·太祖记》载：契丹每出战或遇重大事情，必以黑羊、白羊、青牛、白马、天鹅祭天，以求上天保佑；每出猎，必祭山神。《辽史国语解》记载：辽俗好射麇鹿，每出猎，必祭其神，以祈多获。《辽史拾遗》引《燕北杂记》记载："行军不择日，用艾或马粪，于白羊琵琶骨下灸之，灸破便出行，灸不破便不出"。另外，辽代契丹人常进行泼水求雨的活动，朝廷中也举行这种典礼，称瑟瑟仪。《辽史·礼志》中载："应历十二年五月,以旱,命左右以水相沃,倾之果雨。十七年四月,射柳乞雨,复以水沃群臣"。契丹人还有这样一种习惯,为了使孩子健康与平安,不将其出示外人,并要以炱涂面。这样做的目的,是使孩子免遭邪恶之害。上述习俗都与契丹人信仰的萨满教息息相关,被后来的达斡尔族不同程度地继承了下来。

  清代西清所著的《黑龙江外记》中记载了达斡尔族信仰萨满的情况:"达呼尔病,必曰:'祖宗见怪!'召萨玛跳神禳之。萨玛,巫觋也。其跳神法,萨满击太平鼓作歌,病者亲族和之,词不甚了了,尾声似曰:'耶格耶!'无分昼夜,声彻四邻。萨玛曰:'祖宗要马!'则杀马以祭。要牛,则椎牛以祭。至于骊黄,牝牡,一唯其命。往往有杀无算而病人死,家亦败者,然续有人病,无牛马犹杀山羊以祭,萨玛之命,终不敢违"。古代的达斡尔人患病时还没有求医问药的意识,对萨满的法力和驱邪治病的能力深信不疑,祈求萨满禳病成为人们治疗的重要途径。

  古代人们往往意识不到萨满的弊端,盲目认定疾病、灾害都是鬼神、精灵作祟的结果,荒谬地以为,只有通过萨满跳神请仙才能逢凶化吉,转危为安。在达斡尔人中,关于萨满的传说是最受欢迎的话题,他们的神奇法术被越传越神,人们都信以为真,对萨满举行的跳神仪式充满期待。萨满的神圣性正是通过民间传说,经过人们不断的渲染加工,被一步步创造出来的,萨满要做的一切就是无愧于这样的描绘。萨满被人们寄予厚望,同时也赋予他巨大的力量,当时的人一旦有疫病或困难,就要延请萨满来治疗祈祷,对萨满的信赖超过对医术的信任,认定萨满无所不能,完全陷入了认识论上的误区。即使在进行跳神治病过程中失败了,人们也不会怀疑萨满治疗的基本原理,往往把失败的原因归之于萨满个人能力的问题,认为找到法力高强的萨满就一定能够治愈疾病。面对疾病的侵扰,古代的人们没有太多选择的余地,萨满或许是人们解决困难和治愈疾病的唯一希望,对于拿不出更好办法的家庭而言,萨满的承诺会使人备受鼓舞,重拾信心,带来莫大的心理安慰,自古以来无数的生灵就这样在萨满的"咚咚"鼓声中离开了人世,往生极乐。从这个角度讲,应该说萨满教在历史上曾发挥过它应有的作用。

二、近代萨满教的衰落

早在清初的天聪年间,清政府就曾三令五申禁止萨满公开活动。皇太极下令:"满洲、蒙古、汉人端公道士,永不许与人家跳神拿邪,妄言祸福、蛊惑人心,若不遵者杀之,用端公、道士之家,出人赔偿。"[①]但在远离政治中心的达斡尔族社会生活当中,萨满教信仰却没有受到太大的冲击,依然在人们的社会生活中发挥着重要的作用。

从历史上看,达斡尔族萨满教信仰的衰落始于清末。依据当时的情况分析,造成达斡尔族萨满信仰衰落是由内、外两方面原因促成的。清朝末期,大量内地汉族移民涌入东北、内蒙古地区,促成了当地各民族混居的局面。不同民族宗教观念相互影响的结果,对达斡尔族原有的宗教信仰观念产生了很大的冲击。同时也引发了剧烈的社会变动,达斡尔族古老氏族组织出现加速解体的景象,以血缘为纽带建立起来的氏族社会逐渐向地缘为特征的社会组织转变。古老的氏族社会迅速瓦解,使氏族萨满失去了赖以产生和发展的根基,从而加速了萨满教衰落的进程。从萨满教衰落的整个过程来看,是内部原因起了决定性的作用。近现代达斡尔族萨满教信仰的嬗变,主要是通过民族内部的动力引起的,这种变化的动力来自教育的推广普及,提高了人们认识水平,使萨满在社会的影响逐步减弱,还有不断建立完善的医疗体系来最终完成的。

一般来说,由于科学提供了各种事物发生原因的解释,所以受过教育的人不会盲目信从神灵的存在。达斡尔族教育事业的发展,提高了人们对大自然和自我的认识能力。正是在这个时期,一批受过近代科学文化知识洗礼的知识分子,开始认识到萨满教的弊端,以及萨满活动对社会的危害,出版了宣传科学知识抨击封建迷信的书刊。最有代表性的是巴格其出身的布特哈旗内务科长乌尔恭博撰写的《萨玛论》,他本人就是巴格其出身,意识到问题后洗手不干,自动退出了巫医的行列,因此他的现身说教很有说服力,在《萨玛论》一书中他对萨满的迷信

[①]《清太宗实录稿本》卷14,辽宁大学历史系印本,第13页。

活动进行了猛烈的批判,说明了萨满教的害处,是具有清除萨满教弊端想法的启蒙书籍,在当时社会上产生了很大的影响。

此后,仍有觉醒的知识分子们对萨满教进行了理智的批判。如何维忠在《达古尔蒙古嫩流志》中写道:"(萨满教)此系单纯蒙昧之达古尔乡间之蒙人治病方法也,其中病愈者,因属庆幸,及不能治者,则归命运,无可奈何是以。一般乡僻之地,对萨满甚为笃信也。此在蒙古地方者,除嫩江流域之达古尔蒙古外,有呼伦贝尔地方及东西扎鲁特、阿鲁科尔沁、巴林扎萨克图、图什业图及锦热喀拉沁等均信奉之。惟近来内地之各族,多蒙汉杂居之故,此种萨满巫已渐次消退矣。"钦同普在《达斡尔族志稿》也认为:"萨满跳神,如将重负而荡起样。跳毕,则事了。以此法治病,病之获愈否,尚不可保。而一祭之所费已多矣。故人恒言萨满之事,滋弊多云。"孟希舜《达斡尔族志稿初稿》写道:"达族原居于边陲之区,乏于医学研究,亦无汉医治疗。每遇有病时,除请萨玛治病之外,别无良术,故专请萨玛来跳神。……虽属迷信之举,也能使病者一时安慰精神。病好后,对萨玛酬谢衣料及送祭肉或彩布等物。近来达族人民有了觉悟对萨玛教多有不信仰者。"这些论著的出版发行,严重削弱了人们对萨满教虔诚信仰。还有在外求学的青年学子们回到家乡后也进行宣讲,告诉人们萨满的跳神是迷信,要用正确的方法祛除疾病,要相信科学、相信医生。科学知识的普及和理性精神带来的觉醒,动摇了人们心目中已经定型的萨满神圣形象,无形中加快了萨满教衰落的步伐。

20世纪50年代后,禁止萨满宗教活动。从事宗教活动的萨满放弃了自己的神职工作,有的萨满主动向上级部门交出了自己从事宗教活动时使用的神服、道具,有的萨满悄悄地把萨满服具藏入深山老林或埋入地下,不敢公开进行宗教活动。但是,也有个别人认为家中神祇是祖上遗留之物,不应随便丢弃,把神龛秘密地隐藏起来,逢年过节悄悄地拿出来进行祭祀活动。这段时期的萨满教虽然受到很大的冲击,但也没有完全中断,还在民间继续以隐蔽的方式,秘密地流传着。20世纪50年代社会历史调查组在莫力达瓦达斡尔族自治旗进行达斡尔族社会历史调查,了解过去达斡尔族的宗教信仰时发现,老年人乃至不少中年人的宗教观念很深,还偷偷地在家里供神,只是不敢公开请雅德根跳神罢了。

三、萨满教在现代的文化重构

联合国教科文组织近年来重视地方传统,在发表的《世界文化多样性宣言》中指出:"各种形式的文化遗产都应当作为人类的经历和期望的见证得到保护、开发利用和代代相传,以支持各种创作和建立各种文化之间的真正对话"。① 从20世纪中叶开始,新萨满教运动浪潮在欧美国家兴起,古老的萨满教也被人们当作对抗现代化的有效工具而备受青睐,成立的各种萨满文化研究机构相当活跃,并发行有大量宣传萨满文化的杂志书刊。20世纪90年代后,宗教信仰也在因为各种各样的原因复苏,我国信教群众人数呈逐年递增的态势。按照对宗教类型的划分,萨满教属于民间信仰的范畴,是宗教信仰的一个组成部分,但它与我们所说的几大世界性宗教是有所区别的,按照民族学的角度看,它属于小传统,属于非主流。目前来看,国内还没有对民间信仰的成文法规和相应的管理办法。在这样国际、国内的大背景下,濒临绝迹的萨满教又出现了复苏的迹象。

1. 萨满文化的传承与保护

萨满文化的传承作为非物质文化遗产保护工作,受到了来自政府部门的重视,莫力达瓦达斡尔族自治旗的郭宝山萨满被认定为萨满文化的传承人,由政府部门给他颁发了聘书,还有一定数额的政府津贴,所以,乡民们称他为"有执照的雅德根(达斡尔语:萨满)"。笔者在莫力达瓦旗的田野作业过程中,看到萨满们跳神治病都在很正常的状态下进行,拜访萨满求医问卜的人也络绎不绝。

现代萨满与古代的萨满跳神相比,二者还是有明显的区别。主要表现形式有:过去萨满是人们危难中的唯一希望,而且氏族萨满是无条件义务进行宗教活动,所以生活都很清贫。现在找萨满看病只是众多选择中的一种,很多人都是去医院治病和找萨满之间同时兼顾,在医

---

① 周星:《民族学的历史、理论与方法》,北京:商务印书馆,2006年,第129页。

院治疗无望的情况下,有的人抱着不妨找萨满试试的想法。另外,来访的人当中社会低收入群体和受教育程度低的人居多,经过医疗制度改革,治病难、药费贵已成为社会普遍关注的焦点问题,尤其在边远少数民族地区更为严重,不仅医疗资源不足,技术薄弱,而且看病极不方便,人们不得已只好把追求生命意义的希望寄托在对神灵的信仰上。由于祖上留下来的习惯,萨满在治疗过程中并不明言收取费用,都由人们自愿奉献,因此萨满的这种姿态很受低收入群体的认可和欢迎。并且萨满本身也都是有多年病史的患者,虽然没有受过正规的医学训练,但久病成医,对有些病症的治疗确有实效。在接受采访中,斯琴掛萨满就坦言:"我只治虚症,不看实病"。莫力达瓦旗下属的各个乡镇都有当地的萨满或神职人员,如在莫力达瓦旗腾克镇就有两位萨满经常给人做法治病,主持乡间的祭祀仪式等。

2. 萨满文化博物馆

萨满文化博物馆于2007年6月份完工,总高为26.8米,其中萨满铜像高21米,展馆建筑面积740米。该馆坐落于旗政府所在地尼尔基镇北9公里的中国达斡尔民族园里,是我国最大的一座萨满文化博物馆,成为莫力达瓦旗标志性建筑之一。场馆内各展厅集中展示了代表达斡尔、鄂温克、鄂伦春、蒙古、满、朝鲜、锡伯、赫哲八个民族萨满文化的26件萨满服饰及萨满神偶、神鼓、图片、文字资料等300余件,并以丰富的展品、生动的文字说明、大量图片资料充分向人们展示了北方少数民族的原生态萨满信仰文化。这些濒临消失或损毁的文物通过实物或照片等形式被及时抢救收集起来,存放在民族博物馆中,既起到了保护作用,又能满足旅游者参观的需要,具有多重意义。

在建造萨满文化博物馆的过程中,也能听到来自各方面的不同声音,有人认为萨满教是封建迷信,刚刚被打倒,现在却要大张旗鼓地搞建设,提倡萨满文化,是历史的倒退。这些意见主要来自机关单位退休的老干部,他们大多亲身经历过新中国成立以来的历次政治运动,受马列主义无神论影响很深。

3. 萨满存在的价值和意义

萨满从事的治疗活动也不能一概视为封建迷信,而予以全盘否定,其中也包含着合理的、科学的因素,因此才能经过时间的无情考验而被承袭下来。正如有的学者所说:"包括萨满医术在内的宗教巫术并非是各种迷信的拙劣聚集。萨满文化是一个值得去探索开发的人类文化"大陆",它所蕴含的科学要素实际上不低于其迷信的要素。[①] 宗教信仰也不是恒久不变的东西,在不同的历史条件下受不同群体的重新解释,会不断增加新的内容。随着社会的发展,萨满教也在发生变化。只治虚症,不看实病与古代萨满大包大揽相比就是一大进步。萨满的治疗手段,与时下流行的心理疗法有很多相似之处,二者都是在对人们的内在精神世界施加影响,祛除或减轻人精神上的冲突、混乱和矛盾、无助感,从而改善患者的心理状态,解决因为社会压力或不适应等原因造成的精神疾病。

萨满作为民族传统文化的集大成者,它的存在可以缓和文化冲突所造成的心理失衡问题,弥补文化断裂带来的情绪上的扰乱、精神上的冲突,帮助人们克服人生中的种种苦恼,重新建构破碎的价值体系。总而言之,萨满为人们调节心理平衡,能够发挥积极的作用,萨满教的某些社会功能是现代医学无法替代的,所以,短时间内还不能彻底消除其影响,这是萨满教能够继续存在的重要原因之一。

本文原载于《世界宗教文化》2011年第6期

---

① 黄强,色音:《萨满教图说》,北京:民族出版社,2002年,第71页。

敖包祭祀：从民间信仰到民间文化

王 伟 程恭让[①]

摘 要：本文通过对两个"旗敖包"祭祀仪式的田野研究，着重对祭祀的组织者和参与者、仪式过程及其意义进行了考察，探讨敖包官祭作为一种传统，在今天如何完成意义演变与价值重构。旨在说明仪式及其意义通过祭祀过程所构筑的有形世界和无形世界来表达，敖包官祭作为一种象征，通过民众的参与，完成了从神圣秩序到世俗秩序的转换，并在此过程中，凸显了敖包祭祀的文化价值。

关键词：敖包祭祀 民间信仰 象征 秩序

敖包祭祀是北方草原民族的重要习俗之一，蒙古族、达斡尔族和鄂温克等族都有祭祀敖包的传统。通常认为，"敖包"是蒙古语，意为"石堆"。达斡尔族称作"斡包"，"斡包"在达斡尔语中的意思和蒙语类似，也是指石堆。据史料记载，清朝时期草原民族的敖包祭祀非常兴盛。20世纪中后期，祭祀敖包的习俗曾一度衰落，自20世纪后期以来，这一传统又开始复兴，如今，敖包文化成为我国北方草原民族传统文化的重要内容。

一、敖包的起源及功能

清代的文献中，记载了当时分布在草原的部分敖包。这些敖包大

[①] 王伟，哲学博士，中国社会科学院世界宗教研究所副编审，主要研究方向为宗教人类学与民间信仰；程恭让，哲学博士，上海大学文学院教授、博士生导师，主要研究方向为佛教思想史。

多作为游牧部落分疆的标志,因此很多学者认为敖包最初就是作为疆界的标志而修建,后来才因各种原因而成为祭祀圣地。当前,学界对于敖包文化的研究相对薄弱,尤其是由于缺乏相关史料记载,关于敖包的起源及演变等问题尚在争议之中。

(一) 敖包起源的主要观点

目前对于敖包起源的研究主要集中在对蒙古族敖包的分析上,学界主要观点有:一是认为敖包原为北方游牧少数民族区分疆界的标志,其依据为一些史书中的记载,如《钦定大清会典事例·理藩院·疆理》中提到的很多鄂博,都被确定为蒙古各札萨克的游牧边界。因此无论是学界还是民间,都有人认为敖包是以前区分疆界标志的遗存,或者为了指示方向而修建。如今能够观察到的敖包大多位于地势相对较高之处,这也为该观点提供一定的支持。

二是认为敖包起源于墓葬。如任洪生的《蒙古族敖包习俗的文化渊源考述》,认为敖包的形制来源于"一位勇士的坟墓",而其祭祀则起源于葬礼。[①] 再如包海青在《蒙古族敖包祭祀仪式渊源探析》中提出的观点,他说,"敖包的原型来自先祖的石板墓,是自然崇拜与祖先崇拜相结合的产物;敖包祭祀源于祖先祭祀,是古老的萨满教万物有灵论观念的具体表现形式。"[②]以石为墓是蒙古族早期的习俗之一,据文献记载,以前吐蕃、突厥等民族也有用石块垒墓的习俗,如《文献通考·四夷考》中说:"吐蕃在吐谷浑西南……其墓正方,累石为之,状若平头屋。"可见早期在很多民族中,石块可能被赋予某种神圣性而用于墓葬。

三是认为敖包起源于远古的灵石崇拜信仰或对于高地的信仰,持这种观点的学者往往把敖包的起源时间推得较早。如刘文锁和王磊的《敖包祭祀的起源》,他们认为敖包在打上佛教烙印之前,还有一个更加古老的渊源。即"在萨满教信仰中的灵石,可以用来解释敖包信仰的起源"。[③] 这种认为敖包信仰源于萨满信仰的观点较为普遍,尤其是在研究蒙古族宗教信仰的学者中,大多都认为敖包信仰早于喇嘛教的传入,

---

[①] 任洪生:《蒙古族敖包习俗的文化渊源考述》,《青海民族研究》,1999年第3期。
[②] 包海青:《蒙古族敖包祭祀仪式渊源探析》,《民族文化研究》第20卷第1期,2009年1月。
[③] 刘文锁、王磊:《敖包祭祀的起源》,《西域研究》2006年第2期。

属于萨满信仰体系。

此外,马昌仪在《敖包与玛尼堆之象征比较研究》中提出,蒙古先民赋予高地、山峦以生命和神性,把它们视为地母的化身,因而他们把沙土和石头堆起的石堆也看作神圣的守护神加以崇祀。他还假设也可能是先民在狩猎或游牧的时候,用石头设立一些醒目的标志,以便那些迷路的人能够顺利地到达营地,于是这些为了一定目的而设立的石堆,就成了最初的敖包。① 蒙古国学者苏鲁格也认为敖包崇拜源于地母女神的崇拜,并且他认为敖包的选址是由萨满选择的。②

上述诸观点都有可取之处,无论在文献梳理上,还是考古材料的利用上都很见功力。抛开细节不谈,上述观点大概可以归纳为:敖包文化究竟是起源于世俗,还是起源于宗教信仰?认为敖包起源于宗教的学者基本都认可敖包信仰与萨满教有关,其起源早于喇嘛教的传播。有些证据可以支持这种看法,例如,如今可以观察到的敖包祭祀虽然有的由喇嘛主持,但多数敖包祭祀的供品却以牛羊肉为主,然而按照佛教教义,祭祀中本不应有杀牲祭祀,这可以印证学者们的观点,即喇嘛教的传入晚于敖包信仰的产生。可推断喇嘛教传入后,萨满教受到冲击,因此有的敖包祭祀仪式改由喇嘛主持。但由于缺乏直接证据,因此学者们各持己见,在观点上并未达成一致。

(二)由清代文献考察敖包的功能

笔者查阅了相关资料,清代多称敖包为"鄂博",《清史稿》所记录的鄂博大部分都是作为疆界标志的,如《清史稿·高宗本纪》:"庚午,设唐古忒西南外番布鲁克巴、哲孟雄、作木朗、洛敏汤、廓尔喀各交界鄂博。"不仅国内各部落间游牧范围以鄂博为界,中俄之间也以"鄂博"为界,如"旧设中、俄国界鄂博六:曰塔尔郭达固,曰察罕乌鲁,曰博罗托罗海,曰索克图,曰额尔底里托罗海,曰阿巴哈依图,此为库伦东中、俄界第六十三鄂博。雍正五年恰克图约鄂博止此。"此外,《钦定大清会典事例·理藩院·疆理》中也提到了很多鄂博,作为蒙古各部落游牧边界,如察

---

① 参见马昌仪:《敖包与玛尼堆之象征比较研究》,《黑龙江民族丛刊》,1993年第3期。
② 参见苏鲁格:《蒙古族宗教史》,辽宁民族出版社,2006年第1版,第41页。

罕(汗)鄂博、红古尔鄂博等。

鄂博作为疆界标志,自然也就是边防要塞,这一点在《清史稿·志·兵》中有详细的描述,其曰:"沿边墩台、卡伦、鄂博、碉堡,清初于各省边境扼要处,设立墩台营房,有警则守兵举烟为号。"这里所说的鄂博与墩台、卡伦、碉堡一样,是作为边防将士驻守之处的,遇有敌兵来袭则及时示警。之后又阐述了鄂博作为边界的由来:"蒙古各旗台、卡、鄂博之制,以大漠一望无垠,凡内外札萨克之游牧,各限以界,或以鄂博,或以卡伦。盛京、吉林则以柳条边为界,依内兴安岭而设。"稍后又分述了台、卡伦的设立情况,其中记述在苗疆多设碉堡,新疆多设卡伦,鄂博则主要用于蒙古各旗的游牧边界,也用于中俄边界的分界。关于鄂博的描述云:"其恰克图及沿边鄂博、卡伦之制:因山河以表鄂博,无山河则表以卡伦。鄂博者,华言石堆也。其制有二:以垒为鄂博,以山河为鄂博。蒙古二十五部落,察哈尔牧厂八旗各如其境,以鄂博为防。其与俄罗斯接界,中间隙地,蒙古语曰萨布。凡萨布皆立鄂博以申画之。"

从《清史稿》等的记录来看,清朝时期,清廷将鄂博作为疆界看待,并在划分蒙古诸部游牧地区时大规模利用原有鄂博或修建新的鄂博,因此当时鄂博与蒙古族有很深的关系。如今,内蒙古草原仍有大量不同规模和形制的敖包,蒙古族保留着对敖包的祭祀习俗,几乎每个敖包都有自己的传说和祭祀日期。此外,同为北方民族的鄂温克族、达斡尔族等民族也有祭祀敖包的传统,笔者于 2009 年夏季在鄂温克旗辉河地区进行鄂温克族宗教信仰与习俗的调查,期间考察了当地的一些敖包。

(三) 鄂温克族敖包信仰的田野研究

鄂温克自治旗辉苏木(鄂语"乡")的鄂温克族于 18 世纪来到呼伦贝尔草原辉河流域,之后一直在该地区生息繁衍,与外界接触相对较少,因此笔者推测当地很多习俗比较古老。与蒙古族不同,该地区受喇嘛教影响较小,因此该地区的敖包信仰很可能更为接近早期草原民族的敖包信仰原貌。在考察中笔者了解到,辉苏木各嘎查(鄂语"村")分布着众多敖包,其中有一些敖包并无明确的归属,如哈克木敖包,由附近几个嘎查共同祭祀,也有几个家族祭祀这座敖包,如何音家族等。也有的敖包是家族敖包,如西潘·杜拉尔敖包。在辉河地区的鄂温克语中,"敖包"的意思是男性生殖器,这与蒙语中的"石堆"之意有非常大的差别,是推测敖包起源不可忽视的一条线索。

图1 鄂温克旗辉苏木哈克木敖包。王伟摄,2009年8月。

笔者推断,对敖包的崇拜很可能与早期生殖崇拜及祖先崇拜有很大关系。这一推测不仅根据鄂温克语中"敖包"的词意,还依据鄂温克人对敖包的祭祀方式等。首先,也是非常重要的一点,鄂温克人有一种特殊的"敖包",即萨满的陵墓,鄂温克语音译为"先当"。家族所有萨满的先当往往相距不远,这一地区被看作萨满家族的祖先墓地,每年由家族组织祭祀,这种祭祀无疑是祖先崇拜的一种形式。对于先当的祭祀有严格的程序和禁忌,祭祀仪式必须由萨满主持,祭祀的目的是保佑家族的兴旺。鄂温克族这一习俗其渊源较为古老,是萨满信仰的重要内容,可以说,先当祭祀是祖先崇拜的遗存之一。

其次,鄂温克人传统祭祀敖包仪式女人不能参加,只能在50米之外等候,祭祀仪式完全由男性进行。近些年虽然随着对待女性态度的改变,大部分敖包祭祀允许女性参加,但仍有一些祭祀仪式中,尤其是先当祭祀,不允许女性接近敖包。而在鄂温克族其他仪式中,如在家中

图 2　祭祀先当，即萨满墓。手持萨满鼓、身背铜镜的黑衣者为萨满。由举行祭祀的家族成员提供，2008 年。

进行的祭祀萨满祖先等仪式并不排斥女性。这在某种程度上可以说明祭祀敖包与性别有关，或许蕴含着早期生殖崇拜的某些内容。

此外，还有一个值得注意的现象就是敖包的形制，鄂温克族敖包的基本形制是由石块堆积成丘状，中间插柳枝而成。而先当的形制与此并不完全相同，先当是用石块压住萨满的尸骨，而在北方树立起柳枝，进行祭祀。敖包与先当树立的柳枝类似（参见上面两幅图片）。笔者认为，敖包很可能是对先当的模仿。之所以这样推断，因为考察北方有敖包祭祀习俗的几个民族，如蒙古族、鄂温克族、达斡尔族等，在历史上都不是定居民族，而是或游牧、或游猎，不断迁徙。当迁徙到一个新的地点后，很可能会树立敖包以祭祀祖先神灵，祈求福佑，后来不断演化为现在的敖包信仰。当然这只是一种猜测，况且现在很难解释为什么以石块压住萨满尸骨，而在北方树立柳枝，只是可以肯定它们具有某种神圣意义。为了解敖包祭祀在当代语境下的变迁，笔者在田野调查过程中，参与了鄂温克旗和新巴尔虎左旗的两个"旗敖包"的祭祀仪式，着重对祭祀的组织者和参与者、仪式过程及其意义进行了调查分析。

二、两个旗敖包祭祀仪式的田野调查

在呼伦贝尔市南部的鄂温克自治旗,有被誉为"天下第一敖包"的巴彦胡硕敖包。这个敖包历史较长,规模也很大,是属于当地旗政府管理的"旗敖包"。与鄂温克旗相邻的新巴尔虎左旗(当地人称东旗)的莫能宝格大山上,也有一座规模较大的敖包,是当地的旗敖包。如今,敖包祭祀已被列为国家第一批口头非物质文化遗产。在现代化的语境下,政府非常尊重民间传统的保存与延续,民间传统的公开性和公共性逐渐提高。2009年夏季,笔者对鄂温克旗和东旗两个旗敖包的祭祀仪式进行了田野调查。① 调查的主要目的是考察敖包官祭作为一种传统,在今天如何完成意义演变和价值重构。②

(一) 巴彦胡硕敖包祭祀仪式

"巴彦呼硕"是蒙古语,意为富饶的山岗。巴彦胡硕敖包位于海拉尔至伊敏公路的39公里处,巴彦胡硕敖包山的山顶。笔者所见巴彦胡硕敖包前的石刻介绍说,巴彦呼硕敖包历史悠久,是呼伦贝尔草原上最古老的敖包,始建于清雍正十年(1732年)。当时清政府为了巩固其在塞北边疆的统治,派遣由鄂温克、巴尔虎、达斡尔、鄂伦春族组成的索伦兵丁三千余人驻防呼伦贝尔,其中鄂温克族兵丁及其眷属在巴彦呼硕山修建敖包,开展祭祀活动。

巴彦胡硕敖包是鄂温克旗最大的官祭敖包,人们相信对敖包的祭拜是为了祈求神灵保佑草原风调雨顺、人畜两旺。自这座敖包建立以来,大的祭祀活动一般由喇嘛择吉日,官方主持举行。祭敖包过程分三部分:清早先请喇嘛集体诵经;诵经完毕,人们在敖包达的引领下顺时

---

① 笔者于2009年6月18日独自对巴彦胡硕敖包祭祀仪式进行调查;后于8月19日与内蒙古师范大学音乐学院08级民族音乐学专业硕士研究生郭晶晶、内蒙古大学艺术学院08级音乐学专业硕士研究生乌云娜一起对东旗莫能宝格大山敖包祭祀仪式进行了调查。

② 清代蒙古族敖包祭祀分大祭、小祭和部落或官祭,在《绥远通志稿》上,曾记载土默特旗有官祭敖包之俗:"官鄂博多在本旗边境与他旗分界之山巅或原隰诸处,昔为本旗之最大祀典。"此外,清代的索伦部,即包括今达斡尔、鄂温克和鄂伦春等族,也举行敖包祭祀,以旗为单位的祭祀称为官祭,由官方主办祭祀,一般每年祭祀一次,在农历五月进行,其目的是祈求神灵保佑,风调雨顺,兴旺发达。

针方向绕行敖包三圈。绕行中,人们在敖包上放石头或祭品,男性可以登上敖包,在敖包上插柳枝、在柳枝上系哈达或绸条。按照传统,女性是不能登上敖包的。绕行之后,人们面北朝南,虔诚跪拜,祈求敖包的神灵赐福。人们日常途经敖包时也常常下车或下马,以一些简单的祭品,祭拜敖包。也有很多牧民按照传统,在每年农历5月13日,身着盛装从四面八方赶到敖包山,进行祭祀。

如今,每年6月18日是鄂温克族的瑟宾节,这一天清晨,旗政府首先组织祭祀巴彦胡硕敖包。2009年6月18日(农历5月26日),笔者于清晨4点半赶到巴彦胡硕敖包前,对这一祭祀仪式进行考察。天空下着小雨,已经有零零星星的人开车前来祭祀敖包。这时由旗政府组织的祭祀仪式还没有开始,前来祭祀的人们一般只是在长辈带领下,携带祭品前来祭拜,许下愿望,然后按顺时针方向围着敖包绕行三圈。

由鄂温克旗政府组织的祭祀仪式开始前,数位喇嘛先坐在敖包前,而前来祭祀的百姓则在山脚下,由旗领导带领,一起向敖包走来。祭祀者中也不乏一些新闻媒体、研究者、摄影爱好者等各种身份的人员。祭祀敖包有严格的程序和规则,据笔者观察及访谈中的了解,祭祀过程大致如下:

1. 敖包达宣布祭祀仪式开始。敖包达由一位通晓鄂温克族风俗的长者担任,一般是大家推选一位德高望重的牧民,有时是某大家族的族长。在笔者调查的这次仪式中,敖包达宣布祭祀仪式开始时,首先说明这是一次宗教祭祀,而非封建迷信。

2. 供祭品。祭品非常丰盛,有煮好的手把肉,羊头的摆放非常美观,各种面食、糖果、奶制品和酒等。

3. 喇嘛颂吉祥经。笔者数了一下,与一般记载请9位喇嘛不同,这次共有10位喇嘛参加了仪式,其中两个看起来是孩子。

4. 集体围敖包转三圈祭拜。在敖包达的带领下,参加祭祀的官员走在前面,其他人走在后面,围着敖包以顺时针方向转三圈。这一过程中,敖包达边走边颂祝辞,敖包达每颂一段祝辞,其他人高呼"胡列""胡列"。在祝辞的最后敖包达祝福国泰民安,风调雨顺,并将祝福送给胡锦涛主席。敖包达致祝辞时使用鄂温克语,在最后祝福国家时才用汉语。

5. 跪拜敖包。前来祭祀的人,无论官民,一起向敖包跪拜叩头。

6. 求拜敖包。再次请喇嘛念经,喇嘛念经时参加祭祀的人大部分坐在喇嘛对面的红毯上,其余人站在四周。在喇嘛念经过程中,祭祀者不时拿着祭品随着喇嘛的指示,高举起来并划三圈。笔者了解到,这次喇嘛念经的主要目的是祈雨,因为09年春鄂温克旗草原出现罕见的旱情,因此这一年的祭祀主要是求雨。

上述仪式结束后,祭祀敖包完毕,人们返回那达慕会场,举行大会开幕式,然后进行赛马、摔跤等各项比赛,晚上还有歌舞等演出,庆祝瑟宾节。

(二)莫能宝格大山敖包祭祀仪式

莫能宝格大山敖包位于新巴尔虎左旗阿木古郎镇西北,甘珠尔庙附近,"宝格大"是蒙语神山的意思。巴尔虎人数百年来游牧为生,1734年,清政府在这里设立四旗。1932年,新巴尔虎左翼四旗合并为一旗。2003年,甘珠尔庙重修时,在阿尔山庙主持席勒图喇嘛伦登扎木苏指点下,在莫能宝格大山修建旗敖包,定于每年农历6月18日是该敖包的祭祀日。

2009年8月19日(农历6月29)阿木古郎镇举办吉祥草原人民那达慕大会,清晨祭祀了这座旗敖包。笔者于当日清晨4点半左右赶到敖包附近,此时这里已是人头攒动,人们冒雨在敖包前虔诚祭拜祈福。祭祀仪式与巴彦胡硕敖包祭祀类似,可能与当日甘珠尔庙开光有关,到这里祭祀的人比巴彦胡硕敖包祭祀的要多一些。

6点左右由阿木古郎镇组织的祭祀仪式开始。祭祀程序如下:

1. 喇嘛诵经。据笔者观察,此次共有16位喇嘛参加诵经,包括黄衣喇嘛和红衣喇嘛,他们中以黄衣为贵。其中有两位喇嘛年纪较小,看上去还不太会背诵经文。喇嘛坐在前面,前排10人,后排6人,两个小喇嘛在后排,还有两个站着的喇嘛。诵经过程中,一位喇嘛不停向天空撒米。诵了一段时间,他们停了一会,接着又继续诵经。左侧一位喇嘛不停敲击插着孔雀羽毛的净水壶,他旁边的四位喇嘛同时击铃,右侧的喇嘛击鼓,每击10次左右便停顿一会。这样进行一段时间后,又有一位喇嘛参与进来,坐在第二排。喇嘛们坐在前两排,其他信徒有的坐在喇嘛后面,有的站在周围。

2. 经过一段时间的诵经后,敖包达宣布开始祭敖包。

3. 敖包达致祝辞,祝辞用蒙语。

4. 旗长带领五个苏木、镇的苏木达、镇长进行达拉拉嘎仪式。"达拉拉嘎",是蒙语"招唤"的意思,词根"达拉拉",本意是招手,这个仪式是表达招福和招财之意。"招唤"作为蒙古萨满教祈求礼仪的具体方式之一,一般都伴有"呼瑞,呼瑞"的呼唤,所以又称"呼瑞达拉拉嘎"。这个仪式过程即祭祀者从左到右绕敖包三圈,敖包达念祝词,每念一段祝词,大家一起呼唤"呼瑞、呼瑞"。

5. 分供品。敖包供品被看作是"敖包的福禄",供品主要分给旗四大班子主要领导。绕敖包走完,喇嘛继续念经,部分领导就座,其余离开。

6. 前任敖包达向现任敖包达献哈达。

7. 敖包祭祀结束,现任敖包达向下轮承办单位转交旗帜,并向"苏勒德"敬献哈达。苏勒德是蒙古族的圣物,据说成吉思汗战争时期,每一场战役都由最英武的勇士举着苏勒德走在队伍前面。这一崇拜由来已久,据《蒙古秘史》记载,早在元朝建立以前,蒙古人已有旗纛"苏勒德(苏勒定)"崇拜。在蒙古族萨满信仰中,"苏勒德"被视为九十九天神中的重要神灵,还被看作蒙古人的旗徽,守护蒙古人民。①

祭祀仪式结束后,人们返回那达慕大会会场,举行大会的开幕式,开始为期三天的赛马、摔跤等比赛。

三、祭祀仪式的秩序与象征

在上述的两个旗敖包祭祀活动中,笔者与祭祀者进行了访谈。②

---

① 宝贵贞:《近现代蒙古族宗教信仰的演变》,中央民族大学出版社,2008 年第 1 版,第 211 页。苏鲁格:《蒙古族宗教史》,辽宁民族出版社,2006 年第 1 版,第 39 页。
② 由于在当地,大部分人把宗教信仰看作迷信,因此很多人对宗教信仰的话题比较敏感,所以笔者选取了一些有代表性的祭祀者进行调查,以看似随意的方式与其接触以使了解到的情况尽可能真实。由于来祭祀的人数众多,因此访谈只覆盖了其中极少部分人。

在访谈中笔者发现一个有趣的现象：前来参加祭祀的人们，从信仰角度看，有信仰者，也有非信仰者，还有一部分人对未知世界"将信将疑"。从祭祀目的看，信仰者来祭祀出于对神灵的敬畏，求雨、求财、求运的都有，非信仰者和将信将疑者的目的则比较复杂。而作为组织者的当地政府，组织祭祀活动并非只为了祭祀神灵，更是一场表演，即现代语境下，政府参与祭祀的目的，或者说祭祀活动的意义发生了改变：不是宗教活动，而是文化活动。对于当地政府来说，敖包的意义更在于它作为当地的一张文化名片，作为一种民俗活动，是对传统的保留和延续。

（一）祭祀者的分类与仪式秩序

在上述两个旗敖包祭祀中，仪式所表达的不仅是神人之间的互动，还构筑了有形与无形两个世界，分别体现出这两个世界的秩序。前来祭祀的有组织者、参与者和喇嘛，在祭祀过程中，这三种身份分别体现出不同的意义：

1. 仪式中的民众。在两个旗的祭祀仪式中，体现出当地浓重的喇嘛教信仰，祭祀莫能宝格大山敖包过程中喇嘛的参与程度高于巴彦胡硕敖包的祭祀，当地民众对喇嘛的信仰以及对敖包的信仰更加突出。参与莫能宝格大山敖包祭祀的民众中，有很多特殊的信众，如一位拄着拐杖的牧民，非常虔诚地绕行敖包，尽管他独立行走非常困难，中间需要休息几次才完成绕行过程，但他仍坚持完成这一过程。之后他对敖包和苏勒德虔诚敬拜，祈求病愈。再如喇嘛念经时，有一位老人拿着一叠钱，在每一位喇嘛面前敬拜布施，请喇嘛为他灌顶。参与者的虔诚更加突出了敖包的神圣性，对于敖包神灵的期望有更多具体的目的，除了传统的求雨，还有求医、求财等等。

还有一些值得注意的现象，莫能宝格大山敖包祭祀者中，有一位女士拿着一条非常特别的黄色哈达，上面印有神像，她说她的哈达是在呼和浩特买的。① 蒙古族的传统是以蓝色哈达为贵，这种黄色的哈达体现出接受了藏传佛教的蒙古族传统信仰在现代的演变。也有人拿着五

---

① 现场售卖的哈达有五色：蓝、黄、白、红、绿。这五色哈达是呼伦贝尔一带很多少数民族的共同信仰，其中蓝色代表天神，黄色代表地神，白色象征纯洁，红色代表火神，绿色为植物神。其中蓝色和白色在具体的使用中较多。有时也用粉色代替红色。

条各色哈达,问她是何用意,她说不知道,看有五种颜色就都买了。与此类似的是巴彦胡硕敖包祭祀中,有的年轻人被问及为什么来祭祀、祭祀什么神等问题时,显得很茫然,他们往往回答对神灵是抱着将信将疑的态度,家里长辈来祭祀,自己就来了,他们说自己祭的是"敖包神"。甚至也有长者表现出对传统仪式中的规矩已经不再那么熟悉,比如有的长者忘记应该从哪个方向绕行。

在仪式中,作为参与者的民众所体现的是对传统的遵从,甚至这种遵从有时是无条件的。现代的祭祀仍在延续着敖包作为氏族凝聚的象征的传统意义:以游牧为生的时代,同一个家族往往一同迁徙,家族不仅是血缘团体,也是地理团体。如今,同一氏族的人可能不居住在同一个地方,失去传统的地理基础后,通过氏族敖包祭祀,同一宗族又团聚到一起,因此,敖包是氏族凝聚的象征。作为氏族敖包的延伸,旗敖包也体现出这样的意义:民众通过参与每年一度的旗敖包祭典,表达对旗政府的认同,以及对自己作为当地人的身份认同。

2. 仪式中的喇嘛。为了凸显祭祀的神圣性,组织祭祀的当地政府通过喇嘛营造出一个神圣的空间。喇嘛是祭祀活动中的载体,搭建由人到神的通道。喇嘛平时由政府管理,并且政府向喇嘛提供补助。[①]喇嘛的在场意味着神祇的在场,也意味着民众不能直接向神祇表达意愿,而是经由喇嘛转达。

在仪式的组织过程中,喇嘛服从政府的安排;然而在仪式的进行中,喇嘛营造了一个无形的神圣空间,在这个空间里,政府组织被神圣殿堂取代。喇嘛通过代表民众向神祇祈愿,而消解了政府在有形世界中的角色和地位。

在仪式中,敖包达的角色比较特别,他有着亦圣亦俗的双重身份。既是有形世界中的普通牧民、德高望重的长者,又有着在无形世界中召唤神祇,向神祇祈愿的神圣身份。

3. 仪式中的政府。政府拥有对敖包祭祀的主办权,民众具有参与

---

① 鄂温克旗尤其以锡尼河镇喇嘛最多,这里主要聚居着布里亚特蒙古族,他们的主要信仰是喇嘛教。锡尼河镇建有锡尼河庙,经常举办法事。大型的法事旗政府工作人员往往以个人身份参加。

权,但是民众仍可以自由祭祀,政府的权力仅在于组织这两个仪式,而这两个仪式作为鄂温克族传统节日的象征以及东旗人民的盛会,在这一天拥有的权力仍具有某种意义,宣告着一种等级、一种话语权。在这个框架下,民众有很大的自由去表达对祭祀的虔诚,如可以添加石块、插柳枝、自行准备祭品等。在少数民族地区的宗教活动中,政府通过组织提供这样一个仪式表达对民众信仰的态度。

据记载,清代巴彦胡硕敖包是由八旗组织官祭,当时哈拉或莫昆制度(家族制度)尚未解体,家庭对于旗官府并无直接的依附。而现代社会家族制度的解体,使旗政府成为一个凝聚当地人的象征,每年一次的政府祭祀,强调了这一点,这是政府祭祀在当代的重要性和必要性。政府通过这种组织行为,宣告秩序和威望。政府的威信需要民众的认同,这种认同需要符号和仪式的运作。

在政府组织并提供了一个祭祀的契机后,民众在一个大的框架规矩下自由表达对神灵的敬畏、献祭。因此这里体现出两个层次的仪式,一个是政府表现出来的,另一个是民众表现出来的,这两个仪式在程序上是重合的,在意义上各有侧重,它们以一种整体的方式表现出来。

(二)"信仰"的弱化与"文化"的凸显

与宗教、信仰等有关的概念很难有确切的定义,高丙中把"民间信仰"作为"与制度性宗教相对的范畴,是指民众在日常生活中所持奉的信仰及其仪式表现。民间信仰是所有以中国的社会和民众为对象(或资料来源)的学科或者分支学科的基本范畴,百年来尤为民俗学、人类学等学科所重视。"[1]金泽也强调民间信仰的复杂性,他认为,民间信仰是根植于老百姓当中的宗教信仰及宗教的行为表现。民间信仰在一个社会文化系统中的基本定位,涉及宗教类型的结构范畴,涉及它与原始宗教的关系、它与氏族-部落宗教和民族-国家宗教的关系、它与民间宗教的关系。民间信仰属于原生性宗教,而不属于创生性宗教。[2]

---

[1] 高丙中:《作为非物质文化遗产研究课题的民间信仰》,《江西社会科学》,2007年第3期。
[2] 参见金泽:《民间信仰的聚散现象初探》,《西北民族研究》,2002年第2期。

在调研过程中,笔者能够明显感觉到民众对"信仰""宗教"等词语的敏感,作为祭祀的组织者,当地政府也在着意强调这种祭祀活动"并非宗教迷信,而是当地的文化活动"。在这里,祭祀作为一种宗教活动,它的神圣性被弱化,更多是为了实现它的世俗功能,即前面提过的政府组织祭祀的象征性目的。就大多数参与者而言,尽管人们在祭祀当天盛装前来,履行仪式,维护祭祀的尊严,然而很多人并不是真的来祭祀某位神灵,甚至不知道祭祀的是何方神祇,也并不了解祭祀中很多程序的意义,只是为了祭祀而祭祀,也可以说他们在有意或无意中维护了传统,保留了传统。一般来说,祭祀结束后,祭祀的意义便被淡忘,人们仍回到世俗的世界,仍遵守人的规则,而非神的规则。由于政府组织了对神的祭祀,因此政府能够成为规则的制定者和代言人,这种过程通过暗示来实现,由对神圣的服从,到对世俗的服从,人们在无意识中完成了这种认同的转换。

仪式及其意义通过仪式过程所构筑的有形世界和无形世界来表达,在这里,仪式的要素共同构筑了一个符号,这个符号为民众提供心灵的安顿。就组织者的目的而言,也需要这样一个符号,作为当地文化的某种象征。因此,仪式并没有表达出完全独立的神圣与世俗意义的分离,无论对于组织者还是参与者来说,现代敖包祭祀都已不仅是纯粹的宗教仪式,更是文化、习俗、传统的表达。

现代的敖包祭祀在草原上广泛存在,然而如今的政治、经济、文化、宗教等方面已发生深刻变化。敖包祭祀中表现出来的由祭祀信仰到文化传统的演变,在当代北方民族的传统重建过程中有非常典型的意义。一方面,传统通过个体记忆传承,另一方面,传统正在被集体创造。邢莉曾对蒙古族敖包祭祀中的民间组织做过深入研究,她说:"敖包祭祀在新时期的重新建构并非只是对一个族群共同记忆的回忆,也并不止于对自己族群归属的认知和感情依附。生存在干旱或半干旱草原的蒙古族牧民,更多地体验到一种更有效、更易于操作的乡规民约的重要功能。虽然有国家的'大传统'在场,虽然经过了新中国成立后的风风雨雨,但民间组织的乡规民约仍旧在非物质文化遗产的传承中起到了重要的作用。"①非物质文化遗产的设立体现了对民间传统的尊重和国家政策的宽容。就地方政府而言,通过对敖包祭祀的仪式保留,支持了传统的延续,而又往往通过附加的话语、程序,完成了对传统的重新塑造。这种祭祀仪式既是对传统的回应,又是对传统的传承、创建。

本文原载于《宗教学研究》2012 年第 1 期

---

① 邢莉:《当代敖包祭祀的民间组织与传统的建构——以东乌珠穆沁旗白音敖包祭祀为个案》,《民族研究》,2009 年第 5 期。

额尔古纳河右岸的升天节①

唐 戈②

摘 要：升天节是东正教中仅次于复活节的最重要的节日之一。作为额尔古纳河右岸地区混血人特有的节日，升天节除了保有这一节日的基本内核之外，又掺杂有许多疑似非东正教的元素，这些元素包括可能来源于汉族民间宗教、萨满教和藏传佛教的元素。这是东正教作为一种文明，在其由拜占庭帝国向东传播的过程中，尤其是传播到额尔古纳河右岸地区时，与当地的文明和文化接触，发生变异与本土化的结果。

关键词：额尔古纳河右岸地区 混血人 东正教 升天节 疑似非东正教的元素 文明和文化接触 文明的变异与本土化

一、导论

升天节又称"主升天节""耶稣升天节"，是东正教中仅次于复活节的最重要的节日之一，纪念耶稣复活后升天。《圣经》上记载耶稣复活后第40日升天，升天节的时间是复活节后第40天，这一天一定是星期四。升天节的时间并不固定，因为复活节的时间就不固定，只有确定了复活节的时间，才能确定升天节的时间。复活节的时间是每年春分后

---

① 本文为教育部人文社会科学重点研究基地黑龙江大学俄罗斯语言文学与文化研究中心自设项目"中国俄罗斯族文化与东正教关系研究"（2014ZDZS002）的成果。
② 唐戈，男，黑龙江大学政府管理学院社会学系教授，主要研究方向为文化人类学、民族学理论及东北地区族群与文化。

额尔古纳河右岸的升天节

月圆后的第一个星期日,以复活节的时间为基准,向后推40天就是升天节。升天节是复活节节期最后一个节日,升天节过后,复活节才算正式结束。

我第一次记录到额尔古纳河右岸地区的升天节是1998年8月。之后我又数十次抵达该地区观察和记录当地混血人的文化,但关于升天节的记录我始终停留在访谈这种相对比较低级的方法上。2016年我终于有机会亲眼观察和记录升天节了。2016年的升天节是6月9日。6月7日我们驱车抵达内蒙古额尔古纳市恩和俄罗斯民族乡政府所在地恩和村,6月8日—6月9日早晨对该村的升天节进行了较为详尽的观察和记录,6月9日上午驱车返回哈尔滨。

额尔古纳河右岸地区的升天节是当地混血人特有的节日。混血人是汉族与俄罗斯人通婚所形成的一个特殊族群。"混血人"是这个族群的自称,也是他称,俄语中有一个词"米吉斯"(Метис,Метиска)与其相对应,翻译过来就是"混血人"的意思。混血人于19世纪中叶最初出现在俄罗斯东外贝加尔地区[1]的普里—阿尔贡斯克区,[2]历史上曾广泛分布于中国、俄罗斯、哈萨克斯坦和澳大利亚等国。20世纪50年代中期,混血人被中国政府识别为汉族。80年代中期,一少部分混血人将民族成份由汉族改为了俄罗斯族,但绝大多数混血人的民族成分仍然是汉族,比如内蒙古额尔古纳市从1985年下半年开始至1990年第四次全国人口普查时止,7012名混血人中有2063名将民族成分由汉族改为了俄罗斯族。[3] 这也就是我在本文中没有使用"俄罗斯族"这个族称的原因。1990年以后,内蒙古额尔古纳市政府将法定民族成分为汉族的混血人称为"华俄后裔",但这个族称并不为这个族群所接受,而且这个族称仅限于在额尔古纳市使用,这也就是我在本文中没有使用"华

---

[1] 外贝加尔地区,亦称"后贝加尔地区",指贝加尔湖与额尔古纳河之间的区域,包括两个行政区划——布里亚特共和国和外贝加尔边疆区。东外贝加尔地区指外贝加尔东部地区,具体指外贝加尔边疆区。
[2] Янков А. Г., Тарасов, А. П., РусскиеТрёхречья: историяидентичность, 8, Чита, Экспрессиздательство, 2012.
[3] 额尔古纳右旗史志编纂委员会编:《额尔古纳右旗志》,内蒙古文化出版社,1993年,第127页。

俄后裔"这个族称的原因。

恩和村位于内蒙古额尔古纳市南部,额尔古纳河右岸支流哈乌尔河南岸,俄语名"戈拉弯",人口 2626 人(2019 年),是中国唯一的俄罗斯民族乡——恩和俄罗斯民族乡政府所在地。恩和是一座混血人聚居的村落,共有混血人 850 人,占该村总人口的 81.03%(2007 年底),①是混血人聚居的最大村落,建于 1937 年。1937 年之前恩和的居民主要居住在额尔古纳河右岸的九卡(俄语名"乌罗布罗伊"),再往前则居住在九卡对岸俄罗斯境内的乌罗布罗伊。1937 年 5 月,日本人实行"清边并屯"的政策,生活在九卡的混血人沿哈乌尔河上行,在其南岸建立了戈拉湾。②

二、2016 年的升天节(一):6 月 8 日的准备工作

2016 年 6 月 7 日我们抵达恩和村,住进村民 GPZ 家。GPZ,俄语名"玛鲁夏",女,75 岁,第一代混血人,父亲是汉族,母亲是俄罗斯人,会讲俄、汉双语。GPZ 的丈夫也是第一代混血人,已去世。如今她与长子长孙一家生活在一起,儿媳、孙媳都是汉族。

6 月 9 日是升天节,这一天的前一天,即 6 月 8 日,恩和村的混血人要为升天节做一些准备工作,主要是做一种梯子状的饼干。这种饼干在俄语中没有特别的名称,翻译成汉语就是"梯子"。这种饼干由面粉加少量白砂糖制成,长 30—40 厘米,宽 20 厘米左右,外形状如梯子,由支柱和横撑组成,支柱左右各一根,横撑比支柱短,有 3 根、5 根、7 根、9 根之分,总之必须是单数。

GPZ 在前一天,即 6 月 7 日晚上就和好了面,因此 6 月 8 日上午做梯子时,面略有发酵。除了梯子,GPZ 还打算做一些酸列巴。列巴是俄语"赫列巴"的汉语音译,指一种略带酸味的圆形大面包。哈尔滨一般称这种圆形大面包为大列巴,额尔古纳河右岸地区一般称酸列巴。制作酸列巴要求面粉充分发酵,所以 6 月 8 日刚吃过早饭,GPZ 就把

---

① 青觉主编:《恩和村调查》,中国经济出版社,2010 年,第 1 页。
② 额尔古纳右旗史志编纂委员会编:《额尔古纳右旗志》,内蒙古文化出版社,1993 年,第 21 页。

一部分和好的面放在火墙附近,并用棉被蒙上。

额尔古纳河右岸地区的混血人制作面包和饼干使用一种砖砌的大型烤炉,称"列巴炉"。我们这次参与观察恩和村的升天节,除了使用文字记录外,更重要的是使用录像设备进行记录。GPZ家的列巴炉位于仓房内,她家的仓房不但空间狭小,而且光线也不好,总之不利于拍摄。6月8日上午,额尔古纳河右岸地区晴空万里,正在我们为拍摄一筹莫展时,突然发现GPZ家隔壁YYL家的列巴炉正好位于室外庭院中。在与YYL沟通后,决定到她家烤制和拍摄。YYL,俄语名"达玛拉",女,78岁,第一代混血人,父亲是汉族,母亲是俄罗斯人,会讲俄、汉双语。YYL的丈夫也是第一代混血人,已去世,如今一个人独居。

图1 烤制的梯子。摄影:唐戈

YYL首先来到GPZ家,两位老人在厨房里先后制作了梯子坯子和酸列巴坯子,做好的梯子坯子和酸列巴坯子分别放置在长方形的铁制烤盘中。之后把梯子坯子拿到YYL家,酸列巴坯子则被重新放回火墙附近继续发酵。

在YYL家,两位老人首先在列巴炉内放置了一炉膛的桦木桦子,然后将其点燃,待桦木桦子燃尽、炭火彻底熄灭后,把灰烬扒出,并将炉膛清理干净。烤制梯子和酸列巴其实用的是炉膛的余温。

首先烤制梯子,将盛满梯子坯子的烤盘两三个一组用一种长柄木锨竖着放到列巴炉内,然后将炉膛口用一块木板挡住,大概五六分钟后梯子就烤好了。将木板移开,将烤好的梯子连同烤盘取出,再将梯子一只一只剥离出烤盘。烤酸列巴的时间和程序与烤梯子相同。除了圆形酸列巴,两位老人还烤制了圆环型的酸列巴,即"列巴圈"。

YYL家庭院中有一棵白桦树,在烤制梯子和酸列巴的间歇,YYL折取了部分白桦树枝条,绑了一把扫帚。

三、2016年的升天节(二):6月9日一早的仪式

6月9日早5时,我们驱车到达头道山,沿途碰见三名妇女结伴步行前往头道山。

头道山又名"横道山""卧龙山""龙骨山"等,俄语名称"沃兹涅先斯卡亚山"(Вознесенская)①,位于恩和村北,呈长条形,形似龙,故名"卧龙山""龙骨山"。头道山西端的山顶上并排立有4个木制的十字架。

十字架是基督教的标志。东正教除使用普通的拉丁式十字架外,还有一种特殊的十字架,其正面形象是"✝",是东正教区别于天主教和新教的标识性符号。额尔古纳河右岸地区的混血人把这种立有十字架的山称"圣山""博②山"或"十字架山"。额尔古纳河右岸地区共有9座圣山,其中三座位于恩和村。恩和村的三座圣山除了头道山外,另两座位于村东面的两座山,各有一个十字架。这些十字架的形状除了✝,还有一种"✢",算是✝的变体。这些十字架的具体位置是在山尖往下一点的地方,从下往上看,是它们的正面;从上往下看是背面。十字架的结构分三部分,第一部分是它的底座,由若干块直径在10-20厘米的石块组成,高在半米左右,呈圆锥状。第二部分是十字架本身,为木制,高在1.5米左右,竖着插在底座里。第三部分是系在十字架上的一块

---

① Кляус В. Л. Русское Трёхречье Маньчжурии: Очерки фольклора и традиционной культуры, Москва: Институт мировой литературы им. А. М. Горького РАН, 2015.
② 俄语"上帝(Бог)"的音译。

块长在5—10尺不等的长条形布,具体系在十字架一个竖杠和两个横杠、一个斜杠交叉所形成的十字处,当地人叫"挂"。这些十字架具有多重功能,其中一个功能是用于过某个或某些特定的东正教节日。恩和村头道山上的4个十字架主要用于过升天节。

在我们抵达头道山后不久,GPZ和YYL一行5人也驱车抵达头道山。除GPZ和YYL外,其他三人为第二代混血妇女,其中一人为PEH(卡佳),74岁,与GPZ和YYL的年龄相仿,另一人为ZYH(阿尼亚),63岁,是GPZ的弟媳,第三人为W(娜佳),54岁,是GPZ的长女。

这五名混血妇女抵达头道山后,在将车上的一部分东西取出后,立刻开始了耶稣升天仪式(瞻礼)的"表演"。仪式共分4个步骤。第一步是往十字架上挂布,除了长条形布,人们也将哈达系到了十字架上。第二步是摆供,摆放位置为十字架的底部,供品主要包括耶稣像、"古力契"①、复活节彩蛋等,其中最重要的是前一天烤制的梯子。梯子除了摆放在十字架的底部外,另一部分摆放在自家的圣像台上。第三步是祈祷。人们首先面向十字架的正面一字排开跪下,然后一边在胸前不停地画着十字——当然是东正教特有的画法,一边默默地祈祷,祈祷耶稣踩着梯子升天,同时祈祷上帝降雨。

第四步是掸(撒)圣水。这个步骤又分为4个小的步骤。第一步是亲吻耶稣像,人人都要亲吻。第二步是"洗"圣像。每一支祈祷的队伍都要用"魏德罗"②提一桶水上山。所谓"洗"圣像是用桦树条绑的笤帚蘸"魏德罗"里的水,淋(刷)耶稣像,于是"魏德罗"里的普通水就变成了圣水。第三步是用桦树条绑的笤帚蘸圣水掸(撒)十字架。最后一步是用桦树条绑的笤帚蘸圣水掸(撒)众人,除参加祈祷的人们互掸(撒)外,其他在场的人,包括我们也被掸(撒)了圣水。掸(撒)圣水除祝福众人外,另一个含义还是祈雨。

按照当地人的习俗,祈雨必须在升天节这天进行,其他时间祈雨不会祈到雨(不灵)。与往年一样,2016年春季,包括额尔古纳河右岸地

---

① 一种圆柱状甜面包,是复活节特有的食物。
② 一种铁皮制梯形小圆水桶,上口宽,底座小。

区在内的整个呼伦贝尔地区(岭西地区)都没有一场有效的降雨,处于严重的干旱中。6月8日,即在额尔古纳河右岸地区的混血人在升天节祈雨的前一天晚上,整个呼伦贝尔地区降下了全年第一场大雨。从6月9日开始,呼伦贝尔地区阴雨不断。其实在6月9日一早,在耶稣升天仪式进行的过程中,不断有小阵雨来袭,头道山顶部不时被浓雾笼罩。

图2 掸(撒)圣水仪式。摄影:唐戈

除了上面这四个步骤外,其实还有第五个步骤,就是要在十字架附近进行一次野餐,如果碰巧有其他野餐的队伍,还要相互交换食物并敬酒。

GPZ一行5人在进行完第四个步骤后,即乘车沿哈乌尔河西行,赶往下一站朝阳村。在朝阳村聚集了当地的一批东正教徒,并在当地的十字架前重复举行耶稣升天仪式后,又赶往第三个村庄向阳(伊利尼斯)、第四个村庄正阳,最后抵达第五个村庄——位于额尔古纳河右岸的七卡。这时聚集起来的东正教徒已达数十人,待整个活动结束后,大概早晨7点半左右,参加活动的全体人员要在七卡吃一顿丰盛的早餐。整个活动都是由国营恩和农牧场场部组织的,上面这五个村庄都是恩和农牧场下辖的一个队。除了耶稣升天仪式外,更重要的内容是祈雨,因为在当地人看来,如果当年不祈雨,不在升天节这天祈雨,额尔古纳河右岸地区就不会有有效的降雨,粮食就会减产,甚至绝产。为此恩和农牧场要给每位参加活动的人 2000 元劳务费。2016 年之前,ZYH 没有被邀请参加这个活动,那时代替她的是俄侨达依霞,她是整个队伍的领队。2016 年春节前 10 天,达依霞去世,ZYH 顶替她成为队伍的一员,GPZ 代替达依霞成为领队。我们本想跟着这支队伍继续观察和拍摄,但考虑到在官方眼里祈雨属封建迷信活动,W 没有让我们参加。其实就在我们拍摄的过程中,W 一再提醒我们:"别拍我这小老太太,拍那些老老太太。"

GPZ 一行 5 人走后,我们继续留在头道山观察和拍摄。不久路上碰到的那三个妇女也来到了头道山,其中一人是 PEH 的长女,第三代混血人。第三拨是一对老夫妻,均为第一代混血人,其中老太太长得特别像俄罗斯人。第四拨是三个老年男子,其中二人为兄弟,是 GPZ 的弟弟,另一人是第三拨那个老年男子的内弟。第五拨共有 6 个人,领队是 DGL(丽达),女,79 岁,第二代混血人,会讲俄、汉双语。DGL 的父亲是俄侨,母亲是第一代混血人,具有 3/4 的俄罗斯血统,D 是她义父的姓。DGL 走在队伍的最前面,手捧一幅耶稣圣像。其他 5 人包括 DGL 的女婿、DGL 女婿的嫂子、DGL 女婿的外孙女等。除第四拨那三个老年男子外,其他三拨均举行了耶稣升天仪式,其中最后一拨的仪式比第一拨还要正规一些。

8 时整,我们下山,结束了观察和拍摄。据说,在我们下山后,还有很多人结伴前来头道山举行耶稣升天仪式,直到临近中午时分。

四、耶稣升天仪式中疑似非东正教元素

以上我们对 2016 年 8 月 9 日额尔古纳河右岸恩和村混血人升天节的仪式做了比较详细的描述。写到这里,也许会有人提出这样的疑问:这是东正教吗?这是东正教的升天节吗?显然这里面包含了太多的非东正教的元素,这些元素来自不同的文化或文明。由于我对东正教,包括俄罗斯的东正教缺少研究,这里我们只能称之为"疑似非东正

教的元素"。

图3 祈祷耶稣升天。摄影：唐戈

首先，在山顶上竖立十字架，在十字架前过某些东正教的节日，举行特定的东正教仪式符合东正教的传统，最起码符合东外贝加尔地区俄罗斯民间（农村）东正教的传统。具体到升天节，人们在十字架前一字排开跪下（也可能站立），然后一边在胸前不停地画十字，一边默默地祈祷耶稣升天，这符合东正教的传统，最起码符合东外贝加尔地区俄罗斯民间（农村）东正教的传统。① 除此之外，其他元素似乎都可看成是"疑似非东正教的元素"。下面让我们根据时间顺序，对这些疑似非东正教的元素一一进行检讨。

首先，第一个环节，往十字架上挂长条形布和哈达不符合东正教的传统。挂布似乎源于萨满教，而挂哈达大概源于藏传佛教。

其次，在第二个环节中，摆放耶稣像、"古力契"和复活节彩蛋应该说是符合东正教传统的。但烤制并摆放梯子，包括在家中圣像台和十字架底部摆放，以及在下一个环节中，祈祷耶稣踩着梯子升天，这到底

---

① Кляус В. Л. Русское Трёхречье Маньчжурии: Очерки фольклора и традиционной культуры, Москва: Институт мировой литературы им. А. М. Горького РАН, 2015.

图4 往十字架上挂布和哈达。摄影：唐戈

是符合东正教的传统还是背离了东正教的传统呢？就这个问题我曾多次与哈尔滨的东正教徒进行探讨——与额尔古纳河右岸地区一样，哈尔滨的东正教徒也是混血人，他们都认为额尔古纳河右岸地区的东正教徒背离了东正教的传统。他们表示他们在任何时候也不做梯子，他们甚至不无嘲讽地产生了这样的疑问："难道不踩着梯子，耶稣就升不了天吗？"

再次，在第四个大环节中的第一个小环节中，人们用普通的水洗圣像，普通的水就变成了圣水。这一点曾遭到拉布大林镇东正教圣英诺肯提乙教堂的准神职人员SM（保尔）的质疑。按：拉布大林镇是内蒙古额尔古纳市市政府所在地，圣英诺肯提乙教堂是目前该市唯一的一座东正教堂。SM曾在俄罗斯莫斯科圣三一大修道院学习东正教神学多年。有意思的是，SM的老家就在恩和，上面提到的那三个老年男子中的一个就是他的父亲。SM告诉我，只有经过祝圣的水才能称为圣水。所谓祝圣是指给普通的水念诵适当的经文，这个过程叫"圣化"。而祝圣必须由神职人员而不能由普通人施行。

最后，在第三和第四个环节中，往人身上掸（撒）圣水，为人祈福，这符合东正教的传统,但祈雨——祈求上帝降雨似乎背离了东正教的传统,似乎是汉族民间宗教的传统,只不过祈求对象由龙王变成了上帝。

五、讨论：文明的传播、接触、变异与本土化

人类学以研究文化为己任,很少讨论文明。人类学在其最初的发展阶段中,只有法国的莫斯关注过文明,并呼吁人类学研究文明。近年,中国人类学者王铭铭开始关注文明,出版有《超社会体系——文明与中国》[①]。

无论我们怎样定义文明,东正教都是一种文明。过去,我们在区别文明和文化时主要强调文字的发明与使用,莫斯和王铭铭在谈到二者的区别时,则更强调文明的传播性。诚然,文化也具有传播性,但文化的传播与文明的传播相比是十分有限的。东正教作为一种文明,起源于古代的拜占庭帝国。作为一种文明,东正教文明似乎称"拜占庭文明"更合适。由于在它的西方有强大的（西）罗马帝国的存在,东正教文明主要是向东传播,而它的东方主要是斯拉夫人的居住地。东正教在斯拉夫世界传播的第一站是今天的保加利亚,据说,斯拉夫东正教所使用的斯拉夫语今天仍以口语的形式在保加利亚的一个地区保留着。之后,东正教传播到古代的罗斯。再后来,罗斯分化为俄罗斯、乌克兰和白俄罗斯。

东正教传播到俄罗斯无疑经历了一个本土化的过程,这一过程主要是在两个层面上进行的,一是保留并结合了俄罗斯本土的多神教的元素,二是在节日系统上与俄罗斯本土的节日系统相整合,而俄罗斯本土的节日系统基本是一套季节转换与农作物生长的系统,于是,一种新的地方版本的东正教——俄罗斯东正教诞生了。

从 13 世纪开始,俄罗斯被蒙古统治长达 250 年之久。在俄罗斯被蒙古统治的 250 年中,蒙古文化不可能不渗入到俄罗斯文化,包括东正教中。蒙古文化从精神层面讲,基本可看作是萨满教和藏传佛教的混合物。蒙古帝国在其崛起时就接受了藏文明和藏传佛教,但蒙古人不

[①] 王铭铭：《超社会体系——文明与中国》,生活·读书·新知三联书店,2015 年。

久就放弃了藏传佛教。在蒙古帝国统治俄罗斯的250年中,似乎只有萨满教的存在。美国学者汤普逊研究了这个问题,认为俄罗斯东正教中圣愚的原型就是萨满,并且是从蒙古传入的。①

13世纪,一部分斯拉夫人为逃避蒙古钦察汗国的统治逃往俄罗斯南部地区,16—17世纪,大批不愿做农奴的俄罗斯人和乌克兰人逃亡这一地区,他们均被称作"哥萨克"。"哥萨克"是突厥语,意为"自由人"。除了斯拉夫人,哥萨克人还包括蒙古语族和突厥语族各民族的成分。在哥萨克文化中除了斯拉夫—俄罗斯成分外,还包括蒙古和突厥的成分。17—19世纪,在沙俄的东扩过程中,哥萨克成为主要的军事力量。1639年,一部分生活在西伯利亚的哥萨克首次迁到外贝加尔地区。之后不断有哥萨克人移民这一地区。1851年,根据《哥萨克管理条例》,成立了"外贝加尔哥萨克军区"。② 外贝加尔地区传统上是布里亚特人的游牧地,又有埃文基③人分布其间,哥萨克人到来后,与布里亚特人和埃文基人多有交往,在文化上受到了这两个族群的影响。

额尔古纳河右岸的混血人主要是俄罗斯外贝加尔地区哥萨克的后裔,在他们的祖先移民中国前,他们的文化中就混合有诸多非俄罗斯的元素。19世纪60年代,生活在俄罗斯外贝加尔地区的哥萨克开始移民中国额尔古纳河右岸地区。1917年俄国革命后他们更大规模地移民这一地区,并且把东正教传播到这一地区。除此之外,另有一部分混血人出生在俄罗斯,特别是东外贝加尔地区,俄国革命回到(移民)中国额尔古纳河右岸地区。

生活在中国额尔古纳河右岸地区的俄侨和混血人的文化不可避免地受到了中国本土文化,包括汉文化、蒙古文化和通古斯文化的影响,于是东正教在中国额尔古纳河右岸地区再一次发生变异和本土化。其实混血人的文化本身就是俄、汉两种文化的混合物。额尔古纳河右岸地区是蒙古族的发源地,尽管现在并没有蒙古族生活在当地,但在整个

---

① 汤普逊:《理解俄国:俄国文化中的圣愚》,生活·读书·新知三联书店,1998年,第185页。
② 杨素梅:《俄国哥萨克历史解说》,科学出版社,2016年,第141页。
③ 即鄂温克。

呼伦贝尔地区(岭西地区),除额尔古纳市外,生活在其他四个旗的主要是蒙古族,包括巴尔虎人、布里亚特人和厄鲁特人。上述挂在十字架上的哈达都是从呼伦贝尔地区的中心城市海拉尔买来的。在海拉尔市中心河西三角地一带分布有数十家民族用品商店,这些商店主要出售生活在呼伦贝尔草原包括蒙古族在内的各游牧民族的特需商品,包括藏传佛教用品,包括哈达。另外,十字架的底座很像蒙古草原上的敖包,过去人们在前往圣山的途中,在抵达山脚时,要捡一块石头放在十字架的底座上,因此十字架的底座有越来越高的趋势。而在蒙古草原上,当人们路过某座敖包时,要提前从马上下来,捡一块石头放到敖包上,而当祭敖包时,人们更要这样做。

今天的内蒙古呼伦贝尔市不仅包括岭西地区,还包括岭东地区。岭东地区传统上是信仰萨满教的通古斯民族(包括鄂温克族和鄂伦春族)的狩猎之地。作为通古斯人的一支,驯鹿鄂温克人1965年之前就生活在额尔古纳河右岸地区,并且与生活在该地区的俄侨和混血人有很深的交往。[①]

自19世纪中叶以降,在闯关东的移民潮中,来自山东、直隶各省的汉族人大规模移民额尔古纳河右岸地区。20世纪五六十年代,1万余俄侨撤离额尔古纳河右岸地区。为了弥补俄侨撤离后的空虚,国家有计划地从山东等地移来汉族移民。汉族人带来了汉文化,其中一部分人与当地俄侨通婚,产生出新的混血人。

1998年我在恩和村做东正教专题调查时,据GPZ和她的丈夫回忆,1947年,也就是"土改"那年,恩和村升天节的祈雨活动由当时的村长——一位纯血统的汉族人组织,当地的混血人和汉族人都参加了,还杀了一头猪。在前往头道山的途中,人们抬着这头猪和一尊铜佛,还扭着秧歌。当仪式结束后,这头猪和这尊铜佛就放在了头道山上。

六、比较:升天节与斡米南节

就在笔者观察和记录额尔古纳河右岸升天节的前一年,2015年7

[①] 唐戈:《俄罗斯文化在中国——人类学与历史学的研究》(第二版),北方文艺出版社,2011年,第152—186页。

月22—24日,笔者对在南屯举行的斡米南节进行了观察和记录。"斡米南"是达斡尔语,是萨满教的一个重要节日。南屯是内蒙古鄂温克族自治旗旗政府所在地,北距升天节的发生地恩和200余公里,同属呼伦贝尔地区(岭西地区)。

此次斡米南节的主祭萨满是SQG,女,达斡尔族,60多岁。副祭萨满是WJF,女,达斡尔族,60多岁,SQG的大弟子。陪祭萨满十余人,其中一人为男性,其他均为女性,他们都是SQG的弟子。SQG和WJF各有一个助手①,其中SQG的助手就是她的丈夫,布里亚特人,WJF的助手就是她的儿子,达斡尔族。

此次斡米南节具体的举办地点是位于南屯以南十余公里伊敏河西岸的草原,共有来自呼伦贝尔草原的各个族群的数百人参加了此次斡米南节的活动。我们于7月22日上午10时许到达现场,24日晚上离开,所观察和记录到的仪式和活动很多,其中可用于与升天节进行比较的包括立通天树、祭天以及萨满升级仪式等。

23日4时30分开始,立通天树。通天树为白桦树,高二三十米,取自伊敏河东岸的山上(属大兴安岭)。共立了三棵通天树,其中一棵立于一座大蒙古包前数米处,另两棵并排(距离半米左右)立于这座大蒙古包内,其顶部从大蒙古包的套脑②伸出(蒙古包的穹顶象征天)。立通天树之前,人们要在其顶部系上蓝色的哈达(蓝色象征天),在其他部位的树枝上系上五色布条。在系五色布条时,参加此次斡米南节的人都要参与。立完通天树后,人们还要将三角形的五彩小旗、五色线和哈达系在一根牛皮绳上,然后用这根牛皮绳将大蒙古包内、外的通天树连接起来。然后,人们还要在立于大蒙古包内的两棵通天树的根部往上各绑上一条长半米左右的布制蛇神神偶,其中一条为白色,另一条为黑色。最后,人们还要在两棵通天树蛇神神偶上面一点的位置绑上三根横撑,是为天梯。

立完通天树后,开始祭天。首先,众萨满面向立于大蒙古包外的那

---

① 即二神。
② 位于蒙古包顶部的天窗。

棵通天树用牛奶祭天,往天上洒牛奶——每人手持一小袋牛奶,向斜上方,一股一股地挤出。① 然后众萨满分列两排开始正式的祭天,其中 SQG 和 WJF 站在第一排,其他萨满站在第二排。在仪式进行的当中,SQG 的丈夫牵来一只绵羊,SQG 往绵羊身上撒了些大米,之后这只绵羊被牵走并被宰杀,最后被供在这棵通天树前。

24 日晚上,天黑以后,人们齐集大蒙古包内,为 WJF 举行升级仪式。在大蒙古包内所有的照明设备熄灭之后,众萨满和几名普通人列队,围绕两棵通天树按逆

图 5 大蒙古世内的通天树和天梯。摄影:唐戈

图 6 往通天树上系布条和哈达。摄影:唐戈

---

① 正统的用牛奶祭天(白祭)的方式,是用勺子从盛具中舀牛奶,洒向天空。

时针方向跳三圈,再按顺时针方向跳三圈,此刻 WJF 的灵魂踩着天梯爬上通天树的顶部,升入天空。之后,大蒙古包内的照明设备打开,SQG 坐在椅子上,WJF 坐在她的右侧(未戴神帽)。最后 SQG 戴上神帽,众人上前抢哈达。萨满升级仪式和整个斡米南节的活动到此结束。

升天节与斡米南节疑似部分对照表

		升天节	斡米南节
物的比较		(木制)十字架	通天树(白桦树)
		哈达	哈达
		长条形布	五色布条
		"梯子"(梯子形状的大饼干)	天梯
仪式的比较		往十字架上挂(系)长条形布和哈达	往通天树(白桦树)上系哈达和五色布条
		向十字架上撒圣水	面向通天树(白桦树),往天上洒牛奶
		祈求耶稣踩着"梯子"升天	萨满的灵魂踩着天梯爬上通天树的顶部,升入天空

值得注意的是梯子形状的大饼干要供奉在十字架的底部,而天梯也要设在通天树的底部。

另外,升天节后第十天是东正教另一个重要节日"圣灵降临节",纪念耶稣升天后再次遣圣灵返回人间。这一天,人们要砍来一棵小的白桦树(通常是白桦树顶部或旁枝),立在自家院中,系上各色布条,再给它穿上花裙子,把它装扮成少女。然后抬着她,列队前往河边。选择一处开满鲜花的草坪,把白桦树立在中间,围绕着她载歌载舞,还要野餐。然后把她放到河里,让她顺水漂走。

另外,在东正教徒的葬礼上,在把死者下葬后,还要在坟墓死者脚的一端立一个木制十字架,其形状和尺寸与立在圣山上的十字架别无二致。然后,人们要列队按逆时针方向绕十字架三周,并不停地在胸前画十字和祈祷死者的灵魂升天。斡米南节的不同之处在于逆时针绕通天树三周后,还要顺时针绕三周。

本文原载于《北冰洋研究》第 4 辑,上海三联,2021 年

中俄当代布里亚特萨满教比较研究

〔俄罗斯〕马克西姆·米哈列夫[①]

摘　要：中俄两国生活着同属于一个族群的布里亚特人，萨满教是其精神生活和日常生活的重要组成部分，但是，由于两国政治、历史、文化等诸多因素的不同，使得两国当代布里亚特人在萨满教信仰上存在较大差异。俄国布里亚特人的萨满教呈现出机构性，具有较为规范的组织形式，萨满与政府积极合作，参与政治生活；中国布里亚特人的萨满教呈现出反机构性，没有统一的组织和严格的教义、教规，萨满虽然参与民众的日常生活，但多数情况下不被政府认可。

关键词：布里亚特人　萨满教　中国　俄罗斯

前言

布里亚特人是由通古斯、突厥和蒙古经过千百年的繁衍融合而构成的民族，萨满教是该民族发展历程中重要的精神力量，同时也介入了布里亚特人的日常生活之中。随着20世纪初期部分布里亚特人由俄罗斯移居中国，使得中俄两国共同存在源于同一个族群、拥有同样文化的两支布里亚特人，而两国布里亚特人在当代的萨满教活动呈现出明显的差异。本文立足于广泛的历史资料和田野调查结果，探究这种差异产生的原因，并尝试对此种差异进行解读。

[①] 马克西姆·米哈列夫（Maxim Mikhalev），男，博士，俄罗斯籍，俄罗斯国立人文大学（Russian State University for Humanities）副教授。

一、当代俄罗斯布里亚特人萨满教概况

俄罗斯当代布里亚特萨满教主要分为城市萨满教和村镇萨满教两类,二者有很多共同之处(历史根源、圣地、术语和仪式),但在社会背景、推动因素诸方面亦存在差异。

(一) 城市萨满教

城市萨满教的产生和发展历史已经被研究得很透彻了,这是因为新萨满自己拥有较高文化和组织水平,他们有能力并且有意愿述说自己的故事,也得到了新闻界与科研界新流派的重视。1993 年成立了布里亚特共和国萨满协会 Хэсэ Хэнгэрэг(神鼓),后来更名为 Боо мургэл(萨满的信仰)。该协会的主席是俄罗斯东西伯利亚国立文化艺术大学民族学办公室的前任教师娜杰日答·斯杰潘诺娃(Надежда Степанова)。协会已经在布里亚特共和国司法部注册登记,并且与布里亚特共和国众多教会组织享有相同的地位[1]。随后又有一些萨满协会登记在册,其中最重要的就是 2003 年成立的以 Баир Цырендоржиев 为首的权威组织 Тэнгэри(腾格里)。新萨满的特殊性在于其高度的组织性,新萨满拥有强大的管理和商业潜力,使其在短时间内就可以建立起一些有影响力的机构,这些机构不仅维护了"新神职人员"在权力机构的利益,并得以在自由市场条件下生存下来。

萨满们声称自己是一股新的政治力量,他们还向大家展示,除了像主持萨满教仪式和建设敖包这样实际的活动,萨满们还有意识形态方面的计划。"复苏的萨满教被认为是确定民族思想过程中的重要方面之一,以民族思想为中心应该团结布里亚特民族,加强布里亚特族的民族自我意识"[2]。萨满不仅发表了各种声明,而且开展积极的活动,有趣的是,萨满的工作方式和语言风格近似于党派的行为。萨满协会拥

---

[1] Zhukovskaya N. L. Buddhism I shamanism kak factory formirovaniya buryatskogo mentaliteta.//Religiya v istorii i culture mongoloyazychnykh narodov Rossii. Moscow, 2008: 28.
[2] Shaglanova O. A. "Gorodskoy shamanism" v Buryatii: metamorphozy tradicionnoi religii v prostranstve goroda.//Gorod i selo v post-sovetskoi Buryatii: social'no-antropologicheskiye ocherki. Ulan-ude, 2009: 146.

有自己的办公地点,建立了萨满委员会并配备一位执行秘书,时常举行各种讨论大会,与会者讨论当下热议的社会政治生活问题,还通过了萨满行为法则。协会领导者还积极地干预当地萨满的生活。在《萨满教的奥秘与实践》一书中 Боо Мургэл 的领导者之一鲍里斯·巴扎洛夫(Борис Базаров)讲述道,"经过空中会议的讨论,协会形成最终决议,波罗陀志诺夫萨满圆满通过了9道关仪式的考察,正式晋升为高级萨满"①。协会在出版事业和教育事业中都投入了大量的精力,出版传统仪式日程表,筹备印刷萨满教圣地图册。

20世纪90年代,俄罗斯严重缺乏新的意识形态,因此对基于萨满教思想把人民紧密地团结起来这一提议,政府部门有很好的反响,随后在布里亚特共和国宪法中确立了萨满教传统宗教的地位,并使其受到法律保护②。有组织的萨满教团体与政府的联系越来越紧密,且自身开始朝着与政府相似的方向发展。萨满协会有权决定萨满的真假,制定了挑选和培训干部的章程,逐步包揽所有祭祀活动。巴扎洛夫写到,只有在司法部登记注册的萨满才有权从事祭祀活动。他还提道,"所有举行宗教仪式和自然保护地区都受环卫检察机关、消防部门以及内务机关的监督"③。奥尔加·莎格拉诺娃认为这是一种尝试"在精神生活方面建立独特的'权力等级'模式,尽管精神生活从来不受政府或是其他管理机构的制约"④。

在经济方面,城市萨满,尤其是不太重视政治的第二代萨满(比如当今最具影响力的协会 Тэнгэри 的成员),既彰显成功之处,又备受争议。取消了对服务费用的禁忌后,现代城市萨满已经不会羞于在自己的工作中自由定价和使用价格表。更有趣的是,萨满并没有脱离现代的经济活动方式。例如,Тэнгэри 协会的一个成员建议笔者通过短信提前预约仪式,仪式结束后,萨满用短信通知笔者,以给他的手机充值

---

① Bazarov B. D. Tainstvo i practika shamanisma. Ulan-ude,2000:49.
② 1997年12月23日布里亚特共和国宗教活动法。
③ Bazarov B. D. Tainstvo i practika shamanisma. Ulan-ude,2000:54.
④ Shaglanova O. A. "Gorodskoy shamanism" v Buryatii: metamorphozy tradicionnoi religii v prostranstve goroda. //Gorod i selo v post-sovetskoi Buryatii: social'no-antropologicheskiye ocherki. Ulan-ude,2009:149.

的方式付费(因为笔者在中国无法支付现金)。莎格拉诺娃强调:"现代宗教仪式人员与其教徒客户的关系更具有服务行业的特性,即人们通过一系列的服务来赚钱"①。

应该承认,商业化确实是布里亚特共和国城市萨满教的特征之一。显然,这不应完全归咎于萨满。这个商业化的过程更像是证明了萨满是社会的一个部分,萨满以符合当代社会发展的方式满足了城市社会的需求。在这种社会中,宗教和宗教仪式就像是电热水壶一样的商品,而城市萨满满足了顾客用简单方法解决复杂问题的需求。亲人或是自己生病,生活、工作或是生意上有不顺利,做了噩梦,对未来没有信心,乃至遗失了家谱,都可以寻求萨满的帮助。顾客们并不十分在意萨满仪式和家谱的精确性,他们只是在"消费萨满",对他们来说更重要的是萨满拥有的知名度、入会等级或是仪式用具。客户们最在意的是萨满能够按消费社会的规矩行事。因为萨满的服务作为一件商品,需要很高的标价,否则会有损于萨满的知名度。

有趣的是,在莫斯科以及其他俄罗斯欧洲部分的大城市中,越来越多的人开始求助于城市布里亚特萨满法师,这些萨满法师积极地在布里亚特共和国外招揽自己的客户群。与此同时,在布里亚特共和国内,对于保留传统萨满观念并且与社区有着密切联系的教徒来说,城市萨满的宗教仪式活动是不可信的②。

城市萨满政治化和官僚化的理由也在于社会环境。萨满教修复了被中断和毁灭的民族记忆,就像为人们找回家谱一样去找回一个民族的灵魂。政府和社会需要新的意识形态,但只有当这种意识形态融入一个熟悉的、具有会议、制度以及执行秘书的环境中,政府和社会才会愿意接受它。城市萨满教按照这种规矩行事,使现代社会能够摆脱所有的不幸,这种做法也符合这个社会的标准。也就不难理解为什么萨

---

① Shaglanova O. A. "Gorodskoy shamanism" v Buryatii: metamorphozy tradicionnoi religii v prostranstve goroda. //Gorod i selo v post-sovetskoi Buryatii: social' no-antropologicheskiye ocherki. Ulan-ude, 2009: 160.
② Shaglanova O. A. "Gorodskoy shamanism" v Buryatii: metamorphozy tradicionnoi religii v prostranstve goroda. //Gorod i selo v post-sovetskoi Buryatii: social' no-antropologicheskiye ocherki. Ulan-ude, 2009: 55.

满协会主席在《东方·电视新闻》的采访中不反对萨满教被视作一个品牌,用以吸引商家投资布里亚特的旅游业①。

(二) 村镇萨满教

村镇萨满教的复兴没有吸引学者们太多的注意力,也没有得到很深入地研究。这是由于村镇萨满没有意愿也没有能力推荐和展示自己,他们不愿同学者和媒体打交道,而且他们大部分又处在偏远地区。需要指出,村镇和城市萨满教在本文中的区分与其说是基于萨满的居住地,不如说是根据他们对于自我使命和社会作用的认知、他们的社会地位和应满足需求的种类,以及他们以何种方式来满足这种需求来定义和区分的。但是,不少我们称之为"村镇萨满"的人确实居住在离大城市很远的地区。本文中所包含的大部分信息是笔者在布里亚特共和国一些较为偏远的地区进行田野调查的过程中搜集所得,比如库鲁姆坎区和巴尔古津区,在这些地区传统文化保存得比较完好,其中也包括萨满教。

就像在布里亚特共和国的其他地区一样,萨满教在巴尔古津谷也是在20世纪90年代初期走出了地下活动并得以不断壮大。巴尔古津谷目前有近百名萨满,而且这个数字还在不断上升,愿意向萨满法师咨询的人也在增多。在那些预约举行萨满教仪式的人中,出现越来越多没有接受过无神论教育的青年人,他们没有成年人对萨满教持有的怀疑论。咨询者不仅仅是布里亚特族和鄂温克族,就连俄罗斯族也会向他们求助。萨满教的圣地(Бухэ-шулуун,Барагхан-уула)使所有当地居民都充满了敬意,与其民族性和宗教信仰无关。萨满教得以发展,2004年在巴尔古津谷组织并且登记注册了 Барагхан-уула 萨满协会,还有许多 Boo Мургэл 的成员成为了这个协会的成员。协会发会员证,参与公共聚会,而巴尔古津萨满与城市萨满的相似之处也就止于此并且开始出现了差别,这些差别是本质上的,引起了双方思想上的相互排斥。巴尔古津萨满举出的论据是典型的村镇萨满教意识形态,它们和针对当地居民的观察与访问的结果都有利于了解两类萨满教的主要

---

① Buryatia On-line,http://www.bol.ru/bol/news/124420.html? SECTION_ID=331

区别。

信息提供者都强调,主要的区别在于村镇萨满对自己活动的意义的想法和他们与需要其服务的人的相互关系上。实际上,城市萨满活动就是一种职业,能够获取一定的收入,而村镇萨满承担服务社会的责任。村镇萨满拥有一定的社会地位,却不是一个职业。村镇萨满与自己的同乡和亲人们生活在一起,为他们的利益而服务,不能够把这个义务变成生存的来源。而且,村镇萨满在自己的本职工作基础上还必须做更多的事情并且要比其他人做得更好,否则他就不能得到人们的信任,或是成为被村镇所认可的那种萨满。举一个很典型的例子:在巴尔古津区波洛果尔镇上只有一个人不喝酒,这个人就是当地的萨满——弗拉基米尔(Владимир)。

村镇萨满是人民公仆,肩负着很重要的使命、很沉重的负担,就算是有其他的事情或者要履行其他的义务,萨满也不能拒绝主持宗教仪式,这些活动委实影响了其正常的个人生活和家庭生活。对比城市萨满,村镇上大部分人都躲避萨满的使命也就不难理解了。一些人在经过了必要的 9 道关后还是会拒绝主持仪式。巴尔古津的奥尔加长期患有萨满病,受到深夜噩梦和可怕场景的困扰。同时,作为布里亚特共和国一位当之无愧的教育家以及无神论者,她很长时间都拒绝举行仪式。最终,她无力与神灵对抗,还是通过了双道关①,但是却努力不让别人知道自己的状况。巴尔古津谷最有经验的萨满之一、库鲁姆坎镇的一个居民 М·Г·单奇诺娃(Данчинова)也有过类似的经历,长期拒绝主持仪式,最后是在接受了来自神灵的坚决的"说服"后才同意了从事萨满事务。因此,村镇萨满与城市萨满不同,城市萨满需要宣传以引起公众的注意,村镇萨满不会进行自我推销,而且还会逃避公众以及多余的关注,因为他不愿意做多余的工作。巴扬果尔村村镇萨满 Б. Б. 霍布拉科夫(Хабраков)当得知要拍摄纪录片后,就找个借口没有出现。作为

---

① 此行为称作过关仪式,是新人成为萨满必须经历的考验,如油锅捞物、吞刀等,蒙语称为"达巴达巴呼"(daba-dabah),旨在通过对萨满候选人进行法术检验,确认其萨满资格。见郭淑云:《从过关仪式看科尔沁萨满教的传承与变迁》,《宗教学研究》2015 年第 1 期。——编者加。

对比,当知道要拍摄纪录片后,城市萨满急于赶到拍摄现场,随后还会参与拍摄的后期制作。

在村镇和城市里,人们对于那些决定去做萨满的人的态度也有不同。村镇萨满没有价目表,不索取主持仪式的高昂费用,不会拉拢客户,村镇中也没有什么买卖关系。对萨满工作报酬的态度是村镇萨满和城市萨满的主要分歧之一。与城市萨满的"消费"和由此产生的萨满与客户的关系相反,村镇上存在一种合作的关系,即助人者与受助者之间的关系。来求助的主要是亲戚或者熟人,祈求自己的孩子能不被毒眼看坏,在碰到人生中一些重大事件(服兵役、升学、结婚)时,请求在家中准备避邪物品,萨满通常有求必应。

村镇萨满不要求崇拜自己,不表演技艺,不炫耀避邪物品,说话时不运用流行词汇,一切都基于信任。人们相信如果萨满是骗子或者冒充的,神灵会惩罚他。萨满的声望取决于他的工作以及日常生活中的行为,而不是拥有一些用具和各种执照。成为萨满后,他对家庭和工作的态度也在转变,他应该对得起自己的威信。巴尔古津区 Ulyun(Улюн)镇 L. 布拉洛夫(Л. Буралов)萨满的妻子伊琳娜说:"成为萨满后,丈夫变得有责任感并且勤劳,把更多的心思投入到了家庭和家务中"。

应该承认,不是所有的人面对萨满时都持有这种态度。例如,在巴尔古津生活的俄罗斯族,大多数人还是认为萨满教是一种时髦的现象并且没有那么相信现代萨满的能力。尽管如此,他们遇到困难时还会求助于萨满,并且很少对其有负面的评价。当地的居民说,萨满对俄罗斯族的帮助比对布里亚特族更有效。城市居民也纷纷拜访村镇萨满,尤其是一些著名的萨满,这就是萨满骄傲的资本,也提高了他在同乡人中的威信。此时,如果村镇萨满脱离了自己的氏族,那么他就会拥有城市萨满的特征。但是,他很少会变成一种职业,仍然是社区所公认的神灵界的人类代表以及人类世界的神灵代表。

村镇萨满与城市萨满,另外一个主要而本质的区别是组织起来的村镇萨满不会尝试成为一股有影响力的政治力量,也不会模仿其他的社会组织。如巴尔古津萨满协会不承担任何思想任务,不会试图利用政府武力以垄断地区萨满行业，协会只从事一些实际的工作。他们不同媒体打交道，也不从事出版工作。村镇萨满是社会结构中不可分割的一部分，但与此同时，萨满无意暗中替代现有的社会结构。城市萨满教在思想和政治意识空虚时赋予了自己在国家和社会体制中的作用，村镇萨满教致力于维持社会和环境相互关系的平衡。萨满教给了社会结构更多的稳定性。村镇萨满的任务是沟通和调节人类与祖先以及神灵世界、自然世界、大宇宙之间的相互关系，而其他的任务还由政府机关、警察机关和喇嘛来完成。

村镇萨满为社会服务并且受到社会的制约，但同时萨满又使社会超越了人类世界的界限，保证了各个时代、各个世界和每代人的联系；城市萨满有意替代社会，制定自己的法律，但永远不可能摆脱经济和政治的制约，亦不能与自然分离、与神灵分离。无论是村镇萨满，还是城市萨满，都融入了社会关系的整个体系中，都是现代布里亚特社会不可分割的一部分。

二、当代中国布里亚特人萨满教概况

中国的布里亚特人是俄国十月革命后迁居而来的，他们多是生活水平较高的人，因排斥苏维埃政权而害怕遭到镇压，所以与当时的中国政府协商，最终移居中国，生活在东北的锡尼河地区。当代中国锡尼河地区布里亚特萨满教是秘密存在且没有得到宣扬的。萨满履行一定的职能，有不小的客户群，但是人们通常不愿提到萨满的存在，更不愿意承认自己常拜访萨满，这被认为是一件不体面，甚至有些丢脸的事，是落后的象征。佛教、伊斯兰教和基督教被认为是社会生活的重要因素，因此得到了全面的研究和关注，政府制定了对于这三大宗教的政策。但是萨满教被认为仅仅是封建残余，没有社会基础，而封建残余将在现代化的进程中逐渐消亡，因此没有必要对其采取任何措施和出台任何政策。萨满教被宣布为传统民族文化的一部分，学者相信它失去了社会意义，而政府把萨满放置在博物馆、旅游指南里，被当作异国风情商品出售。

萨满本身也并不想要吸引别人的注意，努力不去宣扬自己的活动，在黄页中找不到他们的地址和电话号码。找到他们很不容易,但越是这样就越想要了解他们是靠什么生活的。中国布里亚特萨满中最著名的就是"临街萨满",24 岁的罗布桑(藏族名)。11 至 14 岁期间他是锡尼河寺庙的见习喇嘛。13 岁那年他的梦境中开始有预言,预知未来的情况并且找到遗失的物品。15 岁那年去过俄罗斯的阿加以后,根据他导师的建议参加了蒙古国一个名为 Batyr-Choktu 布里亚特萨满的 9 道关仪式。他具有八等级,能讲藏语和布里亚特语,汉语说得不流畅,目前已经有了很多徒弟,来自内蒙古和其他地方。他还为这些徒弟刻录了授课光盘。罗布桑居住的房子在圈内就是有名的"萨满之屋"。

不同年龄段的人都来向萨满寻求帮助且不乏儿童;客户群中有达斡尔族、鄂温克族以及汉族;需要帮助的人们从俄罗斯、北京、蒙古国纷纷涌来,但主要还是 30 至 70 岁的布里亚特人。大学生会在考试前来拜访一下,人们在出远门之前也会过来。私人拜访萨满主要是为了咨询健康、工作或是生意不顺利的问题。罗布桑说,如果从前人们多数是为了咨询健康问题,那现在主要是为了解决一些家庭纠纷和心理问题。客户们请萨满把他们的新物品"开光"或者请求找回失去的物品,或者寻求保护不受欺骗。罗布桑没有其他工作,他靠萨满教活动为生,因此,他的拜访者就是他的客户。他不是作为本氏族的萨满,也没有服务于自己的民族。与其说他是一个宗教活动者或者社会活动者,不如说他是一个巫医。他工作涉及的领域包括疾病和社会不能或者不愿解决的那些问题。

实际上,中国的布里亚特萨满几乎都满足于这种身份,尽管有一些萨满会走得更远。比如,居住在南屯的中国最著名的女萨满——斯琴掛。1998 年通过了"出马"仪式成为萨满,而在此之前她是一名教师。斯琴掛确实几年来一直参与各个学术会议,在学者面前演讲,接受电视节目采访。拜访并咨询斯琴掛的有官员、商人,不过现在都还是秘密地拜访。有几本书是专门关于她的[①],而且 International Society for Shamanistic Research 承认了她对科学和文化的功绩,授予了她"当代

[①] Hoppal M. Shamans and Traditions. Budapest: Akademia Kiado, 2007.

著名萨满"(The Living Treasure of Shamanism)的称号①。尽管如此，斯琴掛也没有走出传统民族文化代表的框架，亦不会去尝试成为一个社会人物，或承担重要的社会职能。

中国布里亚特萨满不是为了氏族或者社会的利益而工作。他只专注于自己的事情，在私人范围内解决人们的个人问题，作为医生和心理专家来为人们消除积攒的问题。萨满不会成为人大代表，不宣传自己的理念，不想抛头露面，对政治不感兴趣也不想要成为民族复兴的标志。在锡尼河布里亚特人中起到这个作用的是佛教。所有的社区活动、节日，包括每年农历5月13日庆祝的那达慕，以及拜敖包仪式都被喇嘛僧侣所垄断。佛教是锡尼河布里亚特人团结的力量。萨满无意于此，仍然是分散的、处于边缘状态的。在鄂温克自治旗没有萨满协会，相应地，也没有行为准则、证明和考核系统，萨满不出版宗教仪式日程表，也不出书。他们甚至不是十分喜欢与同行交流，尽管有时他们一起主持仪式。

现代萨满的地位较低，作用也有局限性，这不仅是因为他们没有足够的职权范围、组织资源和得到更多东西的目的，还因为社会并不需要他们的服务也不想承认萨满是社会结构的一个组成部分。可以说，萨满被放置在了社会之外，尽管社会可以忍受他们，但萨满还是不受欢迎的。以下几个原因或许可以解释一二：第一，中国的社会制度有足够的能力独立解决大部分的社会问题，萨满对于这些社会制度只是有着明显劣势的竞争对手。第二，萨满的这种状况也取决于人们期望现代萨满解决的问题，以及社会对待这些问题的态度。当做噩梦时，当生意不顺时，当遇到无法治愈的疾病时，当产生心理问题和内部矛盾时，人们就希望得到萨满的建议和帮助。在强大的社会中人们却羞于承认这些问题，认为噩梦是臆想，不幸是无助的体现，心理问题是因为内心过于敏感，而内部矛盾是无能的表现。人们都不愿让其他人知道自己向萨满寻求帮助，不愿想起和提及。人们认为，这种事情是不体面的，是他们无法立足的证明。

---

① 邱时遇，吕萍：《达斡尔族萨满文化传承》，沈阳：辽宁民族出版社，2009年，第27页。

萨满教现在处于一种私人的、秘密的和受到鄙视的状态,居于社会结构的隐秘角落。但是,这种萨满教目前在中国正处于上升阶段,这种上升说明了虽然没有得到解决的严重的社会问题已经不存在了,但是没有得到解决的个人问题却越来越多。当在社会范围内寻找不到解决方法时,人们更多地会求助于萨满,而且是秘密进行。有趣的是,社会上普遍认为只有低收入人群向萨满咨询,但实际上,来拜访的人不是落后的游牧人,也不是买不起药的人。离开传统居住环境,没有了亲人的帮助并且丧失了道德价值的城市居民,正是萨满的客户。

推动中国萨满教包括布里亚特萨满教发展的因素在于,能够真正高效解决社会问题的社会,却不能为人们解决个人问题,而且这些问题本身对于社会来说是主观想象出来的和羞于启齿的,社会拒绝承认这些是问题并且拒绝提供解决方案。由科技主义、官僚主义以及经济利益驱动的社会处于自给自足状态,忽视了与自然、内心世界以及个人相关的问题。这些问题在逐渐增多,因为在全球化、非人化且日新月异的世界中人类感到自己是孤独的。如果社会不想寻找问题的解决途径,人们就会冲破社会的界限,去寻找那些受到轻视的萨满,萨满将成为解决人们最隐蔽、最羞于启齿问题的人。如果社会不改变对个人的态度,那么个人的、隐蔽的不为人宣传的萨满教就会逐渐发展壮大,但是自以为是和自我膨胀的社会可能仍然不会发现这一趋势。实际上,直到今天,社会也没有意识到萨满教的发展,因为它自负地认为没有力量能向它发起挑战。

三、异同试析

尽管中俄两国的布里亚特人拥有共同的历史和文化,但是二者的现代萨满教发展进程和特点却有很大的差别。真正的差别不在于发展的速度和新萨满的数量,而是隐藏在了古老宗教复兴的进程中,现代萨满的特征中,以及他们在不同国家和不同社会结构中被赋予的应该完成的使命中。

俄罗斯萨满教的复兴是有组织的,萨满自己主导了萨满教的复兴,他们展现出杰出的组织能力。新一代萨满通常有较高的受教育水平、举足轻重的社会地位和丰富的管理工作经验,使得城市和农村萨满有结构地组织在一起并且积极地相互协作。他们有单独的管理机构、章程、规定、印刷部门、选举和干部培养系统以及其他一些组织。萨满的各个协会在司法部进行登记,具有官方地位,这使得萨满能够积极地保护自己的利益并且与政府和其他社会体制协作。可以说这是一种萨满的职业联盟。而在中国,除了一些特殊情况,萨满一般都是来自农村,社会地位较低且没有官场工作经验,有组织的萨满教这个理念无法在现有的社会环境中形成。萨满无法注册登记,因为法律根本不承认他们的合法性。因此,中国布里亚特萨满的活动十分分散,经常是地下活动,没有自己的组织和结构,他们的活动是私人的、不完全合法的。

两国当代萨满需要完成的任务不尽相同。当然,人们都会请求他们治疗一些无法治愈的疾病,在感到心理不适、不走运、出现其他一些个人问题以及处在人生岔路口的情况下求助于萨满。相比之下,中国锡尼河萨满的任务仅仅局限于解决这些私人问题,他们不需要寻找遗失的家谱,或者告知何时要向哪些祖先祭祀,他们很少像俄国巴尔古津地区农村的萨满们那样主持氏族或者地区仪式。中国的萨满没有重要的社会工作。类似布里亚特萨满抗议尤科斯公司在通卡谷铺设石油管道①,或者宣布为了保卫乌斯季奥尔登斯基州政治自治而举办聚会的情况,在中国是很难实现的。与能够宣传健康生活运动的布里亚特共和国萨满不同,锡尼河萨满不承担这样的社会教育工作。中国的萨满主要服务于私人客户,很少参与社会公共事务,他们主要负责消除一些现存的问题和挫折,不会预知和预防这些问题。

萨满教在中俄两国布里亚特人生活中的作用也不同。俄罗斯布里亚特共和国的萨满和人们一起度过生活的周期——从出生开始,人们就请求萨满保护自己的孩子,长大后,考试前、升学前、服兵役前,以及结婚前都要向其求助,并且萨满会为人们家里的辟邪物"开光",人们死后,萨满会送人们走向另一个世界。需要指出,人们对于社区的归属感

---

① Zhukovskaya N. L. Buddhism I shamanism kak factory formirovaniya buryatskogo mentaliteta.//Religiya v istorii i culture mongoloyazychnykh narodov Rossii. Moscow, 2008: 34 - 35.

源自萨满参与并主持社区仪式。除此以外,萨满保证了与祖先世界的联系以及与自然界的联系。人们也会因为私人问题、疾病、挫折而求助于萨满,却不仅仅局限于此。在中国则是另一番景象。在锡尼河布里亚特人的生活中,萨满起到了避难所、一种渠道和一个工具的作用,人们向其倾诉所有内心的压力,减轻紧张的程度并且避免挫折和疾病。萨满起到了医生和心理专家的作用,人们一般在生活出现问题时才会求助于他。萨满在社会成员——人的生活中并没有起到举足轻重的作用。

萨满应该履行的那些不同的职能决定了人们对他们不同的态度。比如,在布里亚特共和国,尤其是在村镇上,萨满就像是传统、古老文化的捍卫者,谋士和教师。拜访萨满是正常的行为,不会引起任何不良的联想。萨满主持的仪式——经常是庄重的家庭活动,人们会提前为这样的活动做准备,亲属们从各个地方纷纷赶来。布里亚特共和国的萨满,至少在村镇,是受尊重的长者,是有权威的人。因此,对萨满素质的要求也很高。萨满不能是残疾人,不能出身于不好的家庭,他应该受到同民族之人的尊重,萨满的家人也会受到同样的尊重。城市的情况有所不同,在这里,萨满更像是时髦的附属品,相应地,萨满要有自己的"品牌"、各式各样的证书和明显的特征。萨满既是成功生活的标志,又对生活并无太大影响。虽然对萨满的尊敬没有加强,但是也未引起负面的态度或者谴责,萨满被认为是传统的捍卫者和宗教仪式的储存器,尽管经常是虚伪的解释。中国的情况略有不同。拜访萨满被人们认为是可耻的、不情愿的事情,人们尽可能地减少萨满对他们生活的参与,事实上就是不能公开求助于萨满。因此对待萨满就像对待什么可耻、令人不情愿、不高兴、可怕的事情一样,是人们对萨满必须解决的问题的态度的映射。

对俄中两国布里亚特人当代萨满教的状态进行分析,并且研究其复兴过程的区别和相似之后,我们可以得出以下结论:过去拥有统一的文化,但是后来经受过在两个不同的国家生存的历史命运的现代民族中,有两种不同的类型的萨满教,这两种萨满教在特征、完成的使命、人类生活和社会中的作用各自存在着差异,并且在社会结构中的地位也互不相同。

在俄罗斯,萨满教作为形成新的社会制度的重要因素之一就是其在布里亚特人的社会中占据着重要的地位。萨满教调节社会内部的关系,与此同时,确保它本身与居住环境的关系,提供所必需的礼仪和思想原则。萨满教在俄罗斯布里亚特人的社会中,无论是从其他社会制度来讲,还是从在其生活中也占据着重要地位的普通公民来看,都受到了尊重和认可。对于城市居民而言,它保证了民族精神文化替代品的存在,对于村镇居民来说,同样是日常生活中不可或缺的因素。萨满教解答了有关生命的意义和人类在宇宙中的地位的问题。萨满教还是组织良好、结构紧凑并且在意识形态上具有影响作用的一股力量,政府机构和宗教社会都十分重视萨满教。我们称这样的萨满教为机构萨满教。它是团结的,具有组织的必要特征,意识形态稳固并且侧重于扩张,还是一个社会结构必要的组成部分。换言之,这类萨满教具有有效的组织机构,可以很好地融入社会,并且为社会的利益而工作。

在中国,以锡尼河布里亚特萨满教为例,其状况完全不同。这里的萨满教处于社会结构之外并且居住在反对其体制的环境中。社会不需要萨满教并且使其边缘化,不仅从政府和官方宗教的角度,而且在社会舆论上完全忽视它的存在。萨满活动主要涉及私人生活,此外,他只满足社会个别成员的需求,这些需求与他们参与社会生活没有联系。处于社会结构的边缘,萨满教在此基础上,保持了所有边缘性特征的标志,并且从各个方面来讲处于无组织、自发的、个人的和非政治性的状态。它并不试图取代一个社会机构或者与它合作,它没有固定形式,十分灵活,没有行政机构,没有规则,没有内部组织。我们称之为反机构萨满教,是一种处于社会边缘的、反对社会结构的、个人主义并且边缘化的、无组织的、具有自发性特征的萨满教。

由于首次将萨满教划分为机构萨满教和反机构萨满教,有必要对这两种类型萨满教的产生机制、特征和发展动态进行研究,并且分析它们对社会发展水平的制约性。在我们进行这种尝试之前,有必要回想,萨满教的世界图景是什么以及它有哪些基本特征。首先,人类世界和社会作为原则上与其他世界不可分割的部分,包括了在自身的完整性中构成宇宙统一的自然界和精灵世界,在萨满的理解中,人类世界不是独立的实体。萨满教世界观的一个重要的特征是所有的世界是相互渗透的,人类可以在这些不同的世界之间相互流动。要想做到这一点,就需要具备特定的系统知识和技巧。最终,萨满教徒们相信,世界处于不断的相互联系之中,互相交换各自的能量和信息,不断地相互联系并且对周围的事态施以影响。基于此,我们可以得出一个重要的结论:根据这一概念,人们可以影响精神世界以及周围的环境。反之,精神和周围的环境也可以深入人类的世界,在此基础上,它们的相互融合不仅可以对人类的生活带来积极的影响,还会导致消极的后果。

萨满教世界观中的平衡理论亦十分重要。该理论是指必须不断地与宇宙的各个部分保持联系,同时认为,破坏这个平衡就会导致社会或者个人的病痛、失败和麻烦。从萨满的观点来讲,麻烦的出现抑或是当人类由于个人的过失或者违背自己的意志时,身边出现来自其他世界且不属于他们自己的东西(由于成功狩猎而产出的剩余产品或者人类机体中侵入的一些恶鬼等等都可以用作鲜活的例子),抑或是在其他世界中出现了属于人类的东西(例如,生命力或者人类的心灵或者整个部落的运气)。当成功地进行必要的行动和恢复各个世界相互联系的平衡时,麻烦就会消失。萨满在这一结构图中恰恰是有能力同其他世界进行联系的人,他们具备必要的知识和技能,肩负着组织各个世界之间进行相互交流与沟通的使命,恢复被破坏的平衡并且解决人类的问题。当有剩余时,萨满或进行驱鬼,或将人类可以支配的剩余物品拿来献供。当丢失灵魂时,他会进入昏迷状态并且在各个世界之间游荡,试图找寻灵魂并且回归到人类世界。而当干旱少雨,缺少力量,猎物不够,想要获得运气,他就会进行祈愿仪式,这些仪式的目的是祈求神灵将所有的不幸消除。他们还支持人类世界和神灵世界之间例行的相互关系,他们进行公开日历上该进行的祷告和举行个人仪式。

不难发现,人们交由萨满来履行的职能,正是保持系统内的平衡,组织共享和解决由于平衡的破坏而产生的麻烦,这些功能在现代社会由政府、军队、警察和教会等机构来完成,区别仅仅在于规模的大小。萨满教徒认为在社会的界限之外仍存在世界,而在当代人的概念里,人类世界是自给自足的，是与世隔绝的，是独立的，因此，也不存在在宇宙内部维系平衡的问题。社会本身是一个独立的系统，其自主进行生产，并批准行为的规则，决策、监督这些规则的执行情况，并保持自己内部的平衡。其他世界的存在并不总是在同一时间被否认，我们可以说，在自己的鼎盛时期，社会从自己的主权立场出发构建了与它们（其他世界）之间的关系，作为独立的物质，不会影响到社会结构内部的平衡。

当社会宣布独立和自给自足之后，社会建造了自己行之有效的机制，这些机制用以控制系统内的平衡和相互关系，并且对维持在一个大宇宙的平衡不再有兴趣的时候，萨满会发生怎样的变化？的确，随着平衡调节功能传递给社会其他机构，萨满不仅变成不必要的，还成了对社会有危险的，因为他们的活动威胁着结构内部的平衡。萨满自诩为社会的全权代表，不仅为社会结构服务，而且为精神世界服务，变成了社会不适宜的人物——不忠诚的、不可预测的和无法控制的人。好不惊奇，当它变得强大到足以宣布独立和自给自足时，社会通过其自身的机构，立即开始与萨满作斗争。我们再次回想起成吉思汗和萨满——阔阔出之间的关系。在这个传说中，代表社会机构的成吉思汗不够强大并且需要帮助时则敬畏萨满，当时萨满具有巨大甚至无限的权力，因为只有他可以宣布候选人成为合法统治者。但是一旦由大汗创建的结构，强大到能够管理所有自己的事务时，他会赶紧摆脱萨满，理由是他（萨满）构成威胁，带来不平衡的社会机制并且破坏公共机构的信誉，实际上是因为萨满自视有足够的影响力和独立性且不惧怕强大的统治者。随着公共机构的加强和社会的封闭，萨满教的命运也是相同的，萨满教变得不适用于结构并且被迫站在了它的反对立场上。与人类世界中精神世界的代表——萨满相反，社会为了与这个精神世界保持相互联系，创造了一个完全服从其统治的教会，而与自然界的关系则由科学来解释和征服，比如"人定胜天"。对于这两种机制来说，萨满是它们天然的竞争对手，成为它们首要的迫害目标，而旨在统治整个社会的政府，不可避免地站在了它们一边。

在传说中，只要杀死阔阔出就可以了，然而，在生活中却并非如此简单。同无法消除心灵里非理性的方面一样，萨满教基于非理性的世界观,不能完全被根除。正如我们所知,当理性沉睡的时候,他们可能会引发潜意识,模拟或采取其他形式来储存力量,表现出被削弱或被遗忘的样子,无意识地隐藏在秘密的角落里。

类似的过程同样发生在社会思想界。处于建立在积极逻辑上的社会里,萨满教的世界观不是一个现实的因素,但并不意味着它是完全消失了。在集体无意识的深处,改变外壳之后,仍保留自己的能量,它继续以潜在的形式存在,被排斥到社会意识的边缘,但未被破坏。萨满教继续在公共意识的缝隙中生存,隐藏在社会结构的角落和边缘,在那些宗教、政府和进步思想无法到达的地方,在那里他能够从精神世界汲取力量。随着被驱逐和被边缘化,他改变了外部的形式和工作方法,但依然保留着自己的实质,比如能够通过与其他世界的相互作用来重建被破坏的不平衡的能力。在这种情况下,由于强有力的公共机构能够提供对大多数问题可接受的答案,他们在封闭结构中对相互关系进行自我调节并且未在系统外的接触中感受到必要性,萨满注定了要扮演助手角色,服务于那些不满足于这些决定的人,或者那些无法获得解决办法的人。换言之,在这种情况下,我们正在谈论的或是社会的边缘阶层,或是面临一些问题的人,他们认为该系统是不能被接受的。当在结构中没有找到答案时,他们不得不从结构外寻求帮助力量,在偏远封闭之地和在郊区中找寻,这里是萨满生活的地方。自然地,在这种情况下萨满教必然会不可避免地获得一些边缘性特征以及反机构现象的一些特征。应当指出,机构和反机构相互作用的动态不仅暗示着他们的一种对抗性斗争,而且还暗示出他们之间彼此相互的依赖。至于萨满教,可以说萨满对结构进行了补充并给它增加了一定的稳定性。实际上,这些认为社会是不可接受的人面临麻烦时或这样一类边缘化的代表,只有通过萨满可以找到摆脱困境的出路。因此,萨满具备的反结构潜力有助于从结构上降低压力,保持其稳定。

中国东北地区当代布里亚特人的萨满教正是这种反机构萨满教,在这里,公共机构都很强大并且都是自给自足,不承认除了自己之外的任何力量,并且这些社会机构对于大多数社会和个人问题都提供了现成的解决方案。萨满被驱赶到了社会结构的边缘,拥有边缘地位,他们几乎不执行重要的社会功能,而他们的客户也就是社会拒绝承认或无法为其解决问题的人。此外应当引起注意的是,当今对这种萨满教需求的增长表明,现代社会未能给越来越多的公民提供满意的解决问题的方案,从而导致他们被迫在一般的社会结构外寻求解决方案。此外,社会也没有力量和资源,或不认为有必要监督边界地区,从而给边缘流派提供了在边缘地区发展和壮大的机会。

当代俄国布里亚特萨满教的产生和发展违背了进化主义的逻辑,成功地从社会结构的边缘回到了社会结构中。现在我们可以在这里看到最新历史现象的形成和发展过程——机构性萨满教。萨满教在原来的边缘和反机构期间,像在沙俄及前苏联时期,经历了蓬勃发展和结构转型,成为了官方宗教,这是布里亚特共和国社会生活的关键因素之一。20世纪,俄罗斯联邦发生了一系列状况,那时候作为国家思想、政治、经济结构崩溃瓦解的结果,伴随着财产、权利、道德系统以及所有的社会机构破坏的过程,人们在这种情况下发现,之前会解决大部分公民问题、保证安全、维护稳定的社会制度已不复存在。他们陷于思想真空和无政府状态,失去安全感,只能依靠自己来处理日常生活的问题和一些存在的焦虑。

在那个时候引发了对民族文化的保护机制。正如人在恐惧和惊慌失措的情况下,不顾自己的意愿,常常有悖于自己的文化信念,采取保存于人的潜意识中的古代行为模式,该模式直到现在还处于潜在的状况,并且在社会中表现出结构的分裂和崩溃,保护文化的机制指引其像古代反应模式那样召唤环境。正是如此,到那个时候,萨满潜在的原型在社会结构已不存在的情况下,还在布里亚特人精神世界的边境保持着自己的能量和意念的潜力,萨满教成为了被需求的力量。受到惊吓的、慌张的人们转向萨满教,号召取代在废墟上的结构,他们相信萨满教能使社会秩序恢复。呈现在萨满教面前的是一个独一无二的机会,可以从被遗忘的角落重返历史舞台,恢复自己在社会中的支柱地位。萨满教抓住了这一机会。

当它成为社会结构的一部分时,布里亚特萨满教就迅速具有了所有结构性的典型特征。组织结构、等级制度、程序规章、行政机构、意识形态、宣传工具、干部培训,所有这一切都不是这个时候萨满教所固有的,萨满教成了布里亚特共和国社会制度的一部分。萨满教在短暂的时间内恢复了地位,恢复了自己以往作为反对派固有的功能。作为系统形式机构,萨满教被委托了结构任务——保持平衡力,控制系统内的相互关系,关注系统的安全和其职能的稳定。有趣的是,成为社会力量并恢复自己系统形式功能后,萨满教本身成为了反对边缘的力量,他们开始与那些不想成为社会结构一部分的个体萨满进行斗争。

结语

在俄罗斯,结构性萨满教的产生作为社会结构崩溃的后果以及中国成为强国的条件下,反结构萨满教的发展,不仅阐明了社会结构与萨满教关系的性质,还给研究人员提出了新的问题。"正确"的萨满教应该是什么样子的,他是否应该作为反对派,或者他在社会结构中应当处于什么地位?社会机构的复兴和政府权力在俄罗斯的加强是否会导致他们再次与萨满教结为一个不适宜的联盟,因为这种事在历史上曾多次发生?会因此而宣布对萨满教镇压,或者结构性萨满教原本倾向于妥协,拒绝参与社会管理并且变为一个缺乏社会和思想的有潜力的商业企业?中国萨满的影响会加强吗?他们会超越这种反机构性地位吗?社会是否能继续使萨满处于社会结构的边缘,而自己找到我们这时代的解决方案?最终,一个社会是否仍然是一个"胶囊",一个可以将世界隔离在自己的界限之外的"胶囊"或者他不得不向全宇宙开放?现代人需要这个宇宙吗,或者社会的全球性足够吗?最后,萨满教在 21 世纪的现实性和重要性有多大?

这些问题的答案将让我们在俄罗斯和中国有时间并且更准确、更广泛地研究萨满教,不仅在布里亚特人中,还包括在其他民族。但是,有一点现在已经是肯定的了:长期预测的灭亡结局,并且也已经同其斗争了这么久的萨满教,永远不会消失,只要社会本身存在,它就不会消失,只是它的形式会改变,在这个社会中的立场地位和履行的功能在改变。即使是被赶下台的社会机构,他将继续以一个潜在状态,以反对派的形式存在。这样的反机构萨满教保留自己的潜力,在社会结构边缘找寻自己的避难所,反机构萨满教为那些社会机构无法为其解决问题的那些人解决问题,既是对社会机构的一种替代也是一种补充。如果有必要,并且同时处于有利的形势下,萨满教是随时准备再现于社会并且再次成为社会生活中的体系构成因素,并具有机构地位和新的社会任务。看来,这将取决于社会制度的发达、独立和强大程度以及该社会结构是否能够独立为人类提供一个良好的居住环境,维护自身内部的力量平衡,或者新的挑战将导致,人们再次需要一个更加大的宇宙而不是社会制度的有局限的"胶囊"。

本文改动本刊登于《萨满文化研究》第4辑,民族出版社,2015年。本书所载为作者原始稿件

阿加—布里亚特人的寻根活动：萨满教新的阐释①

〔日〕岛村一平著　包路芳，时春丽摘译②

一、引言

布里亚特蒙古人一直散居于俄罗斯的西伯利亚、蒙古的东部和中国的内蒙古。阿加-布里亚特人是一个跨居俄罗斯、蒙古和中国三界的群体。"阿加-布里亚特"这个名字起源于他们的故土，即今俄联邦阿加-布里亚特自治区的阿加草原。与其他布里亚特人相比，在阿加-布里亚特人中能更清楚地看到散居国外的现象，这与阿加-布里亚特人的苦难历史密切相关。

阿加-布里亚特人散居国外的历史分为两个阶段：第一个阶段，18世纪以前，与其他蒙古人在地域上的分离；第二个阶段，20世纪初，阿加-布里亚特人成群地外逃到蒙古或满洲里（今中国内蒙古境内）。

第一阶段，沙俄帝国侵略布里亚特人居住的勒拿河上游和贝加尔湖地区，到17世纪末，布里亚特人已处于沙俄帝国的控制下。这一时期，大部分的蒙古部落都支持中国清政府，而清政府却很少关注其北部边疆，甚至对沙俄帝国一无所知。经过几番冲突，沙俄帝国和清政府于1727年签订了《恰克图条约》，从此，布里亚特人与其他蒙古人分布在

---

① 原文载于 Edited by Konagaya Yuki (ed.), Mongolian Culture Studies IV-A People Divided: Buriyat Mongolsin Russia, Mongolia and China, International Society for the Study of the Culture and Economy of the Ordos Mongols, Cologne, Germany 2002.
② 包路芳，女，北京市社会科学院社会学研究所所长、研究员，主要研究领域为城乡社会学、民族社会学；时春丽，女，法学博士，中国原子能科学研究院科技信息部研究馆员。

两个国家中。尽管布里亚特人遭受沙俄帝国的殖民统治,但与其他蒙古人相比,布里亚特知识分子更早地接受了欧洲文化教育。20世纪早期,大批受过高等教育的布里亚特人发动了蒙古人民革命,建立了共产主义国家。

第二个阶段与俄国的十月革命密切相关,其间,白匪(沙俄帝国的军队)和红军(布尔什维克党的军队)之间的争战导致了贝加尔湖和阿加草原地区的混乱。在这种条件下,阿加和浩里(Khori)的一些布里亚特人决定离开故土逃往蒙古和中国的内蒙古。根据丹蒂尼亚夫(Damdinjav)的说法,阿加-布里亚特人在1900年到1927年间从阿加草原逃到蒙古东部或内蒙古的锡尼河地区,不仅是为了躲避沙俄和布尔什维克之间的战争,也是为了寻找更好的牧地,因为他们在阿加草原上的牧地已经被俄国移民霸占了[1]。

本文想研究阿加-布里亚特人苦难的历史是如何反映在其宗教(如萨满教)中的,调查对象是蒙古东方省的阿加-布里亚特人,通过考察阿加-布里亚特人的当代历史和社会来分析其宗教现象,以此检验散居的阿加-布里亚特人的群体意识。研究阿加-布里亚特人的萨满教是理解蒙古东方省布里亚特人复杂身份的关键。1991年"民主化"以前,蒙古不允许田野工作者进行考察,故针对东方省阿加-布里亚特人所做的田野调查不多,有关报道也很少,本文是针对东方省阿加-布里亚特人萨满数量增加这一奇怪现象的一篇报道。

关于布里亚特人萨满教的研究主要是由布里亚特学者和俄国学者完成的,而大部分研究著作在考察宗教现象与社会、历史的关系上没有提出任何观点。当我们考察萨满的社会功能时,萨满教的含义应随着社会、历史的变化而变化,所以,本文并不把"萨满教"视为一个古老的现象,而是把它当作一种宗教现象。

二、萨满的增加

蒙古东方省阿加-布里亚特人中萨满人数迅速增加,仅在2000年,

---

[1] Damdinjav D. Mongolyn Buryad zon. Ulaanbaatar, 2002: 29-41.

在东方省的4个苏木(乡)中就新增加了10多个萨满,萨满总数达到150人。统计数字表明,2000年东方省4个苏木的总人口为14789人,这就意味着萨满数量占其总人口的1%以上。并且大部分阿加-布里亚特人是在1991年蒙古"民主化"以后才成为萨满的。17世纪以来,大部分蒙古人都是佛教徒,除布里亚特人外,萨满教只存在于蒙古边境库苏古尔省的达克哈德与科布多省的阿尔泰-乌梁海,但即使是在这两个地区也从未有过如此多的萨满。根据笔者1997年在达克哈德的调查,1989年该地的人口是14757人,其中只有5个萨满①。萨满增加是对20世纪70年代蒙古共产主义政权压制宗教的反应,但是,阿加-布里亚特人中的这种现象不同于其他的蒙古族群。同样处于宗教压制下,为什么达克哈德或乌梁海的萨满无明显增加呢?

许多布里亚特人从俄罗斯乘吉普车来到蒙古东方省,在东方省布里亚特主萨满的指导下进行萨满启蒙仪式。俄罗斯布里亚特人还常邀请蒙古布里亚特主萨满赴俄罗斯指导俄罗斯布里亚特人成为萨满。散居的阿加-布里亚特人中萨满增加的中心很可能就在蒙古的东方省。

有趣的是,米哈伊洛夫(Mikhailov)对布里亚特萨满的研究表明,赤塔州(包括阿加行政区)的布里亚特人深受藏传佛教的影响,根据1987年的人口调查,与其他布里亚特人地区相比,这里信萨满的人更少②。阿加-布里亚特人中萨满增加的现象与其说是传统的恢复,不如说是一场崭新的运动。

三、成为萨满

是什么原因使得蒙古东方省阿加-布里亚特人中的萨满数量明显增加?在论证之前,必须厘清阿加-布里亚特人对萨满的定义。

1. 对萨满的定义。

19世纪时在阿加-布里亚特人中有两类萨满:黑萨满和白萨满。据说,白萨满崇拜善神,能给人们带来幸福;而黑萨满则崇拜恶神,给人

---

① State Statistical Office of Mongolia (SSOM). Population of Mongolia. Ulaanbaatar, 1989: 37.
② Mikhailov T. M. Buryatckiii Shamanizm. Novosivirsk, 1987: 198.

们带来厄运①。

现今蒙古东方省的阿加-布里亚特人中也有黑萨满和白萨满,但其意义已完全不同:白萨满崇拜的不是善神,而是佛教神,他们使用推拿或接骨术为人们治病,被称为"巴瑞什"(Bariash);黑萨满则是在击鼓的恍惚中传达祖先神谕的中介,他们崇拜原始神灵。贝加尔湖的13位主萨满被称为"博"(Böö),如果是女的则被称为"巫都干"(Udgan),还有被称为"道立格"(Dorlig)的,道立格使用烧红的铁棒做有疗效的仪式。如今,阿加-布里亚特人的萨满教不再是简单的"黑(恶)"和"白(善)"二分的了,研究表明,没有只作为黑萨满的博,黑萨满同时也拥有白萨满的地位,黑萨满可以看作黑、白萨满的混合,只有博或巫都干才有权为学生举行仪式,使之成为新萨满。

2. 成为萨满的过程

成为萨满前,当事人不可避免地会有一次神志错乱的经历,某些关于萨满教的研究称之为"萨满病""仙病"或"精神急症"。在阿加-布里亚特人中,当博或巫都干诊断出一个即将成为萨满的人的疾病为仙病时,就会说:"你的翁衮(Ug)正在向你靠近并对你提出要求,如果你不当萨满,就会很快死去!"这里,"翁衮"指的是祖先。诊断后,萨满会告知即将成为萨满的人何时何地举行启蒙仪式。如果这个人要成为博或巫都干,还不得不学习让神灵附体的方法。一般来说,在启蒙仪式之前,即将成为萨满的人并不知道要求自己成为萨满的翁衮的名字。

启蒙仪式中,引导者在击鼓中进入恍惚状态,然后告知是谁使新萨满得了病和其翁衮的名字。之后,为了让翁衮的神灵附体,即将成为萨满的人整日整夜地击鼓,绕着人造的白桦林奔跑,这个白桦林是为了举行仪式而从山坡上带回来的,有时,这种奔跑会持续一周,直到他进入恍惚状态,使翁衮的神灵附体。这种获得翁衮神灵的行为被称为"抓住根"。尽管启蒙仪式在不同类型的萨满中有所不同,但仪式的目的都是相同的,即抓住翁衮神灵,这些翁衮神灵有时被称作"祖先神谕"。

---

① Agatitov, N. N & Khangalov, M. N. Shamanstovo U Buryat v Irkutskoi Guvernii. 1883: 46.

有意思的是,启蒙仪式也可为提高萨满身份而举行,有的萨满每三年举行一次仪式,有的则是一年一次。最多可举行 13 次启蒙仪式。萨满的等级越高,所发现和获得的翁衮神灵的数量就越多。阿加-布里亚特人崇拜的是多系祖先,其对翁衮的定义与现世大不相同,阿加-布里亚特萨满几乎可以无限地创造他们的翁衮,有时并不是父系血统的翁衮,而在现世生活中,翁衮是指父系的祖先。

四、"翁衮"的现世用法

关于阿加-布里亚特人的谱系有许多报告。苏米亚巴塔(Sumiyabaatar)记录了众多蒙古阿加-布里亚特人的谱系①。笔者在东方省的研究表明,大部分阿加-布里亚特人都可以说出自己父系血统5—9代人的名字,某些人甚至有手写的谱系。

阿加-布里亚特人中有 8 个氏族,这 8 个氏族可以追溯到浩里太-莫根(Khoridoi-Mergen)的 8 个儿子。传说浩里太-莫根有 11 个儿子,根据浩里太-莫根的意愿,其中 3 个儿子携家人留在了贝加尔湖地区,其后代就是今天的浩里-布里亚特人;而其他 8 个儿子则携家人移居阿加草原,所以,阿加-布里亚特人称自己为"阿加 8 个父亲的孩子"。这表明,他们的 8 个氏族属一个父系血统,后来,每个氏族又分裂为 2—5 个亚氏族。

对阿加-布里亚特人来说,记住父系血统和氏族名称非常重要。笔者多次听阿加-布里亚特人说:"知道自己的根非常重要,这是历史";"我们比喀尔喀蒙古人更了解自己的翁衮根";"为了避免血缘婚,要记住我们的翁衮根"。汉弗莱(Humphrey)研究了 18—20 世纪布里亚特人创建谱系的条件。他认为,当一群体宣称是某个祖先的直系血统时,如果想保留这个特定群体的一致性,旁系血统就会被遗忘;而如果出于某种原因,这个群体分裂,旁系血统就会被记住②。依此看来,分散的

---

① Sumiyabaatar. Buriadyn ugiin bichgees. Ulaanbaatar,1966.
② Humphery C. The use of genealogy: A historical study of the nomadic and sedentarised Buryat, in Pastoral Production and Society. Cambridge University Press and Maison des Sciences de l' Homme, Cambridge and Paris, 1979: 235-236.

历史鼓励阿加-布里亚特人记住其祖先是可以理解的。

根据阿加-布里亚特人对翁衮根的表述,为了保持异族通婚,他们承认谱系的重要性,知道彼此父系谱系和氏族名称是婚姻的必要条件。即使是现在,如果新郎说不出双方的谱系和氏族名称,亲属就不会允许他们结婚。布里亚特人禁止同一父系祖先的7—9代内通婚,也不允许与不同种族的人结婚。达什巴勒巴尔苏木一位69岁的老妇人说,在她年轻时,一个和喀尔喀蒙古人结婚的人不能住在苏木中,因为全苏木的人都谴责他,结果他移居到了乌兰巴托。直到现在,阿加-布里亚特人仍不愿与喀尔喀蒙古人结婚。

五、萨满谱系根的中止

在一名巫都干的降神会上,一位老萨满平静地对笔者说:"对于我们来说,萨满增加是自然而然的事,因为我们已经被压制了70年。"另一位萨满则面带苦笑地说,因为很长时间翁衮神灵都不能与他们的孩子相见,所以,现在众多翁衮神灵开始寻找他们散落的后代。但他们的解释似乎并不充分。大多数训练新萨满的博失去了其祖传的和文化上的连续性。出于某种原因,他们的父系纽带被切断了:一些人是从异血统(俄国人、通古斯人或喀尔喀蒙古人)中收养来的。

研究表明,到1991年,只剩下4个博和巫都干,之前,他们作为萨满秘密地进行活动,因此,我们称他们为G1(第一代);由最初4名萨满训练的那些萨满称为第二代(G2),这些人成为年轻萨满的领导者。

下面的个案清晰地反映了谱系中止的情况。

个案1:博S是许多萨满的指导者,可以说他奠定了今天阿加-布里亚特人萨满教复兴的基础。他拥有博的最高称号"Zaarin"。20世纪50年代,他13岁时成为萨满。他说他变"疯"了,富有传奇色彩的巫都干切姆(Chimed)为他秘密举行了萨满的启蒙仪式。1999年,他告诉笔者,自己的萨满血统向上可以追溯13代;而他童年时代的一些朋友则透露,他是由一个喀尔喀蒙古人家庭收养的。尽管他已经指导了很多萨满，但关于他的血统的传言却使布里亚特人不愿求教于他，外国学者却经常来向他请教，他在俄罗斯布里亚特人中有很多学生。

个案2：关于巫都干SD，笔者几乎一无所知。一位长辈告诉笔者，她有一个中国丈夫。她也曾指导过一些萨满。1991年，她去世了。

个案3：巫都干N于1997年过世。是一位名叫达瑞玛(Darima)的知名巫都干为她诊断，并使她成为一个巫都干的。后来，她的主要翁衮神灵被解释为Khugshinbuuralejii的神灵，这不是一个人的名字，而是"老祖母"的意思，因此，她的翁衮神灵起源于女人。她的侄子、继承人Batmunkh有一位俄国母亲。据说，巫都干达瑞玛的丈夫是一个西藏喇嘛，他们的孩子年纪轻轻就死了，从谱系的角度讲，指导者和学生都中止了。

个案4：巫都干U8岁时母亲死了，26岁时父亲也死了，之后，她觉得自己完全失调，任何医学治疗都不能减轻她的痛苦。于是，1980年，她与博S见了面，博S是当时秘密为人们服务的萨满。博S让她捕捉翁衮，但是她不知道自己的谱系，甚至不知道翁衮是什么意思。她捕捉到的翁衮神灵是肯蒂(Khentei)的儿子胡吉尔·姆杜(KhujilMunduu)。她对笔者说："在北方大地上，他是一个重要且有名的萨满！"但是，笔者多次听说她是从一个中国父亲那里收养的，一位熟悉她父亲的老妇人告诉笔者，20世纪50年代早期，她父亲返回了中国。

个案5：巫都干O有双令人难忘的蓝眼睛。当她还是在校生时，因为蓝眼睛的缘故，总是受到同学的欺负。17岁时，她成了一个"傻子"，住进了精神病院。在成为萨满之前，她只知道有一个叫"MangadSanjaa"的俄国人祖先。

个案6：博J是传奇的巫都干切姆惟一的养子，是从一个通古斯家庭收养来的。切姆于1888年出生于俄国，根据J的回忆,切姆曾在一个俄国人家里当女佣,20世纪初,像其他布里亚特人一样,为了躲避战争,她流亡到蒙古。切姆的丈夫在20世纪30年代血腥的肃反运动中被处死,他们惟一的女儿也夭折了。后来,切姆疯了,在蒙古成了巫都干。1976年,她88岁时去世,生前仅指导了一个学生,就是博S。1991年"民主化"后,在博S的指导下,J成为博。J没有孩子,于是,他从肯特省的一个布里亚特家庭收养了一个孩子。在这个个案中,跨两代生物学意义上的纽带都被中止了。

个案7:L是博D的父亲,据说是一个治病高手,甚至能治愈癌症。L是一个罕见的白萨满,他成为萨满之前,曾在精神病院待过。我向指导L成为萨满的博S打听L的萨满根情况,博S回答说:"他拥有真正的萨满根(翁衮),他和我见面以前就已经知道自己的翁衮根了。"S这样认为的原因之一是直到现在,在北方地区(阿加行政区),伟大的"巴瑞什"切姆(L的亲戚)的故事仍在子孙后代中流传。

个案8:巫都干T的家庭情况非常复杂。她一出生就被别人收养了,13岁时,养父去世,其养母与一个布里亚特人再婚,所以,她是由一个养母和两个养父抚养成人的。她的养母是一个巫都干。T年轻时厌恶养母是一个萨满,甚至蔑视萨满教。但1991年养母过世后,她"生病"了,尽管医疗检查表明她是正常的,但是她的身体仍处于痛苦中。她后悔自己对养母的态度,并为此痛哭自责。后来,她向一个巫都干请教缘由,该巫都干的回答是翁衮神灵向她提出了要求。据一个老妇人回忆,在T的启蒙仪式上,T养母的神灵附到她身上说:"因为我是一个巫都干,我的女儿就一直贬低我,所以我损害了她的健康,让她理解什么是萨满。"现在,T捕捉的翁衮神灵是其养母的血统。

以上这些个案表明,谱系纽带(翁衮根)的中止使萨满自身重建或再现萨满根和父系谱系。从中,我们可以看出重建翁衮的四种模式。

模式一,父系谱系的重建。如果新萨满不知道自己的父系谱系,指导者将重建或创造其父系谱系。这种父系谱系可以分为生父谱系和养父谱系两种类型。

模式二,旁系(包括母系)谱系的重建。如果在启蒙仪式之前,新萨满已经知道了自己的父系谱系,则指导者将重建其旁系血统。

模式三,萨满的澄清。如果在启蒙仪式前,新萨满虽已知道自己的父系谱系,但不知道在其谱系上谁曾是萨满,指导者将告之。

模式四,陌生祖先神灵的突现。有时,在启蒙仪式上,一个仅告知名字与年龄的陌生祖先会突然附体到指导者身上。

问题随之而来:为什么这么多人不得不重建或再现他们的谱系?为什么旁系祖先中会突然出现萨满的翁衮神灵,而谱系的现世用法却是直系的?

六、种族灭绝与"翁衮"的中止

可以从个人与社会两个层面来考虑根(翁衮)的重建。在个人层面上,从谱系一致的角度看,新萨满可以通过翁衮神灵的神秘力量来证明其谱系的合理性。就个案5来说,具有被认为是异血统的体质特点,即蓝眼睛,然而通过神灵讲述其翁衮神灵的传奇故事,可以改变这种劣势。至于个案4和个案6,对父系血统一无所知也是一个劣势。在阿加-布里亚特人这种以谱系为主导的社会里,对于血统的无知会导致认同危机,为了氏族间的通婚,他们需要知道父系祖先的谱系,如果有人不知道父系血统,那就不能在内部通婚。为了改变不利的社会地位,萨满要重建自己的翁衮根(在多系祖先的含义下)。另一方面,从心理学的角度讲,通过成为萨满,也能治愈自己的认同焦虑。

个案9:塔斯维格道日(Tsevegdorj)是从一个不知名的家庭收养来的。他解释说,因为8岁时,养父死于疾病,所以他没有机会知道自己的氏族名称和谱系。1981—1986年,塔斯维格道日住在精神病院里。一位博诊断其病因是没有尊敬自己的道立格祖先。1993年,他成了一个道立格。然而,他的情况并没好转,于是他向博J请教,博J告诉他黑根与白根两者都要捕捉。1998年,在塔斯维格道日成为博的启蒙仪式上,养父的神灵附体到指导者巫都干B身上,神灵说出了塔斯维格道日的谱系的五代。塔斯维格道日带着天真的微笑告诉笔者:"父亲答应我在下个启蒙仪式上告诉我十代以上的谱系。"虽然他不了解生父的谱系情况,但是很高兴地知道了氏族名称和翁衮根。

从这一个案中,我们能看出他成为萨满的原因是要通过寻找自己的根来恢复身份。然而,当我们把萨满增加作为社会现象来考察时,这个解释并不充分,还需要关注社会层面的因素。从社会层面来说,要想成为萨满,社会认可是不可或缺的。阿加-布里亚特人记住或"创造"祖先是十分普遍的。阿加-布里亚特人中存在着一种强烈的恐惧感,害怕会丢失自己的谱系根,因为阿加-布里亚特人曾有过导致这种社会焦虑的悲惨经历,即20世纪30年代针对布里亚特人的肃反运动。根据布里亚特蒙古人所做的研究,此次历史事件不仅是一次简单的肃反运动,也是一场种族灭绝。1937年,在蒙古人民共和国中,包括布里亚特人在内的许多人因被指控为日本间谍或搞反革命活动而突然被捕,他们中的大多数人被仓促处决。根据帕瑞雷(Perenlei)的说法,仅在达什巴勒巴尔苏木就逮捕了255人,其中44人被判刑10年,2人被判刑25年,90人被处决,其余的人直到现在仍不见踪影[①]。当时,被捕人数几乎达到全苏木人口的1/4。在整个蒙古,共有约30000人被捕,其中包括东方省的2705名布里亚特人、肯特省的2663名布里亚特人[②]。一些年长的目击者告诉笔者,内务部官员突然来了,说:"今天我们不得不逮捕100人。"于是,来自乌兰巴托的官员未经任何调查就逮捕了许多无辜的牧民。这些人被认为是日本间谍的原因在于他们曾移居过满洲里,而满洲里从20世纪初到1945年处于日本的控制下。还有一种看

---

① Perenlei G. Dashbalbar sumyn tovch tuukh opshvoi. Ulaanbaatar,1995:26.
② Bulag U. E. Nationalism and Hybridity in Mongolia. Oxford,New York,1998:85.

法认为,斯大林害怕布里亚特人,担心他们受教育程度高会产生威胁。1990年,蒙古政府正式承认这些指控是错误的。

首先我们可以推测,种族灭绝导致当时布里亚特婚龄男子缺乏,因此,传统父系祖先谱系的延续可能已崩溃。一些布里亚特女人和喀尔喀人、俄国人、中国人等非布里亚特人结婚,或通过收养孩子来继承自己的翁衮。还有一些布里亚特女人由于种族灭绝失去了丈夫,而一些婚龄女子可能永远失去了结婚的机会。在一次萨满的降神会上,笔者看到一未婚自杀女人的翁衮神灵附体到萨满身上,哭述其悲惨生活。其次,种族灭绝的精神创伤对阿加-布里亚特人的同种性提出了质疑。他们会问自己:"我是一个纯粹的布里亚特人吗?"种族灭绝的悲惨记忆作为异源恐惧症的现象出现,萨满寻找无限多系的根来证明自己布里亚特人身份的合法性。

因此可以得出结论,有血统焦虑的人会成为萨满。这种焦虑不仅是个人的经历,也是阿加-布里亚特人的集体经历。直到现在,对种族灭绝的恐惧还一直萦绕在他们的记忆中。2000年末,笔者参加巫都干T的降神会时,T母亲的神灵附体到她身上。这个神灵注意到有一个陌生人(笔者),就害怕地说:"这里有个生人,他不是戴绿帽子的人吧?""戴绿帽子的人"意指20世纪30年代的内务部官员,因为当时内务部官员的帽子是绿色的。尽管她已经"死"了很久,但还是很害怕"戴绿帽子的人",这令笔者很震惊。对种族灭绝的恐惧与焦虑促使他们重建或记住"被遗忘的"祖先,"根要求某人成为萨满"的概念已经深入人心,翁衮根的中止促使许多萨满寻找自己的根。

七、边界的寻根活动

阿加-布里亚特人翁衮根的纽带不但在时间顺序上(谱系),而且在空间顺序上也被切断了。阿加-布里亚特人散布于三国已近百年之久,谱系连续性记忆的丧失使他们再次去寻找。相对容易重建谱系的人开始与亲属见面,而很难找到翁衮根的人则利用萨满教"有魔力的手段",跨边界寻找翁衮根的"磁性地域"就这样形成了。有磁性的寻根地域有两极,每极都有特定的引力来吸引另一极。北方磁极(俄罗斯的布里亚特人与俄罗斯的阿加草原)通过对祖先土地的思念被南方磁极(蒙古的布里亚特人与蒙古)所吸引,萨满翁衮神灵神秘的符咒代表了他们的乡愁。阿加-布里亚特人的魔力符咒有两个特征:第一,符咒与蒙古人传统上赞颂土地的诗相似,祖先生前居住的土地会得到赞颂;第二,符咒涉及当年他们散居国外的情形。因此可以说,祖先的土地与散居国外或许能代表布里亚特人的特征。

南方磁极以其合法的、传统的蒙古人身份来吸引北方磁极。2000年夏天,笔者在博S的营地时,仅一周之内就看见五辆吉普车从俄罗斯来到蒙古草原,其目的都是相同的,即在博S的指导下举行萨满启蒙仪式。俄罗斯布里亚特人表示,他们相信在传统习俗方面,蒙古布里亚特人比俄罗斯布里亚特人保存得更好。因此,捕捉翁衮神灵的启蒙仪式主要是由蒙古布里亚特人主导的。许多即将成为萨满的人跨越边界,在蒙古布里亚特博或巫都干的指导下进行实践练习和举行启蒙仪式。

综上所述,渴望布里亚特身份与蒙古人身份相互作用的动力促使"磁性地域"寻找彼此的根。这个"磁性地域"的背景是空间上的中止,即国外散居。笔者还没有足够的材料来分析迁到中国内蒙古锡尼河的布里亚特人,他们有可能是这个"磁性地域"的第三极。

八、结论

本文考察了阿加-布里亚特人萨满激增的原因,指出崇拜祖先的萨满失去了谱系的连续性,而翁衮根的中止使许多布里亚特人成为萨满。20世纪的历史动荡不仅导致了阿加-布里亚特人跨三国散居,以及他们对种族灭绝的恐惧,而且也加速了其翁衮根的中止。阿加-布里亚特人谱系的中止分为纵向中止和横向中止,前者意指与祖先有时序的中止;后者意指打破亲属纽带的国界,在空间上的长期中止。即使在今天,阿加-布里亚特人的祖先或翁衮神灵的数量还在增加,因为由于谱系的破碎而导致的精神创伤至今仍未痊愈。

原文载于《世界民族》2006年第4期

布里亚特人的萨满信仰及其变迁

范冬敏[①]

摘　要：南西伯利亚的布里亚特人曾经在漫长的历史上传承着古老的萨满教传统，和其他西伯利亚部落相比，布里亚特的萨满教形态要更为丰富和复杂。布里亚特人的神灵观和灵魂观、萨满的入门仪式、萨满服和萨满器具，以及萨满医疗的表现都很有特色。18世纪和19世纪，佛教和基督教开始在布里亚特地区传播，使得布里亚特萨满教中混合了佛教和基督教的要素，进而影响了该地萨满教的变化与发展。在苏联时期，无神论和反萨满教运动的冲击，使布里亚特萨满教实践和传承逐渐衰落。苏联解体后，布里亚特人的萨满信仰开始复兴，萨满教复兴嵌合在布里亚特民族文化复兴的背景当中，一方面表现为萨满传统的延续，另一方面体现为新创造的萨满教形式。

关键词：西伯利亚　布里亚特人　萨满教

一、布里亚特人简介

布里亚特人是西伯利亚人数较多的少数民族，据1979年人口统计，有35万3千人，[②]主要分布在南西伯利亚的布里亚特共和国，外贝加尔边疆区和伊尔库茨克州境内，可分为三大部分：埃希里特部、布拉

[①] 范冬敏，女，人类学博士，北京农学院文法学院讲师，主要研究方向为宗教人类学、老年社会工作。
[②] 侯育成：《西伯利亚民族简史》，哈尔滨：黑龙江省社会科学院西伯利亚研究所，1987年，第92页。

加特部和豁里部。埃希里特部和布拉加特部分布在贝加尔湖以西,被称为西布里亚特人;豁里部分布在贝加尔湖以东,被称为东布里亚特人。贝加尔湖以东的布里亚特人,仍保持着传统蒙古人的生活方式,养马和牛,逐牧场而迁徙,住的是易于拆卸搬迁的毡帐篷,使用的是蒙古文字。而西布里亚特人,更倾向于定居的生活方式,住的是木房子,从事农业的生产,种植黍、荞麦、黑麦等,由于与蒙古主体相对隔离,一直没有文字,而有很强的口头传统。在布里亚特这种相对发达的文化中,"铁"扮演着重要的角色,可以锻造武器、斧头、刀具、壶罐、马具的铁匠,享有超自然的地位。[①]

历史上,布里亚特人曾属于蒙古族的一部分,成吉思汗帝国衰亡之后,开始独立发展。至 17 世纪,他们在语言、文化、经济等方面已形成自己不同于蒙古族的特点。布里亚特人作为蒙古人的一支,与南部蒙古地区的喀尔喀蒙古人和准噶尔蒙古人相邻,在被俄国人征服之前,布里亚特人自身就有大批牲畜、火器以及有威望的氏族领袖,所以对俄国人来说,征服布里亚特人也极为困难。18 世纪后,为了安抚数量众多、武器精良的布里亚特人,俄国人主要采取的是怀柔政策,布里亚特的氏族领袖被赐予头衔,赏有大片土地并免于赋税,1762 年他们还建立"土著哥萨克"军团,守卫俄中的蒙古边界。整个 19 世纪,布里亚特地区相对和平,人口也逐步增加,西布里亚特人那里开始出现了俄罗斯化特征,很多布里亚特人转宗东正教,放弃饲养马和牛,改为种植小麦和土豆,所住的毛毡帐篷渐渐改成八角木房。但这种追求"俄化"的生活方式只是当时的一种风尚,根据一些游记的记载,当地富有的牧人建造了俄国房子只为炫耀,其实他们自己还是住在院子里支起的帐篷内。[②]

二、布里亚特人的萨满教

对布里亚特萨满教的记载最初来自阿加皮托夫(Agapitov)和堪加

---

① James Forsyth. A History of the Peoples of Siberia: Rus-sia's North Asian Colony 1581 – 1990 [M]. Cambridge: Cambridge University Press, 1992: 85.
② Anna Reid. The Shaman's Coat: A Native History of Siberia [M]. London: Phoenix, 2003: 68.

洛夫(Khangalov)。阿加皮托夫为布里亚特人,他是俄帝国地理学会东西伯利亚分支的领袖人物。堪加洛夫也是布里亚特人,他是一位布里亚特当地教师。两人合作留下了有关19世纪末布里亚特萨满教的珍贵研究材料。

(一) 神灵观和灵魂观

和其他西伯利亚部落相比,布里亚特的萨满教形态要更为丰富和复杂。布里亚特人对自然现象神的崇拜,表现为在圣地堆起的敖包。布里亚特萨满教信仰九十九位天神,将其称作腾格里,意指"天空之光"。这些天神分为两组:五十五位西方("白")腾格里与四十四位东方("黑")腾格里。布里亚特人认为,西方的天神是善神,而东方的天神是恶神,其他低等级的神,包括铠地(khaty,腾格里的孩子)、宰阿尼(zaiany,次等的神)以及其他神,也分为"黑""白"两类。不管是腾格里、铠地、宰阿尼还是其他神,"白"神总是给人们带来益处,"黑"神总是带来各种疾病和伤害。

东方腾格里的首领是埃伦可汗,埃伦可汗手下有不计其数的"长官"和"小兵",它们决定了人的命运。此外,埃伦可汗掌管地牢,它手下还有专管生产人灵魂的神灵。恶神抓走人的灵魂之后,就把它锁在地牢里。此时这个丢失灵魂的人就会生病,经验丰富的萨满能从地牢里救回灵魂,把它归还给丢魂的人,于是病人也就康复了。

萨满也分"黑""白"两种,一般而言,"白"萨满更受人们的爱戴,人们对"黑"萨满又恨又怕,原因之一可能是"黑"萨满会偷走邻居的灵魂,去恶神那里交换被扣押的他的病人的灵魂。萨满的灵魂归宿和常人不同。善良而大度的"白"萨满死后,他们的灵魂成为宰阿尼,会继续为亲属和后代谋福利;邪恶而吝啬的"黑"萨满死后,做不了宰阿尼,有可能会继续伤害世人。

(二) 萨满的入门仪式

在布里亚特人那里,萨满通常从萨满祖先那里继承萨满能力。祖先里面没出过萨满的布里亚特人,要成为萨满的话,则需要被闪电击中。死于这种方式的人,通常被认为是被神灵选中的人,这个人死后会被追认为萨满。"被雷电杀死"的人的后代就获得了出萨满的资格。

准备进入萨满行当的人,要经过一场入门仪式。据说,这样一场入门仪式能打开有关神和精灵秘密的道路。在首次入门仪式前,萨满要做一场净化仪式。一位有经验的萨满("父亲萨满"),以及他的九个助手("儿子萨满")投掷杜松、麝香草、银杉以及其他献祭动物的身体部分来圣化泉水。"父亲萨满"用在圣水中浸泡过的新芽鞭抽打候选萨满的裸露后背。这种净化仪式不只在入门仪式上采用,萨满们为了净化目的也力求每年举行一次这种仪式。

待圣水净化一段时间后,要成为萨满的人就可以参加首场入门仪式了。仪式中,要用到几十棵桦树和一棵松树,这些树是从部落墓地邻近的树林中新砍的。其中有一棵桦树,要被连根刨出,带到帐篷里,其树顶从烟囱洞伸出。这棵树象征着给将成为萨满的人开启通向天界的道路。仪式结束后,通常桦树仍留在帐篷内。因此,萨满的住所很容易辨识,如果有树从烟囱中冒出,那就是了。其余的树则被放在帐篷前面,人们或者在其上悬挂萨满物品和装饰物,或者用来拴系献祭动物。萨满会爬上其中的一棵桦树,在树顶召唤神灵和死去的萨满祖先。

那些通过首次入门仪式的萨满,后期还可以举办另外九场此类仪式。由于每场仪式都特别繁琐且昂贵,不仅需要参加的个人而且需要他所在的群体集资买酒、献祭动物和其他必要的东西。所以至19世纪末,布里亚特萨满通常只做一场或两场。在很罕见的情况下,才做三场此类仪式。① 通过了此类仪式,便获得了特定的萨满装备。

(三) 萨满服和萨满器具

在举办首场入门仪式的前夕,萨满通常会收到两个"马杖",由新鲜桦木制成,顶端雕刻马头,尾端雕刻马尾,中间部分装饰着几个小铃铛、各种颜色的鞭子、小动物的毛皮以及小马镫,这些东西使它看起来就像一匹马。马杖象征着马,萨满骑着它旅行到地下世界、中层世界和上层世界。为了获得千里眼和召唤神灵的能力,布里亚特萨满还会使用一种叫作呼罗(khur)的音乐器具。另外萨满还会将他全部的萨满物件

---

① Andrei A. Znamenski, *Shamanism in Siberia: Russian Records of Indigenous Spirituality*. Dordrecht: Kluwer Academic Publishers, 2010: 45.

放在一个叫作筛尔(shire)的特殊的木盒子里。

传统布里亚特萨满服中,最不可缺少的是一个叫作欧格力(orgoi)的袍子,但发展到19世纪末期,一般的布里亚特衣服就可充当萨满服,欧格力只被用来盖死去萨满的身体。欧格力在样式上和正常的袍子一样,"白"萨满是白色的,"黑"萨满是黑色的。它上面挂有圆盘、人形、动物和鸟形的金属装饰物,这些使它区别于一般的衣服。萨满还会戴猞猁毛制成的帽子,上面垂有穗子。羽翼丰满的萨满会得到一顶皇冠形状的铁帽子,上面装饰着两个铁角。萨满鼓(khese),在19世纪末也很少使用。在库达(Kuda)地区的布里亚特人那里,khese一词,则用来指一种仪式用铃铛,因它使用起来"更为方便",而把"鼓挤走了"。①

(四)萨满医疗

布里亚特人如果感到身体疼痛或者有风湿痛的疾病,会请萨满来看病。但不是所有的萨满都能治好这种病,只有那些经验丰富的萨满才敢举办一场"萨满浴"。在举办治病仪式之前,萨满先在煮开水的壶里放些杜松和百里香,接下来就要向掌管此病的塔里木(Tarim)宰阿尼泼洒奶酒和酸奶。此后,萨满脱下他全部外衣,坐在壶边的长凳上,一边召唤塔里木宰阿尼,一边把手里拿着的嫩枝编成的辫子蘸下滚烫的开水,然后极其凶狠地抽打病人的痛处。萨满交替喊着"热!""冷!"在萨满的喊声中,病人要么难耐其热,浑身大汗,要么寒冷地颤抖。在这种冷热交替中,疾病就离开了人身。仪式结束后,一般病人会变得极其虚弱,家人用热毯子把他包好,放到床上休息。②

除了"萨满浴"之外,还有其他治病仪式也极其危险。萨满把铁犁铧或斧头烤到炙红,一只脚站在石头上,另一只脚踩在刚从火里拿出来的铁犁铧或斧头上,接着用他烫着的那只脚触碰病人的痛处。堪加洛夫就亲眼见过这种仪式,他记载说在现场会立马闻到一种烧焦皮肤的味道。如果萨满经验不足,尤其是年轻萨满,有可能会把脚烫伤而昏厥

---

① Andrei A. Znamenski, *Shamanism in Siberia: Russian Records of Indigenous Spirituality*. Dordrecht. Kluwer Academic Publishers, 2010: 44.
② Andrei A. Znamenski, *Shamanism in Siberia: Russian Records of Indigenous Spirituality*. Dordrecht. Kluwer Academic Publishers, 2010: 82-83.

过去。①

三、受其他宗教影响的布里亚特萨满教

(一) 布里亚特地区佛教和基督教的传入

16世纪后期,佛教从西藏迅速传播到蒙古地区,一个世纪后,蒙古"活佛"派使者来到布里亚特的塔布纳特和霍里部。环贝加尔湖地区的首个喇嘛庙建于1710年,但此时布里亚特大众和西布里亚特人一样,仍坚定地信仰萨满教。② 佛教在布里亚特大众中广泛传播的导火线,是1712年150位喇嘛从蒙古逃难至布里亚特。基于东布里亚特重要的战略地位,凯瑟琳大帝在位期间鼓励建立喇嘛寺庙,承认喇嘛在布里亚特社会中的地位,免除他们上缴实物税及其他国家摊派。18世纪后半叶,佛教在此地传播迅速,并成为东布里亚特人的主要宗教,喇嘛数量增长迅猛,1774年布里亚特地区有617位喇嘛,1822年就增长为2502人,1831年喇嘛数量增长到4637人(东布里亚特总人口约15万)③。

基督教在布里亚特地区的传播,始于19世纪。1820年,来自伦敦的一批基督新教传教士在环贝加尔地区传播基督新教,但影响有限。以伊尔库茨克为中心的东西伯利亚教区,据来自东正教会的说法,19世纪40年代有2万名布里亚特人从萨满教转宗东正教。在19世纪70年代,另有1万6千布里亚特人成为东正教教徒。④

(二) 萨满教、佛教与基督教之间的彼此借鉴

布里亚特地区的佛教和基督教都影响了该地萨满教的变化与发展。最初来到此地的喇嘛,为了站稳脚跟,利用当地首领和俄国行政的

---

① Andrei A. Znamenski, *Shamanism in Siberia: Russian Records of Indigenous Spirituality*. Dordrecht: Kluwer Academic Publishers, 2010: 83.
② James Forsyth. *A History of the Peoples of Siberia: Russia's North Asian Colony 1581-1990*. Cambridge: Cambridge University Press, 1992: 99-100.
③ James Forsyth. *A History of the Peoples of Siberia: Russia's North Asian Colony 1581-1990*. Cambridge: Cambridge University Press, 1992: 170.
④ James Forsyth. *A History of the Peoples of Siberia: Russia's North Asian Colony 1581-1990*. Cambridge: Cambridge University Press, 1992: 171.

权威,发起迫害萨满的活动,销毁萨满圣地和器具。然而这样做,并未带来他们希望的佛教在此地的传播。后来,佛教转变了方式,它有意识地把布里亚特的萨满教仪式纳入当地的喇嘛教实践中,最终使喇嘛教在此地生根。

喇嘛们保留了当地最主要的神和神位,还特别重视当地古老的祭敖包仪式,那些在湖岸、草原、路口用石头堆砌的敖包,是祭拜当地神灵的圣地。佛教把祭敖包纳入它的宗教仪式中,在东布里亚特人那里,敖包祭拜的"喇嘛化"色彩很重,甚至还改变了原有的集体敬拜形式。在祭祀行为上,萨满教和佛教的献祭仪式有时也混合在一起。比如在举行敖包献祭仪式时,人们会做两套祭拜,以传统萨满教的方式祭拜完之后,再以一种萨满教和佛教的混合方式再做一遍。佛教对当地萨满教的影响还表现在佛教-萨满教混合形式的翁衮(on gons)。翁衮是木刻或锡制的,以及动物毛皮或布制的神灵形象。萨满教和佛教要素相融合的另一表现是,出现了这样一批萨满或喇嘛,他们在仪式中既借用萨满教的要素,也借用佛教的要素,被当地人称为轴青(dzhochi),即喇嘛-萨满。尽管佛教对萨满教的影响是多方面的,但直至19世纪佛教的核心观念还未在布里亚特地区扎根,布里亚特人的信仰根基还是萨满教。[1]

19世纪30年代末,俄国东正教会开始在布里亚特人那里传播东正教。米哈伊洛夫(Mikhailov)指出,为了开展当地的传教活动,东正教会贿赂当地首领,其中也不乏欺骗和暴力行为。[2] 东正教传教士和佛教喇嘛不同,他们并不愿与萨满教信仰相妥协,他们攻击了很多萨满教圣地。在19世纪末,传教士坚持要炸掉勒拿河上受两个布里亚特氏族所崇拜的一块著名的圣石。[3] 东正教对萨满教所带来的最大影响主要表现在萨满教仪式上,尤其是献祭仪式举行时间的选择上。因此19

---

[1] Andrei A. *Znamenski*, *Shamanism in Siberia: Russian Records of Indigenous Spirituality*. Dordrecht: Kluwer Academic Publishers, 2010: 185-186.
[2] Andrei A. *Znamenski*, *Shamanism in Siberia: Russian Records of Indigenous Spirituality*. Dordrecht: Kluwer Academic Publishers, 2010: 186.
[3] Andrei A. *Znamenski*, *Shamanism in Siberia: Russian Records of Indigenous Spirituality*. Dordrecht: Kluwer Academic Publishers, 2010: 186.

世纪末20世纪初,布里亚特人调整了他们由来已久的献祭仪式举行的时间,以应和东正教节日。此外,布里亚特人还吸收了东正教的神,他们尤其看重圣尼古拉斯神。

在贝加尔湖岸的一个村庄里,布里亚特人在岩石上刻出圣尼古拉斯的雕像,通卡地区的布里亚特人把圣尼古拉斯的形象做成了蒙古人的面孔,这一形象很受当地人推崇,被称为"布里亚特尼古拉斯"。尽管布里亚特人吸纳了很多基督教的要素,也熟悉善恶的概念,但他们并不认同基督教关于灵魂救赎的教义。

这个过程所出现的结果是,萨满教中混合了佛教和基督教的要素。当地的佛教徒也可能借用萨满教的仪式,当地的东正教徒也有可能献羊和马给佛教中的家畜保护神,信萨满教的人也会在圣尼古拉斯的圣像前摆上蜡烛、酸奶、干酪和其他物品。①

四、苏联时期布里亚特萨满教的衰落

(一)苏联时期对萨满教的态度和手段

在苏联政权建立伊始,俄国官方就对萨满不满,因为萨满反对成立学校和卫生所,认为西方的医疗是对萨满神的冒犯。苏联官方的反萨满教行动始于20世纪20年代,那时苏联官方禁止萨满公开举办仪式,没收萨满鼓、萨满服和其他萨满器具。这些举措和沙俄时期东正教会所做的一样。官方的无神论宣传和西伯利亚土著部落的万物有灵思想,差别如此之大,使得立即放弃古老的本地信仰而接受新的思想,是不可能的。但当土著民的传统社会秩序被集体化运动所打破,当地土著民被迫放弃游牧生活而改定居后,萨满所带来的影响才真正逐渐式微。

至1928年,在无神论影响下成长的年轻一代开始反对萨满。20世纪30年代,萨满和其他"阶级敌人"一样,被拒绝持有公民权,这严重影响了他们的生计活动。萨满无法得到狩猎地、狩猎和捕鱼工具、驯鹿

---

① Andrei A. Znamenski, *Shamanism in Siberia: Russian Records of Indigenous Spirituality*. Dordrecht: Kluwer Academic Publishers, 2010: 187.

和猎枪。在官方和大众的压力下,很多萨满自己也开始对外公开检讨他们的萨满行为。此外,官方还鼓励人们举报那些仍在秘密活动的萨满。萨满还被当地官方视作替罪羊,把经济和政治的失败归结到他们身上。

(二)苏联时期萨满教学术研究

至20世纪30年代,学者的萨满教研究由于意识形态的压力,研究风格发生了转变。在新时代指导思想看来,原有的萨满教研究方式,只是积累了大量有关西伯利亚萨满教的信息,而缺乏对萨满教本质的分析。以往的萨满教研究学者,只是"客观冷静"的观察者,这种研究风格是沙皇时代研究规范的遗留物。社会主义时代的苏联学术,研究萨满教是为了了解和揭露萨满教存在的社会根基、它的阶级属性,以便更好更快地根除萨满教。曼志基夫(Manzhigeev)曾编辑一部布里亚特萨满教词典,其中囊括了一千多条有关布里亚特神话和宗教的概念、词汇和用语。1978年所写的这部作品在前言中就明确指出,这是以马克思主义来看待萨满教的作品,编辑此词典的目的在于:"帮助反宗教宣传人士,以及宗教研究学者,了解萨满教基本信息"。在曼志基夫看来,萨满教是从原始共产主义信仰转变为阶级社会宗教的一种"中间形态"。[①]

五、布里亚特萨满教的复兴

(一)民族文化复兴中的萨满教

1. 传统文化复兴

苏联解体后的精神真空,使后共产主义时期的人们极需寻找自身的民族和文化定位。一些人开始将萨满教的复兴作为使族群文化重新本土化的一种方式。用人类学家伊娃·弗里德曼(Eva Fridman)的话说,萨满教成为一种能够帮助人们将其自己归根到他们所属的地方、氏

---

① Andrei A. Znamenski, *Shamanism in Siberia: Russian Records of Indigenous Spirituality*. Dordrecht: Kluwer Academic Publishers, 2010: 181.

族和群体的"神圣地图"(sacred geography)。① 20 世纪 90 年代,萨满教的复兴处于西伯利亚土著社会民族文化复兴的语境之中,成为西伯利亚土著部落生机勃勃的文化复兴事业的一部分。

2. 新旧交替的萨满

1997 年,一批英国音乐家在布里亚特地区采风,经引介他们来到一位世袭的布里亚特萨满那里。布里亚特萨满介绍说,自己的能力来自死去的铁匠祖父,如今他自己也成了一个治病的人。他唯一的治病方式就是,用他的手把病人的身体从头扫到脚,清理落到病人身上的恶灵。除了这种治病方式外,他还展示了其他萨满的技能,比如从两唇间划过一烧得灼红的刀子。② 这位新出现的布里亚特萨满,乍一看来,代表了萨满教复兴的传统,但还是受到英国音乐学家的质疑。通常说来,萨满有宇宙观和仪式知识的支撑,并具备多项才能,但这位布里亚特所展现的萨满技能,很难使他区分于其他非萨满教的巫师。

(二)萨满传统的延续

卓雅是一位布里亚特人,也是去找萨满看病的主顾。卓雅的母亲去世后,父亲一直神志恍惚,于是她就去寻求当地的大萨满娜佳(Nadya Stepanova)的帮助。布里亚特的娜佳萨满说,这种情况表明病人的魂丢了。最后,萨满娜佳找回病人丢失的魂,病人的情况也就转好了,娜佳为此收取了不高的费用。有了这样一次成功的经历后,卓雅让她正经历婚姻问题的妹妹去寻求娜佳的帮助。卓雅的老板视力极差,甚至有时难以把酒倒进酒杯里,为此卓雅劝说他也去娜佳萨满那里求助。

娜佳萨满,也是当地萨满协会的首脑,有时当地政府会邀请她为土地举行祈福仪式。她还外出意大利参加意大利组织的国际会议,在索邦大学发表演说。根据娜佳的讲述,她的有关萨满教的知识都是神灵

---

① Andrei A. *Znamenski*, *The Beauty of the Primitive*: *Shamanism and the Western Imagination*. New York: Oxford University Press, 2007: 345.
② Ronald Hutton. *Shamans*: *Siberian Spirituality and the Western Imagination*. New York: Hambledon Continuum, 2007: 153.

直接传授的。最近她也在打算建立一个新的萨满教中心。

(三) 新创造的萨满教形式

1. 萨满教组织的建立

1992年建立的布里亚特萨满雷鼓委员会,由图书管理员兼人类学家的斯捷潘诺娃(Stepanova)组织建立,其中有83位萨满成员,既包括那些拥有萨满世系的传统治疗者,还有那些根据自己的意愿去从事萨满职业的灵性实践者。斯捷潘诺娃一面组织布里亚特的萨满教委员会,一面精力充沛地致力于和西方相关组织的联系。布里亚特的雷鼓委员会,试图对神圣知识在布里亚特的传播进行控制,通过舆论宣传告诫大众不要相信那些未加入他们组织的人的谎言。只有加入这些萨满教复兴组织,才是对自身萨满资格的一种认证。

2. 新出现的治病形式

瓦列里是一位很特别的布里亚特萨满,工作地点就在山旁,给有需要的人们祈求来自山神的祝福。他的大部分工作是给个人提供帮助,有时他也在圣山上给当地社会团体举办仪式。有次,学校急需山上的木头来建一个运动场。一般说来,圣山上的树不可砍伐,这次为了获得山神的允许,瓦列里就举办了一场仪式祈求山神,并献上了一些布料、钱币和粮食,这样他们在砍伐山上的树木时,就会避免意外。

瓦列里为个人举办的仪式也较独特。一对布里亚特夫妇驾车带着他们的孩子前来,作为给山神的祭品,他们在草地上放下糖果、饼干和伏特加。瓦列里让妇人护住头,他从热水瓶里倒了一杯茶,并开始转圈。水蒸气在四面流转,他开始快速而柔和地唱起歌:"这家人给你带来了礼物作为白食,他们恳请你的保护,他们希望他们的孩子能比较轻松,并在学校里很突出,恳请你从天上照顾他们,从地下支持他们,希望疾病和不幸都远离他们……"。[1] 仪式结束后,这对夫妇就带着孩子离开了。

尽管瓦列里的治病方式很特殊,但他也如其他萨满一样,经历了生

---

[1] Anna Reid. *The Shaman's Coat: A Native History of Siberia*. London: Phoenix, 2003: 77.

病、抵制、接受、净化这些阶段。但他又补充说道,"如今不像以前,只有特别有能力的萨满才能进行灵魂之旅,我只有醉了才能陷入昏迷状态!"[1]

本文原载于《内蒙古民族大学学报(社会科学版)》2016年第4期

---

[1] Anna Reid. The Shaman's Coat:A Native History of Siberia [M]. London:Phoenix,2003:78.

中俄布里亚特人的萨满教复兴现象比较研究

塔米尔①

摘　要：分处于俄罗斯联邦布里亚特共和国境内和中国呼伦贝尔地区的布里亚特人，其萨满教复兴的模式有所不同。布里亚特共和国内的萨满教及其文化的复兴以新萨满教为主，当地社会中的萨满多以结构化、职业化和担当社会责任的方式复兴其萨满教。然而，中国呼伦贝尔地区布里亚特人萨满教的复兴则仍以传统萨满教为主，当地萨满通过潜移默化、改头换面的形式复兴着该地域的萨满教。因模式不同，萨满在这两种不同的复兴模式中发挥了不同的作用。

关键词：布里亚特人　萨满信仰　萨满教复兴

东北亚、中亚、北欧、北美等地的居民自原始时代起就开始信仰萨满教。但是因为种种原因，萨满教在以上地域曾经经历了不同程度地衰落。在仍然信仰萨满教的社会中，在民族国家热潮、环境保护热潮以及非物质文化遗产保护热潮的作用下，萨满教文化正在经历一场复兴。② 在此阶段，受到经济、历史、相关政策和社会现状等要素的影响，各个国家、各个民族萨满教在复兴的过程中呈现出了不同的形式与特点，布里亚特社会也不例外。

---

① 塔米尔，女，博士，中国社会科学院中国边疆研究所助理研究员，主要研究方向为阿尔泰诸民族语言文化。
② 苑杰：《传统萨满教的复兴——对西伯利亚、东北亚和北美地区萨满教的考察》，北京：社会科学文献出版社，2014年版，第1页。

一、布里亚特人及其萨满信仰概况

布里亚特人是跨境民族,又称布里亚特蒙古人。根据截至 2003 年的统计结果,布里亚特人总计约为 43.6 万人。布里亚特人"主要分布在俄罗斯联邦布里亚特共和国境内。此外,还分布在赤塔州的阿金斯克布里亚特民族区、伊尔库茨克州的乌斯季奥尔迪恩斯克布里特民族区以及两个州的其他个别区域"。① 此外,部分布里亚特人还分布在蒙古国东部和中国的呼伦贝尔部分区域。

在古代,布里亚特人是蒙古族伯特部落的主要成员。布里亚特人有着悠久的历史,其先民生活在贝加尔湖畔,"安格尔河和巴尔虎金河口的巴尔汗山"。② 在 13 世纪初,也就是蒙古帝国时期,被记录为浩里土默特,即浩里布里亚特的布里亚特人被统一到蒙古帝国中。进入 16 世纪末,作为阿拉坦汗的属民被作为陪嫁迁入并分布在"从额尔古纳河到乌利仍戈、呼和勒毕、宝日吉、鄂嫩河、阿古、杜拉、英格代、和鲁古、浩屯、佟奴、敖恩代、伊坦查直至贝加尔湖的色楞古河两岸地区"。③ 然而随着 1634 年蒙古帝国的瓦解,布里亚特人成为了独立的群体,并同蒙古统治者断绝了联系。到 1622 年,沙俄开始入侵布里亚特蒙古地区、建设一系列军事要塞,并在 1687 年因领土纷争与清廷在尼布楚开战。战时,布里亚特人召开了氏族头人会议来讨论布里亚特人的去向。作为结果,布里亚特人决定兵分三路,决定依附清廷的布里亚特人南下至今齐齐哈尔市附近,决定依附沙俄的布里亚特人迁往沙俄管辖下的故土,锡勒格河以北、尼布楚河、巴尔虎金及贝加尔湖附近的草原地区,其余的人迁往哈拉哈蒙古。1727 年沙俄和清廷签订了布伦条约,"将蒙古地区的俄罗斯、清王朝两国国界由额尔古纳河流域向西,经恰克图、

---

① 侯育成:《西伯利亚民族简史》,哈尔滨:黑龙江省社会科学院西伯利亚研究所,1987 年版,第 92 页。
② 宝敦古德·阿毕德:《布里亚特蒙古简史》,海拉尔:呼伦贝尔盟历史研究会,1985 年版,第 1 页。
③ 宝敦古德·阿毕德:《布里亚特蒙古简史》,海拉尔:呼伦贝尔盟历史研究会,1985 年版,第 9 页。

唐努乌良海西北角,直至沙宾达岭",①至此贝加尔湖畔被规划为沙俄领土,此时布里亚特人开始被贴上了跨境民族的标签。

16世纪前,萨满教在布里亚特人中占据着主导地位。但随后,情况开始发生变化。为了更好地统治蒙古地区,喇嘛教作为一种工具开始在蒙古地区传播。1577年,阿拉坦汗请第三世达赖喇嘛来蒙古地区传播喇嘛教。只不过当时只有蒙古可汗、上层贵族信奉喇嘛教,而包括布里亚特人在内的蒙古民众仍信仰着萨满教。清乾隆年间,即18世纪始清廷开始大力推行喇嘛教,萨满教也开始被打压,进入19世纪萨满教已经被喇嘛教击败。19世纪60年代起东正教开始进入布里亚特社会,沙俄试图通过派驻大批神职人员进入西伯利亚和大批俄罗斯农民进入布里亚特社会来传播东正教。但是,不同于喇嘛教的是,东正教并未在布里亚特社会中大面积传播。在喇嘛教和东正教进入布里亚特社会后,在布里亚特社会中占据了主导地位。经历这一系列打压后,萨满教已然从社会中的主流信仰演变成为被迫害的对象。萨满的地位和身份急转直下,萨满教也变得岌岌可危。

二、布里亚特共和国萨满教复兴过程中的萨满

布里亚特共和国位于南西伯利亚,是俄罗斯联邦的一个主体,隶属于西伯利亚联邦区。根据2013年的人口统计结果,"布里亚特共和国的人口数量为97.18万。据2010年俄罗斯人口普查数据,共和国内布里亚特族人数占30%。布里亚特共和国总面积35.13万平方公里,南部与蒙古共和国接壤,东部毗连外贝加尔斯科边疆区,北部和西北部与伊尔库茨克州相接,西部和图瓦共和国接壤"。②1923年5月30日,苏维埃社会主义联邦共和国内诞生了布里亚特自治共和国。进入20世纪90年代,在包括布里亚特共和国在内的西伯利亚地区萨满教开始复兴。

---

① 宝敦古德·阿毕德:《布里亚特蒙古简史》,海拉尔:呼伦贝尔盟历史研究会,1985年版,第14页。
② http://egov-buryatia.ru/eng/index.php?id=9.(阅读时间:2016年11月2日)

(一) 萨满教复兴的背景

萨满教在布里亚特共和国的复兴,依托了当时的时代背景。20世纪作为主导民族独立运动和民族国家热潮在西伯利亚的非俄罗斯人社会中传播开来。受此影响,在1991年苏联解体后,布里亚特共和国于1992年脱离了苏维埃社会主义联邦。这一阶段,即1991年末至1992年被视为民族主义的分水岭,"在此之前民族主义被认为是与苏联整体立场相左的事物而存在,甚至可能会被理解为反苏联的民族沙文主义。但在那之后民族主义在西伯利亚地区开始成为潮流"。① 此外,萨满教也被布里亚特共和国宪法确立为共和国的传统宗教,一扫过去萨满教在俄罗斯布里亚特社会中的卑弱地位。

在这样的时代背景下,如何重建布里亚特人民族认同和恢复其传统生活方式被提上议程。尽管,布里亚特人意识到其传统文化面临的危机。然而,对他们而言要在现代化的环境中恢复他们传统的生活方式的可能性非常低,而唯一可行的和有意义的方式就是恢复宗教或艺术等方面的文化,萨满教的复兴也成为重建民族认同的基础。② 起初,萨满教的复兴并不被看好。但"出乎预料的是,这一通过复兴萨满教重建民族认同的方式变得非常流行"。③ 萨满教复兴的顺利展开,离不开布里亚特人对萨满教的认定和渴望。因为,"西伯利亚少数民族非常需求萨满教",④这是在传统社会中可以解决大部分问题的、神秘的布里亚特人的宝贵财富。在这样的背景下,萨满教复兴也就在布里亚特共和国开始。

---

① Majorie Mandelstam Balzer, *Shamans, Spirituality, and cultural revitalization — explorations in Siberia and Beyond*, Palgrave Macmillan, 2011:132. (阅读时间:2016年11月2日)

② 苑杰:《传统萨满教的复兴——对西伯利亚、东北亚和北美地区萨满教的考察》,北京:社会科学文献出版社,2014年版,第136页。

③ Majorie Mandelstam Balzer, *Shamans, Spirituality, and cultural revitalization — explorations in Siberia and Beyond*, Palgrave Macmillan, 2011:159. (阅读时间:2016年11月2日)

④ Majorie Mandelstam Balzer, *Shamans, Spirituality, and cultural revitalization — explorations in Siberia and Beyond*, Palgrave Macmillan, 2011:159. (阅读时间:2016年11月2日)

（二）布里亚特共和国萨满教复兴过程中的萨满

俄罗斯联邦布里亚特共和国的萨满教文化复兴体现在以下两个方面：第一方面，体现为城市萨满教或新萨满教的出现。城市萨满教或新萨满教是20世纪后期在信仰萨满教的社会中出现的现象，米哈伊·霍帕尔认为这是现存的活态文化的萨满教的两种类型之一。第二方面则是传统布里亚特萨满教的发展。在萨满教复兴阶段，萨满作为沟通"上方世界""中间世界"和"下方世界"，以及在诸多方面发挥作用的使者，在布里亚特社会中发挥重要作用。

1. 制度化、结构化的萨满群体

布里亚特共和国内的萨满教复兴，主要体现为新萨满教或是都市萨满教现象的出现。新萨满教或都市萨满教重新赋予了萨满教制度化、体制化的特征。参照当代社会中与政府组织相似的结构和制度特征，萨满将传统布里亚特社会萨满教中为大家默认的相关制度再度展现了出来。

这一特征以建立和组织具有高度组织性的萨满教机构和协会为标志。"1993年在布里亚特共和国首都乌兰乌德，俄罗斯东西伯利亚国立文化艺术大学民族学办公室的教师娜杰日答·斯杰潘诺娃成立了布里亚特共和国萨满协会"。[①] 在此基础上，"贝尔·扎姆巴罗维奇创立了萨满教组织"腾格里"，其成员大部分来自原来的布里亚特共和国萨满协会"。[②] 此外，部分专门医疗机构也得以建立。在萨满教机构和协会注册的萨满多受过良好的教育、具有较高的社会地位、拥有丰富的管理经验。正是因为其成员具有如上特征，这些萨满教机构和协会的影响力越来越大。

在萨满教机构和协会中注册的萨满制定并通过了萨满行为准则和萨满身份认定的准则，制定了挑选和培训干部的规章制度并负责主持和举办所有的祭祀活动。这些机构借鉴当今政府机构的管理方法，改

[①] 马克思：《中俄当代萨满教发展的比较研究——以中国内蒙古布里亚特蒙古族和俄罗斯的布里亚特人为例》，硕士学位论文，中央民族大学，2011年，第27页。

[②] 苑杰：《传统萨满教的复兴——对西伯利亚、东北亚和北美地区萨满教的考察》，北京：社会科学文献出版社，2014年版，第163页。

革了萨满教的体制,使得萨满教重新呈现出了制度化、结构化的特征。在这一过程中,机构和协会中的萨满拥有了一重变革者的身份。

2. 变身个体经济体的萨满

此外,萨满教也呈现出了职业化、商业化的特征。这方面的改变主要体现在酬劳标准的确立。在现代布里亚特共和国内,上文提到的萨满协会和机构开始制定实施各类宗教仪式所需要的费用;在当今这个市场发挥主要作用的商品化社会中,明文规定的酬劳标准代替了曾经约定俗成的、非固定化的酬劳。城市中的布里亚特人仍会在患病、面临问题与困境等情境下寻求萨满的帮助,但他们也需要按照当地萨满协会或治疗机构的规定、根据不同的需求、考虑萨满的知名度及其入会等级等因素而支付费用。

在传统布里亚特社会中,按照约定俗成的惯例,寻求萨满帮助的人也会在力所能及的范围内给萨满一些酬劳。但在那时,作为酬劳的物品不一定是金钱,也没有形成固定的酬劳标准。布里亚特人会根据自身经济状况,在萨满实施相关仪式后给萨满一些象征性的回馈,富有的人可以给萨满金钱、牲畜、畜牧产品等,贫穷的人也可以给萨满一些牛奶、粮食和酒等物品来感谢萨满。

3. 宣传环境保护理念的萨满

自20世纪70年代晚期至20世纪80年代初期,环境问题开始为大家所关注,可持续发展也因此成为社会关注的热点。在全球追求实现可持续发展、保护环境和治理环境问题的大背景下,萨满教追求"天人合一"的理念也开始为人们所关注。因此,萨满文化也被认定为能与自然和谐相处的文化模式。在地位得到认可和提升后,加之意识到这一热潮,萨满通过传播萨满教中与环境和谐相处的理念并举行相关仪式,调和"体现在环境问题中人类社会各方面力量失衡的局面"。[①] 此外,他们还利用自己的身份和社会对其的认可,主动担起保护环境的责任。他们不再仅仅将自己的焦点停留在个别的案例上,而是开始关注

---

① Majorie Mandelstam Balzer, "Shamans, Spirituality, and cultural revitalization — explorations in Siberia and Beyond", *Palgrave Macmillan*, 2011: 142 - 143. (阅读时间:2016年11月2日)

社会中的紧急事件和环境问题。利用自己的影响力和地位,担起相应的社会责任。

不难看出,布里亚特共和国内的萨满仍在保持传统萨满职能的基础上,还宣传了萨满教和萨满文化中的积极理念、保持着传统社会中布里亚特人和萨满之间的规则。但也在不同程度上改变了传统,结构化和制度化的萨满群体、变身个体经济体的萨满和宣传环境保护理念的萨满正是以上变化的体现。

三、中国布里亚特人的萨满教复兴

除居住在布里亚特共和国的布里亚特人外,部分布里亚特人还分布在蒙古国东部和中国的呼伦贝尔部分区域。中国境内布里亚特蒙古族约有 7000 人,主要居住在内蒙古自治区呼伦贝尔市鄂温克族自治旗锡尼河附近。在中国布里亚特人社会中,萨满教也正在经历复兴的阶段。

(一)萨满教复兴的背景

在第一次世界大战期间,包括布里亚特人在内的西伯利亚非俄罗斯民族被派往西部战线从事建筑碉堡、挖掘战壕等苦役。产生在前线的反战运动,对布里亚特人造成了影响并推动他们参加革命。在布里亚特人中,被革命对象是反动官员、富户、上层人物和喇嘛。为了躲避革命,上述人群企图逃往内蒙古以逃避革命,并申请迁入呼伦贝尔地区。考虑到"窝藏于大兴安岭西麓地域的盗匪、布里亚特人与呼伦贝尔蒙古人共同的生活习惯和宗教信仰、有可能推动呼伦贝尔地区畜牧业发展的布里亚特人的畜牧生产技巧,为了管理和开发利用这一广大的无人区域"[①],呼伦贝尔副都统衙门同意了他们的申请。并"将自额尔古纳河南岸至哈布尔河,由哈布尔河折向西南,沿得耳布尔河、根河、海拉尔河上游直至西巴尔河、毛盖河、特尼河以西的锡尼河及其西南的罕

---

① 宝敦古德·阿毕德:《布里亚特蒙古简史》,海拉尔:呼伦贝尔盟历史研究会,1985 版,第 40 页。

达盖河这么一长条兴安岭西麓地区划定为布里亚特人的居住游牧区域"。① 在这样的时代背景下,为了躲避战争,首批包括布里亚特人的移民于 1922 年进入了锡尼河地区,成立布里亚特旗。随后为了躲避战争和受呼伦贝尔吸引又有部分布里亚特人不断进入呼伦贝尔锡尼河地区。

如今,在中国呼伦贝尔地区的布里亚特社会中,在当今保护和挖掘非物质文化遗产和保护民族文化的呼吁下,中国呼伦贝尔地区布里亚特社会中萨满教正以不同于布里亚特共和国的模式复兴。

(二) 正在复兴的呼伦贝尔布里亚特人的萨满教

俄罗斯联邦布里亚特共和国萨满教主要以城市萨满教或新萨满教的形式复兴,与此不同,呼伦贝尔地区布里亚特萨满教正以传统的方式和变容的方式复兴。

1. 熟人社会关系网络中复兴传统的萨满

熟人社会是费孝通先生在《乡土中国》中提出的概念。在熟人社会,其成员都为熟悉的人,而非陌生人。在熟人社会中,信任机制发挥着作用。在中国呼伦贝尔地区,传统的布里亚特社会是熟人社会。而今,伴随着部分外部人口的流入,以及布里亚特人的分散居住,布里亚特生活的社会已成为半熟人社会。但布里亚特人,依然倾向于在熟人关系网络中开展和参加社会活动。

通过熟人关系网络,布里亚特人之间能够获得外界人所不能获得的具体信息。现如今,萨满通常也只为熟悉的人所知,更多的、不熟悉的人并不了解萨满的现状和接触萨满的途径。色音研究员也曾在文章中提到过,多数萨满不愿接触熟人社会外的人,也不愿向熟人关系网络外的人宣扬自己的萨满身份。② 如今萨满仍发挥着治疗疾病、占卜等功能。不过萨满服务的对象,也还是更多地局限在熟人关系网络中。此外,在大多数情况下,萨满还是在为个人服务,没有作为公众人物去

---

① 宝敦古德·阿毕德:《布里亚特蒙古简史》,海拉尔:呼伦贝尔盟历史研究会,1985 版,第 40 页。
② 色音:《变迁中的蒙古族萨满教》,载迪木拉提·奥迈尔编:《无萨满时代的萨满——新疆师范大学萨满国际会议论文集》,北京:民族出版社,2010 年版,第 73—75 页。

担当社会中的责任、在正式、公共场合发表言论、宣传理念。平时,如遇到可信的、通过熟人介绍的萨满文化学者,他们也会提供相关资料。

2. 变容萨满教的萨满

中国呼伦贝尔地区布里亚特社会中的萨满正在通过潜移默化的方式来改变萨满教并让其更好地适应当今社会。色音曾提出"复合型变容、科学化变容、艺术化变容以及民俗化变容"等变容形式,并认为正是这些变容形式使得萨满教可以留存在现代社会中。[①]

通过复合化变容,即与"其他宗教复合"而变容的方式,布里亚特人的萨满教以与喇嘛教相复合的方式存续了下来。通过科学化变容,即"吸纳一些科学因素并充实和改善萨满医术"的方式,布里亚特人的萨满医疗方式在保留了一些萨满医术神秘色彩的基础上,展现出新的面容。通过艺术化变容,布里亚特人的"萨满教音乐、舞蹈、神话传说等经过一段艺术化的过程变成了民间文学和民间艺术,并以民间艺术作品的形式留存下来"。通过民俗化变容,布里亚特人"萨满教的部分禁忌、祭祀、仪式等渗透到民间民俗生活中,成为民俗文化的有机组成部分"。[②] 变容后的萨满教以及萨满文化以民族文化、民俗和地方性知识的形式重新回归大家的视野,也吸引了越来越多不同学科学者的视线。萨满文化研究论坛和国际学术研讨会的多次召开、研究人员也不断增加、萨满教研究成果也越来越多。积极配合和宣扬萨满文化的萨满在这一阶段发挥了积极的作用。

1922 年迁至呼伦贝尔锡尼河地区生活的布里亚特人,经历过和俄罗斯布里亚特共和国境内布里亚特人相同的历史阶段。但因为如今两国国情和现状的不同,呼伦贝尔布里亚特社会中萨满教的复兴与布里亚特共和国内萨满教的复兴有所区别。顺应开发和保护非物质文化遗产的趋势,在复兴其传统职能的基础上,呼伦贝尔的布里亚特萨满教正在展现新的面貌。

[①] 色音:《变迁中的蒙古族萨满教》,载于迪木拉提·奥迈尔编:《无萨满时代的萨满——新疆师范大学萨满国际会议论文集》,北京:民族出版社,2010 年版,第 73—75 页。

[②] 色音:《变迁中的蒙古族萨满教》,载于迪木拉提·奥迈尔编:《无萨满时代的萨满——新疆师范大学萨满国际会议论文集》,北京:民族出版社,2010 年版,第 73—75 页。

四、总结

在长达几个世纪的萨满教研究过程中,萨满都是萨满教的关键要素,因此萨满也是了解萨满教复兴的关键要素之一。作为萨满教研究讨论的热点,萨满被理解为连接世界上、中、下三层之间的媒介,被认为可以在他界旅行,能够与超自然的灵魂进行交流。因此,探讨萨满在这一过程中呈现出的特点和发挥的作用也成为了解萨满教复兴的关键。如今,萨满教正在广大北亚、东北亚、中亚、北欧、北美等区域复兴。在这一过程中,值得大家注意的是新萨满教或城市萨满教的出现,但同时传统萨满教也还存在着。在广大亚洲地区、部分北美地区和其他地区,萨满教的复兴有着大致相同的模式。但是因为社会中诸多不同因素的影响,例如政治、历史、文化的不同,每一个地域都形成了不同程度上区别于其他地域的复兴模式。正如马克思主义中"具体情况具体分析"的理念,这些不同的模式应结合不同地域的不同因素来分析。

跨境民族布里亚特人,因分处于中国和布里亚特共和国这两个国情不同、历史状况不同的社会里,所以萨满教复兴模式在两地也有所差异。虽然在历史上萨满教因为受到过喇嘛教和东正教的冲击而陷入岌岌可危的状态,但在20世纪90年代成为独立民族国家的布里亚特共和国后,萨满教被宪法定义为该国传统宗教,在政府的推动和支持下,萨满教正在以新的形态复兴。若站在萨满的角度分析,布里亚特共和国的萨满在当地政权的支持下领导了一场以新萨满教为主的萨满教复兴,并以结构化、职业化和担当社会责任的方式复兴。

迁入中国的布里亚特人的萨满教在历史上也受到过喇嘛教和东正教的冲击,但不同于布里亚特共和国的情况是,在当代中国布里亚特社会中非物质文化遗产的开发和保护正在火热展开的背景下,萨满教正在通过变容来实现复兴。

本文原载于《世界宗教文化》2017年第2期

鄂温克、鄂伦春、达斡尔族萨满神歌程式之比较研究

高荷红[①]

摘　要：萨满神歌是历代萨满祭祀表演的"音声文本"，具有鲜明的民族性，是民族文化的历史见证。鄂温克族、鄂伦春族、达斡尔族的萨满歌有其共性，统观所能获悉的这三个民族的神歌汉译本，发现了几个相似的程式——对动物的描述、成为萨满的标准、对供奉的牺牲的描述及牺牲的祭拜方法；衬词的作用，请祖神、请神的程式，吃血仪式，还有他们的互文性。

关键词：鄂温克族　鄂伦春族　达斡尔族　萨满神歌程式　比较研究

鄂温克族主要分布在内蒙古自治区呼伦贝尔盟，黑龙江省讷河县、嫩江县和新疆伊犁、塔城等地；鄂伦春族主要分布在黑龙江省黑河地区逊克县新鄂伦春乡和新兴鄂伦春乡、内蒙古自治区呼伦贝尔盟的鄂伦春自治旗；齐齐哈尔地区的达斡尔族主要分布在内蒙古莫力达瓦达斡尔族自治旗、鄂温克自治旗、黑龙江省齐齐哈尔市梅里斯达斡尔族区和新疆塔城县。

鄂温克族、鄂伦春族、满族、赫哲族、锡伯族同属于满—通古斯语族通古斯语支，达斡尔族虽属于阿尔泰语系蒙古语族，但是在祭献萨满时，他们都有跳神、请求神灵降临享祭的活动，并且还穿插有占卜、驱

[①] 高荷红，女，文学博士，中国社会科学院民族文学研究所研究员，研究方向为满族说部、口头诗学。

邪、除疾、除秽等巫师活动。因此,他们的萨满歌有其共性,如他们都伴随着一定的仪式产生,如祭祖、祭祀神灵和鬼灵、祭天、学萨满、治病等等;三个民族的萨满在祭祀时演唱的祭词主要是依靠萨满世代口传;萨满学习过程中举行的祭典仪式是新萨满学习神歌的最佳场所,此时演唱的神歌内容也最为丰富;神歌在萨满世代传承过程中都形成了一定的程式化特征,这些特定的程式帮助萨满和他们的助手能从容地演唱神歌。当然,他们也有不同之处,如祭祀对象的先后顺序和民族的心理特征的不一致。

鄂温克、鄂伦春等少数民族,世世代代居住在东北边陲的大小兴安岭和三江(黑龙江、松花江、乌苏里江)流域,长期过着渔猎和逐水草而居的游牧生活,以本民族独有的民间艺术形式表现了他们的生活理想和审美追求,创造了具有北方民族特色的丰富多彩的民间艺术作品。他们居住的环境大体相同,赖以生存的方式也相同,直到20世纪中期都继续信仰萨满教,萨满教在这几个民族中长期没有发展,或发展缓慢,因此保留了萨满教比较完整的面目。他们的各种民间文学艺术形式,特别是萨满神歌、神话传说、民间故事等都是萨满文化的艺术载体,可以这样说,民间文学艺术的基础和母胎是萨满神歌和神话传说。[①]因此,要研究这几个民族的民间文学,萨满神歌与神话传说是重中之重,不了解萨满神歌或神话传说,就无从正确、深入地了解文学背后的深刻的文化内涵,可以说,萨满神歌是这些民族的心理密码。

萨满歌曲具有鲜明的民族性。萨满歌曲是萨满举行宗教仪式时,用语言向诸神祝赞、祈祷和阐明人们的愿望、要求,以沟通神与人之间的联系时所唱的一种萨满神歌。分别用各民族语言演唱的萨满歌曲,是各民族文化的历史见证。汪立珍认为鄂温克族萨满神歌是"萨满在主持各种萨满教仪式及消灾祈福、婚丧、驱魔治病等仪式时,由萨满唱诵的各种祷词、祭词"[②]。富育光认为神歌是"萨满神歌,或叫萨满歌曲、萨满调,一般多数是由歌与词两部分组合,也有个别有调无词的咏

[①] 吴桂华:《满-通古斯语族民间文学的奇花异葩——赫哲族的伊玛堪和鄂温克民间传说的比较》,《民族文学研究》,2001年,第2期,第85页。
[②] 汪立珍:《鄂温克族萨满神歌的文化价值》,《满语研究》,2001年,第1期,第33—35页。

调和默吟祝祷调。"①"满族萨满祭祀中所唱之歌,萨满在三弦、琵琶、拍板、架鼓、手鼓、腰铃等伴奏下唱出的请神歌,有一定的曲调和节奏。"②孟慧英对此也有论述,她认为"萨满教是用于萨满祭祀中的吟诵和咏唱,家神歌就是在满族家祭各项祭仪中——祭祖、祭天、换索、背灯祭——唱念的祝祷词,野神歌是指野神祭祀时萨满或栽立所唱的祝文和仪式表演中的歌曲、对答话。"③

"萨满举行跳神仪式时,萨满及助手为描述神灵特征,颂扬其神通广大以及表现祭祀者的虔诚态度和请送神灵等为内容,并伴有萨满乐器和曲调所诵唱的歌词,因为是唱给神灵所听,所以叫神歌。"④神歌又称萨满歌,是历代萨满祭祀表演的"音声文本",集"歌、舞、乐"为一体的民间艺术形式。萨满祭祀时,有一套程式化的仪式,为了娱神,萨满和助手要边唱边跳,以达上听。萨满演唱记录下来即为神歌;表演的动作即为舞蹈,有模拟式、表演式和混合式;⑤演唱的曲调、使用的乐器也各有不同,⑥从而形成了别具特色的萨满表演。

在我国,对萨满神歌的研究角度也是多样的,大多从宗教学、民俗学、文化人类学和表演艺术等角度研究神歌。萨满神歌作为一种独特的集歌舞乐为一体的文学样式,先天地与其他样式建立了密不可分的关系。笔者在此着重从这三个民族的神歌文本出发,分析他们神歌结构中共通的程式。相对于满族来说,这三个民族的萨满神歌相通之处更多一些。

鄂伦春族、鄂温克族、达斡尔族都有自己的语言,他们或借用满文、蒙文、日文、汉文中一种或多种来记录本民族的历史事件,现在记录整理的神歌大都是用本民族语言演唱的,而据前辈学者调查,萨满神歌主要是通过萨满口耳相传继承下来的,尤其是通过大型的萨满祭祀活动,

---

① 富育光:《萨满论》,沈阳:辽宁人民出版社,2000年,第195页。
② 孙文良主编:《满族大辞典》,沈阳:辽宁大学出版社,1990年,第568页。
③ 孟慧英:《中国北方民族萨满教》,北京:社会科学文献出版社,2000年。
④ 宋和平:《满族萨满神歌译注·前言》,北京:社会科学文献出版社,1993年,第1页。
⑤ 宋和平:《满族萨满神歌译注·前言》,北京:社会科学文献出版社,1993年,第1页。
⑥ 刘桂腾:《满族萨满乐器研究》,沈阳:辽宁民族出版社,1999年;石光伟,刘桂腾,凌瑞兰:《满族音乐研究》,北京:人民音乐出版社,2003年。

鄂温克、鄂伦春、达斡尔族萨满神歌程式之比较研究

一代一代地传承下去。如在鄂伦春族的"库米斯文"年祭,鄂温克族在"奥米那愣"祭典上的祭词,达斡尔族奥米南仪式上演唱的祷词(托若祭、请祖神、请"嘎尔卓·温果尔"、吃血仪式时的祷词)。

笔者统观所能获悉的这三个民族的神歌汉译本,发现了几个相似的程式——对动物的描述、成为萨满的标准、对供奉的牺牲的描述及牺牲的祭拜方法;衬词的作用、请祖神、请神的程式、吃血仪式等。

这里涉及程式——口头程式理论中非常重要的一个概念,在此有必要进行简略的介绍。

"程式"(formula)这个概念,从帕里和洛德的提出①,再到弗里的进一步发展,已经成为民俗学和民间文艺学学科的一个重要概念。近年来在中国学界也有不少介绍和借鉴。它对我们深入理解口头艺术创作的基本原理,提供了一个可资利用的分析模型。弗里使用的概念"大词"(large word)——是"口头程式理论"晚近发展中一个较重要的贡献②。笔者以为朝戈金提出的关于程式的定义比较符合中国的实际情况,它进一步扩大了程式的早期使用范围。③ 程式在文本中的复现不必是完全同一的,而是相对固定的,有缺失和省略的情况。程式具体应用到神歌研究,从神歌的汉语翻译中,我们很容易看到其间充斥着大量的反复出现的成分。它们或是词组,或是句子,乃至是句子的组合。这些重复的成分,我们可以称之为程式。以下对这几种程式作简略的分析,希冀从中获悉萨满演唱的秘密。

---

① 帕里认为,程式是这样一些被经常使用的片语,它们帮助文盲歌手在不用书写的情况下流畅地进行叙事。程式在构筑诗行时具有独特作用。洛德在沿用帕里的定义的基础上,又加上了自己的补充认为"程式是思想和被唱出的诗句彼此紧密结合的产物。"他着重提到了歌手如何学习程式。
② 大词是指歌手心目中的"表演单元"。大词涵盖了几个范畴:程式、典型场景或主题,以及故事范型。大词是传统地形成的单元,它有固定的内涵和固定的指涉,其含义超过了字面本身。高度浓缩、言近旨远、音韵铿锵、意味隽永,这些特性往往体现在大词上。所以我们说,典故和谚语,都可以在某种意义上理解为大词。
③ 它不能局限在片语层面上,而应当扩大为片语乃至诗句的组合单元上。歌手的传承作用也得到了恰当强调。朝戈金研究员还具体分析了蒙古史诗的程式句法,对蒙古史诗的程式进行了详细的分类。

衬词的程式

在神歌的演唱中,衬词起到了非常重要的作用,在大神独唱、二神对唱、众神合唱的表达方式中,更注重多种衬词在烘托情绪、渲染气氛方面的积极作用,除了在句与句、短语段之间的常用"呦嘎呀""依格雅""雅格耶""归拉雅""呼古牙格""赫里拉"等衬词外,还在句中穿插腰韵衬词。如鄂伦春族的《萨满跳神歌》中"天门地门呀格呀全打开,信神拜神雅格呀请神来,本年本月雅格呀把神拜"一个唱段就是如此。在《古落衣仁》中以"古落""古龙它""俄聂"等带有实际称呼意义的语词重迭、复沓地用于句段之中,更起到超乎形式因素、强化感情内涵的重要作用。笔者认为,衬词的另外一个作用就是帮助演唱者在演唱时能够熟练的演唱,不同的衬词对应不同的神歌。在演唱者记忆中都有神歌对应的衬词,①一俟演唱,重复性较强,有韵律的衬词就会出现在演唱者的头脑中;一旦唱出来,听众或受众也会进入他们的情感记忆中,引起他们的共鸣。

衬词对照表

	达斡尔族	鄂温克族		鄂伦春族	
请神歌	列格莫,列格	阿南,领牲祭词,祈求祖神保佑	德古		呦嘎呀
显神歌	归勒耶,归勒	德格勒仁	德给德给冷②	葛姓祖神歌	亢吉哲
吉祥神歌	德扬奎,德奎	奥买拉仁	波累波布累	请神歌对唱	雅戈耶、雅戈呀
请祖神	真珠—真珠列③	招魂歌	忽来忽来	让神更威风	特呦咧、特呦咧
吃血仪式上的祷词	讷木嫩奎	请神	格维-格库维		依格雅

---

① 笔者认为,在他们学习演唱或听本氏族的萨满演唱时,反复出现的衬词使得他们很容易记住演唱的曲目。
② 德给德给冷,本祷词的衬词,萨满每唱一句祷词,伴唱者便唱一遍衬词。
③ "真珠——真珠列",系本首祷词的衬词,其音调为本祷词的主旋律,以平温为其特点,衬词没有特定的含义,当萨满按其旋律每唱一句衬词后,伴唱者重复唱祷词一遍。

续 表

达斡尔族	鄂温克族		鄂伦春族	
	请神	德格德—尼阔①	吉祥神歌	归拉雅
	祭阿巴嘎尔迪	德乌-德乌-德乌,德乌克尼-德乌②		呼古牙格
	招福祭词	霍列,霍列,霍列		赫里拉
	招魂	耶戈-伊戈-伊耶戈③	送神歌	雅戈耶

从表中我们可以看到衬词对神歌的重要性,鄂温克族、鄂伦春族神歌的衬词的程式比较丰富,达斡尔族的神歌比较简单,但这不能简单地理解为达斡尔族的神歌不够发达,这或许有别的原因,如研究者的偏重、调查的深入状况等等。

祭祀目的的程式

萨满祭祀无外乎三个方面:消除灾祸,保佑族众的安全和人口的繁衍。除"奥米南"祭典外,小规模的"伊尔登"仪式,都是为了祈求神灵保佑族众的安全和人口的繁衍。为患者祭神治病;祈求生产丰收,游猎鄂温克人供祭萨满的神灵后做象征性的射击,以求多猎获野兽;达斡尔人和大部分地区鄂温克人祭敖包的目的之一,就是为了祈求生产丰收。在祈求神灵降临时,首先得说明为何请神,给神灵一个交代。

如达斡尔族奥米南仪式上《请祖神》中告诉祖神请他"不是无缘的颂唱,不是无故的诉说";"不是随意的祈祷,不是无故的邀请,"然后再提及其他。相同的还有《腾格日·巴日肯祭词》:"并非无因祈求保佑,也非无灾期予垂怜。"和鄂伦春族"库米斯文"年祭中的神词"不是无缘

---

① 德格德-尼阔,其曲调为本祷词的基调,由萨满起头,当萨满每唱完一句祷词,伴唱者重复唱一遍衬词。
② 德乌-德乌-德乌,德乌克尼-德乌是由伴唱者陪唱的衬词。
③ 衬词,无特定内容。

的祈祷,不是无故的邀请"。达斡尔族《嘎尔卓·温果尔》中"无缘无故不敢祈祷,没有必要怎能诉说,不备祭品怎敢邀请"。①

虽然大都是这些,但也有例外,如在研究者进行调查时,萨满演唱神歌的神词就会比较灵活,会加入调查者与萨满互动的一些场景。如1991年8月27日于鄂温克旗红花尔基村,莫德格唱的第二首《请神》祷词时中有这样的语句:"在绿青色的季节,我的神灵降临,事由已经说明,应远来者的请求,在布通迪家中祭神。我没有伤害族众,我没有伤害女儿家,为何阻挡我的路子。"这句话的缘由是,当莫德格萨满唱完第一首祷词间歇时,采录者到室外试放录音,被莫德格萨满发现,大为恼怒,经采录者向她敬酒认罪才作罢,故在第二首祷词中又重新提此事,向神灵说明。② 达斡尔族奥米南仪式上《请祖神》中"调查达斡尔族传统,唱述给远来的客人",这是杨文生萨满说明并非他举行祭典仪式,而是应采访者的请求,唱述如下祷词。鄂温克族萨满纽拉《祈求好运》"远方的客人来了,祝他们一切顺利,请求我唱萨满祷词,祈诸神不要发怒怪罪。他们从遥远地方而来,我不能回绝他们的请求。"

祈求神灵就是希望自己的愿望能够得到满足,若不提到自己的目的怎么能够如偿所愿呢?而若有特殊情况的演唱,必须对神灵说明,否则神灵会怪罪的。

请神程式

这几个民族的萨满在请神时有一个共同的地方,就是一定要提到"天门地门全打开",从这一程式我们可以看出民众认为自己的生活出了什么问题,要么是地下的鬼怪在作怪,从而希冀天上的神灵帮助自己解决。这就牵涉到他们的三重世界③的观念。

《请神歌》:"天门地门全打开,萨满信徒请神来,部落有难真着急,何鬼作怪请指点。"

---

① 杨文生唱述,鄂维勤伴唱,1990年10月于齐齐哈尔市全和太村,满都尔图、孟和采录汉译整理。转引自《中国各民族原始宗教资料集成·满族卷》。
② 转引自《中国各民族原始宗教资料集成·满族卷》,第151页注释4。
③ 有三界,上天是神灵居住的地方,中界是人类居住之所,下界是鬼怪所居。

鄂伦春族的《萨满跳神歌》中"天门地门呀格呀全打开,信神拜神雅格呀请神来,本年本月雅格呀把神拜"。

逊克县新鄂伦春族乡的另一位萨满同他的助手在请神时所唱的《请神歌》则是二人对唱的形式:

萨满:
天门地门雅戈呀全打开,
敬神供神雅戈呀请神来。
平平安安雅戈呀不理睬。
二神:
天门地门雅戈呀全打开,
信神拜神雅戈呀请神来。
没病没灾雅戈呀也请神,
本年本月雅戈呀把神拜。

鄂温克族新萨满领神时唱的祷词:"追溯历代祖辈,追溯神灵渊源;集合三十男童,集合四十女童,用犁铧般双腿,慢舞狂跳达旦。献上应供的生物,祭祀祖先神灵。"①

供奉牺牲的程式

供奉牺牲的程式是最为丰富的,一般有牛羊、狍子、犴、鹿、野猪等流血的动物牺牲,尤其是特殊的血祭;还有其他的不流血的牺牲,如绸缎、美酒等等。

达斡尔族祭祀腾格日神时要杀猪,关于猪的描述在《腾格日·巴日肯祭词》中比较详细"簸箕般之耳朵,有稠李般黑之眼珠,有黑绒般之短毛,有腻人之后臕,有铧子般嘴巴,有绶子般之尾巴,有凳子般之腿子,有叉子般之蹄子。"

---

① 1990年10月22日于鄂温克旗巴彦托海镇,由奥云华尔演唱,额尔和木西勒翻译,满都尔图、孟和采录的神歌。

如祭祀用的羊必须是黄花纹脸的公羊,鄂温克族领牲祭词中"准备了黄花纹脸的公羊,德古,全羊献给神灵,德古;敬重地做了'阿米拉吉米'[①],德古,此羊已获得新的生命,德古,将这圣洁的全羊献给神灵,德古。""奥米那愣"祭典上的祭词:"人们早已牵来准备的黄花纹脸的羊,带来了棕色[②]绸缎衣料,大家带来了众多礼物,踊跃来参加祭礼。"

狍子作为祭祀的牺牲比较罕见,只在鄂伦春族"库米斯文"年祭中出现,"准备一对活狍子,举办'库米'宴席"。

鄂温克族自治旗红花尔基村的萨满"请神歌":"香柱已经燃着,神灯已经点明,献祭的黄脖子羊,摆在盘里供祭,祈请我的诸神灵,降临来享用我的祭品。[③] 让那棕色的花牛,朝着那旭日狂舞,举起蓝色的绸缎,在朝阳中飘扬。[④] 来自氏族的人们,赶来了群群牛羊,供上四岁子好牛,敬奉肥壮的花羊,捧上一定定紫缎,搬来一坛坛美酒。"

还有驱鬼除邪,保证孕妇平安,对鬼怪唱出的神歌:"供上肥嫩的全羊,请你尝上第一口;用血涂过的佳肴,请你亲自尝一尝。"

鄂伦春族的春祭大典之祭祀《女性神》:"我再次喝你们准备好的动物血,再看朋友们谁能抢着这个动物血。"

鄂伦春族《关姓神》"我的主人为我准备了整个的犴,我的主人为我准备了整个狍子,我的主人为我准备了整个野猪,你们为我的射恩准备了血。我非常喜欢喝野鸭子的血,我喜欢喝大雁的血,我喜欢把这个神鼓涂满了血。我生吃完了兽肉,我要吃熟的犴肉和汤,我先在熟肉中洗澡,我再在兽血中清醒……"[⑤]

孟淑珍调查整理的黑河地区的鄂伦春孟姓神唱的《春祭神歌》:"我请诸神下凡,唤醒众神到人间,主人已准备了完整的祭品,神要喝血,我

---

① 将祭神的羊用奶或泉水从其头部浇到脊背直到尾部,此羊将浇的奶或泉水抖掉,意为此羊已圣洁,这一仪式谓之"阿米拉吉米"。
② 鄂温克人的习俗中,棕色被视为珍贵颜色。
③ 满都尔图:《达斡尔、鄂温克、鄂伦春萨满教调查》,中国社科院民族研究所,1992年,第68、77页。
④ 满都尔图:《达斡尔、鄂温克、鄂伦春萨满教调查》,中国社科院民族研究所,1992年,第68、77页。
⑤ 参见《民间文学集成》大兴安岭地区资料本。

这里有犴。"

富育光、王宏刚、关小云、孟淑清《大兴安岭鄂伦春族萨满文化调查》:"我请诸神下凡,唤醒众神到人间,主人已准备了完整的祭品,神要喝血,我这里有犴。我请诸神下凡,唤醒众神到人间,请你来喝鹿的血,祭品全部摆在上面。我请诸神下凡,唤醒众神到人间,为神准备了肉和汤,连骨头汤一起奉献。"

呼玛县十八站鄂伦春乡的孟姓"莫昆"萨满在请神下凡来为人治病时唱的"请神歌"是这样的:"我要请很多的神下凡,清晨我叫醒那些神。请来所有的天神们,连神灵都羡慕的血涂满身。备好了世间最好的鹿,备好了肉汤敬天神。"

1987年3月,塔河县十八站鄂伦春乡的关玉清(鄂伦春族)演唱了一首祭祀关姓祖先神的神歌。歌中以祖神的口气说他降临人间,附在主人身上,享受供奉。"你们知道我需要的东西:我非常喜欢喝野鸭子的血,我喜欢喝大雁的血,我喜欢把这个神鼓涂满了血。我生吃完了兽肉,我要吃熟的犴肉和汤,我先在熟肉中拉平我的神,我再在肉汤中洗澡,我再在兽血中清醒。请你们给我一盆血,请你们给我一块肉,请你们给我一口汤。"

从上面的牺牲程式中我们可以看到,这三个民族主要是鄂伦春族的血祭遗风,表明他们信奉的萨满教保留了比较原始的面目,这可能与他们的生活以狩猎为主相关。这些与他们的生活息息相关的动物牺牲,和涉猎的近距离接触,神歌演唱时的程式化特征既帮助他们熟练地加以演唱,反复出现的程式也是听众们的祈愿,这种共同的语言祈祷,自然会起到很重要的作用,使他们的愿望能够达于神灵所听。而这些在满族神歌中尚未见到,"在鄂伦春族萨满教中,血是请神、祭神的必备佳品,尤以天鹅血为上乘。当神附体后,萨满便向族人要血喝,往往是参祭的几位萨满争抢着喝禽兽鲜血,族众也随之抢喝。在萨满祭礼和民俗生活中,至今保留着以血涂抹神偶、神像的崇血遗风。"[1]

---

[1] 吕大吉,何耀华主编:《中国各民族原始宗教资料集成·鄂伦春族卷》,北京:中国社会科学出版社,1999年,第12页。

牺牲如何处置呢？这又涉及到牺牲的处置程式，如鄂温克族的《招福祭词》中提到："已宰杀其'干德尔苏子'①供献神桌上；取出其'朱尔德②苏尔'供献在神桌上。"达斡尔族《腾格日·巴日肯祭词》："敬供之畜生，且被夺断命根；擎其腔间内脏，业已告知门神。动用屠宰之刀，剔毕四肢之筋；取出横隔膜，鲜血已涂矛檠。将其主要骨骼，至于香案两侧，将其尻背肩胛，陈于你们目下。"

总之，相对来说，这几个民族的牺牲处置较为简单，满族的程式就复杂一些，如杨姓祭祀时中关于供品的神词"今将神猪捆绑，遵礼行刀，神猪即刻丧命。庭院中架起大圆锅，制作阿木孙肉。取来泉水，对在肉汤中，做成美味汤羹。为整猪献祭，将祭祀肉按活猪趴卧的样子摆起来，放在金槽盆中，银槽盆中。抬放在地桌上，供献神灵。""抓来圈养神猪，遵礼绑上。神猪肥大，健壮乌黑。按节行刀，神猪即刻丧命。取来肝、胆、肺等内脏供献高天，在索莫杆的顶端，涂抹猪血，鲜红一新。用滚开之水，将神猪之毛褪净，用池中泉水冲洗。按节行刀，圆锅中烧煮，放入金槽盆中，银槽盆中。摆腿供于索莫杆前的地桌上。又将猪尿泡，神猪的各部位，各取少许的肉和五谷绑于草把上，挂于索莫杆的顶端。"非常详细，几乎把仪式中的每一步骤、过程都描述出来。

语词的程式

奥云华尔萨满的神灵是"两只神鸟对飞，两条神蛇相连"，有的译为"飞翔着的神鸟，相连着的双蛇"，或"还有连在一起的两只鸟，再就是连在一起的两条蛇"。由于采录者不同，翻译者亦不同，笔者疑为鄂温克语本相同，只要一提到奥云华尔萨满的神灵就是这一固定的程式。

达斡尔族《吉亚其·巴日肯》中"有对龙之祭祀，有双龙之宝座，有九个童子之献舞，有九个童女之旋舞。"在《霍列力·巴尔肯》③中就简

---

① 将宰杀后的羊尾巴下部分的肉割取少许长条，用尖木串起来，称为"干德尔苏尔"，亦简称"苏尔"。萨满手持苏尔，摇动着颂唱招福祭词。
② 将已牺牲的羊的舌、食管、肺、心脏和肝等一起取出，称为"朱尔德"，与肢节的全羊熟肉一同供祭神。
③《达斡尔族情况——达斡尔族调查材料之一》，第33—35页，转引自《中国各民族原始宗教资料集成·满族卷》。

单一些,只是"有双龙的祭祀,有对龙的宝座"。

关于母神和父神的程式,鄂温克族《奥蔑①》"掌管灵魂的白发大乳的母神","赐给灵魂的银白偬鬚的父神";在同一首神歌中,对这位母神和父神有详细的描述,"白发苍苍的母亲神,有口袋般的乳房,有吃不完的初乳,有吮不尽的奶汁";"鬓发银白的父亲神,有犁铧般的硬脚板"。

鄂温克族《祈求好运》"祈求掌管野兽的神灵,赐给猎人们好的运气","祈求管婴儿的"奥蔑"神,赐给他们众多的子女"。

这些特定的程式有其可重复性,成为萨满所必须掌握的词语,助手和族众对这些词语也是非常熟悉的,这就对萨满演唱神歌有一定的帮助。

成为萨满的条件程式

由于老萨满的去世,势必要在氏族内部选择新的萨满。但并不是所有的人都愿意做萨满,因为萨满也并无特权,还要花费很多的金钱。而当萨满也是有征兆的,如在婴儿降生时,胎胞不破,需要用刀切开取出的人;患重病后长期不愈,请萨满跳神看出患者要成为萨满,因为神在他的眼和耳处都打上了标记;突然患癫痫病,咬牙切齿,乱跳乱舞的人。这种人病愈后,要马上准备神衣和跳神用具,以便跟老萨满学习跳神,其次还要在三年后进行一次祭神仪式,通过的人才能够成为萨满。

对萨满的死亡描述是有固定程式的,如鄂温克"伊德西仁"祭祀中提到"转眼二十载,一晃三十年;一别四十年,转瞬五十年"。

鄂温克立托若树时唱的神歌:"转眼二十年,一晃三十载;一别四十春,离别人间已五十秋。"②

而对新萨满的要求一般都要血液纯洁。达斡尔族《请祖神》③:"由

---

① "奥蔑",鄂温克、达斡尔族萨满教通用的名词,指父母将体弱多病的子女委托给萨满或"斡托西",祈求其神灵加以保护,使之健康成长,当他(她)成婚或成长后,通过"奥米南"等宗教祭典时,解除"奥蔑"身份。当被认做"奥蔑"的子女的孩子患病时,认为是其灵魂已离开身体而去,便请萨满举行招魂仪式。这首祷词是萨满招魂的唱词。
② 奥登托亚收集,奥登托亚、宋和平汉译整理。
③ 萨满在其"奥米南"祭典上祈请神灵降临的祷词的一部分,其具体内容因各萨满的神灵源由不同而异,相关的论述可见笔者的论文:《满族神歌仪式的程式化》,《民族艺术》。

于我骨头洁白,你就选定了我;由于我血液纯洁,你就附在我身上;从我出生之日起,你就占据了我;从我婴儿之时起,你就引导着我;从我睡摇篮之时起,你就带领着我;要我继承'雅德根'的职责,走上'安德'的道路。由于不能回绝挣脱,为了族众的安宁,我承受你的选择,当了'莫昆'的'雅德根'。"

达斡尔族奥米南仪式中吃血仪式上的祷词,"上代雅德根的神灵,认定我血液纯洁,依附在我身上,我走上雅德根的道路。"

达斡尔族《托若祭》:"由于不能推脱躲避,你走上安德的道路,培植了神圣的托若。"

鄂温克族《祭祖神》"老萨满逝去已久,承继者已经出世;十八岁的杜拉尔姑娘,具有洁净的血液。"鄂温克族:"新萨满产生的时候到了,他的骨头洁白,血液清洁,心脏鲜红。"

在神歌中对成为萨满的条件介绍得非常清楚,而且是经常被重复的,加以重点强调的内容。

由于笔者主要以所能见到的神歌文本为主,所以提到的程式只限于内容层次,而萨满如何运用这些程式就不是本文所要探讨的问题。除这些程式外,还应该有关于音乐的程式,尤其是对不了解民族语的人来说,音乐是沟通神人的桥梁,神歌本身歌舞乐为一体的特点也决定了音乐的程式在神歌中占有非常重要的位置;祭祀仪式的程式化特征等,但凡能够帮助萨满歌继续演唱传承下去的文化因素,都有其深刻的传统内涵,背后都有传统指涉性内容,鉴于篇幅和笔者掌握资料的有限,很多问题只能留待以后进行更深入的研究了。

本文原载于《内蒙古大学艺术学院学报》2005 年第 4 期

狩猎鄂温克族的萨满教

白 兰[①]

在人类的绝大部分早已走出森林怀抱的时候,内蒙古自治区呼伦贝尔盟额尔古纳左旗敖鲁古雅鄂温克民族乡的鄂温克族猎民们,至今仍在大兴安岭北部林海中,从事着放牧驯鹿和狩猎的生产,保留着自己独特的生产和生活方式。

今天狩猎鄂温克族居住的贝尔茨河边的敖鲁古雅,不是他们历史上的原居住地。根据民族学的资料,后来形成鄂温克族族体的古代民族,分布于贝加尔湖以东直至库页岛的外兴安岭和大小兴安岭地区。在300年前的列拿河时代,他们就信奉萨满教,十二个氏族有十二个氏族萨满,每个氏族还有氏族首领"基那斯"。

萨满教是阿尔泰语系通古斯语族系统各民族共有的一种原始宗教。以"万物有灵"为思想基础,没有系统的教义教规。"萨满"一词在通古斯语言中,意为"极其兴奋、激动不安和疯狂的人"。在事实上,鄂温克猎民认为,只有具备这种特点的人,才能成为可以与神联系,具有特殊使命和神奇力量的人——萨满。"萨满"日常特指宗教活动中的执行者,这种担任祭司职务的萨满,在鄂温克社会里,不是专职,在神事之后,与常人一样参加生产。

萨满最经常的最大量的宗教活动是跳神治病,治病时必须杀白色的驯鹿,没有驯鹿时可用鹿、犴或鸭子代替祭物。祭神用的驯鹿,剥皮

[①] 白兰,女,鄂伦春族,内蒙古社会科学院内蒙古达斡尔族鄂温克族鄂伦春族研究基地首席专家,研究员,研究方向为民族学、文化人类学。

与平时宰杀的不同,先在"斜仁柱"东南角搭一四柱棚,等剥皮后把头、内脏等物放在上面。剥皮时把驯鹿嘴下面腹部和四肢的里皮不得切断,并与驯鹿的心、肝、肺、食道、头等一起放在棚上。头必须朝日出方向,其他的部分煮熟后,献给"玛鲁",人不能吃。萨满跳神治病时,因病情、病人的性别和年龄的不同而采取些不同的方式。萨满自己解释说,萨满有许多"瑟温"(神灵),不同的"瑟温"治不同的病。当然要用不同的方式祈求不同"瑟温"降临。比如,给小孩治病,就应该求"乌麦"。"乌麦"是孩子的灵魂,得病的孩子是由于其灵魂离开了他的身体所造成的。萨满要到另一个世界求"乌麦",这种祈求必须在夜间进行。跳神开始时,杀掉事先准备好的黑色驯鹿(也可用鹿、犴代替),这是因为请"乌麦"时到另一个世界,骑黑色的驯鹿才能回来。萨满开始跳神,过一会儿,要把"斜仁柱"里的火熄灭,黑暗中萨满急促地跑动着。身上的铜镜铜铃相撞,敲击着的鼓声、脚步声,形成奇特的声响。在这种气氛中,人们因病而焦虑的情绪会得到释放。萨满宣布抓到了"乌麦"让人点上火,请大家观看鼓面上有无小孩的头发。有则意味着把小孩的"乌麦"找到。如病孩是男孩,其父亲上前把头发抢到手,用一块干净的布包起来夹在胳肢窝内,并紧好袍子的腰带。女孩生病,其母亲把头发抢过来,用干净布包好后坐在上面,认为只有这样"乌麦"才飞不了。第二天要杀一只白色的驯鹿供祭"玛鲁"神。"乌麦"是玛鲁神中的一种,"乌麦"能飞,人们就认为它是只鸟。"乌麦"的偶形是木头削成的鸟,缝在孩子的衣服上。

萨满治病时如果一时难以判断病症,就要通过占卜来确认祭请哪一个神灵,有的萨满还要用做梦来被启示。

萨满的另一个职责是祈求生产丰收而做的宗教活动。如果猎人长期打不到野兽时,便请萨满求"玛音"(运气)。猎人到萨满家请求时,先在家备好二只野鸭或二只飞龙,并给萨满带去一条手巾或一块布。等萨满答应为他请神保佑时,猎人拿出手巾或布挂在萨满家里,算做给萨满的报酬。萨满问,你家有什么血?猎人答野鸭或飞龙,并立刻回去取来供给萨满的"玛鲁",其方法和供祭大兽一样。如果是全乌力楞的人近日都打不到猎物,这个仪式必须由全乌力楞的人参加。萨满用柳树枝做一只鹿或犴放在"玛鲁"前,猎人用拿掉弹头和火药的子弹射。观看的人们要一起说打中了,打中了。这是严肃的,任何人都不发笑。打完后,猎人还要假装剥皮,取出想象的内脏。第二天要搭一个棚子,把它们放在上面。据说这种方法往往很灵验。

除此外,萨满还要为没有子女的夫妇求子,为死者在冥界得到解脱而祝福。

萨满还要行使祭祀主持人的职能。这是向外界,向其他萨满宣扬自己神力的关键时刻。被称为"奥米那仁"的祭祀活动,主要内容是为氏族的安全、繁衍、丰收做祈祷。届时还有萨满之间的赛神,传统习惯中,甚至要和鄂伦春族萨满比赛。

通过考察萨满职能,不难发现,萨满所从事的宗教活动是多方面的,理论界总结其内容为自然崇拜、图腾崇拜和祖先崇拜。

狩猎鄂温克族的自然崇拜有偶体和具体两种。偶体即为崇拜对象以偶像形式体现,具体为直接崇拜某种事物。那么所崇拜的图腾"熊"就是以这两种崇拜方式和相应的禁忌组成的崇拜形式。而祖先崇拜则是通过丧葬和氏族法则反映的。在鄂温克社会里,禁忌和对万物的敬仰有效地控制了氏族内部人的感情和意识。

自然崇拜的内容繁多,其中重要的是"玛鲁"神。十二个神灵被纳入"玛鲁"中,尽管诸神之间没有明显的从属关系,但"舍卧刻"神较具权威。"舍卧刻"是萨满神灵的总代表,是每个家庭的主要神。平时这十二种神偶装在一个圆型皮口袋里。"玛鲁"的神职广泛,无所不管。上文提到的"乌麦"是其一。还有"舍利",神力很厉害,为用十五丈长的洋铁皮做成的蛇形神偶,雄蛇三角头,雌蛇的头是二个角,"阿隆"是用落叶松,桦树上生的一种细树条弯曲而成的。鄂温克人认为,这种树枝是保护驯鹿的,一旦发现瘟疫,就把它挂在驯鹿脖子上,可免去疫祸。这种树枝不容易找到,所以不能给每个驯鹿挂,只给驮"玛鲁"的驯鹿挂,这同样也能保护所有的驯鹿。"熊"是用一公一母熊崽皮做成,认为有了熊神保护,狼就不敢吃驯鹿了。"熊"被认为是狩猎鄂温克族的图腾。以图腾来做保护神,并有偶体,这有别于同样是熊图腾的鄂伦春族。还有"灰鼠",也是用一公一母灰鼠皮做成的。但一定要用浅黄色的,尾部有白点的或雪色的更好。这种灰鼠子极其难找,就显得更珍贵。这个神专管猎灰鼠。灰鼠作为用来交换的细毛皮张,在鄂温克猎民的经济生活中,占有很重要的地位,如果猎人打不到灰鼠子,就请萨满在火堆上挥动几下"灰鼠"神,这样"玛音"就会来了。在"玛鲁"神群中,都与"舍卧刻"有关,可以说被它所喜爱。如"小鼓",用鹿皮制成,外圈用落叶松的阳面做成,萨满一敲它,"舍卧刻"就会来。还有"嘎黑鸟",是"舍卧刻"骑乘的飞鸟。还有"玛卧格特",是用鹿或狍的脖子皮做的皮绳,它是"舍卧刻"抓驯鹿时用的。"舍卧刻"的偶体是"哈卡尔"木刻成的人型,一男一女,手脚耳眼都雕刻。用鹿皮或犴皮做衣服给它们穿上。"舍卧刻"原来是蛇,后来变成了能与萨满通话的人。在传说中是这样的:"舍卧刻"发祥于"拉玛"湖,它盘踞在注入湖的八条河中最深的一条河口,长十五丈,有两个大角,从天上来的。当时有个梳辫子的鄂温克人(未说明其性别)见到了它,但无法与这条天上来的蛇对话。萨满来了,竟能和蛇谈。那时,湖里长满好看的草和荷花,太阳就像从湖里升起。大家认为,"舍卧刻"给鄂温克人带来了好运气,使山川河谷变得美丽,使飞禽走兽出没。它爱闻油和肝的香味,猎人们吃饭时就往篝火里放油和肝。祭祀"玛鲁"诸神是经常的,打着鹿、犴等大动物是值得庆祝的,要举行一番仪式。先做个"固力克恩"(三角棚),把鹿或犴头朝着搬迁来的方向,这样的话,下次就能再打到猎物了。然后在"斜仁柱"内的"玛鲁"位(门对面的铺位,此为尊)前,铺放"奥格塔恩"树枝,把放在外面的动物头、食道、心、肝、肺拿进来,从右始依次放好,然后用驯鹿的鞍屉苫好,不能让别人看见。从"斜仁柱"外面请回"玛鲁"神后掀开祭品的苫物,将心切开。用心血涂每个神偶的嘴,把头砍成四半,再卸下两颊骨,与其他内脏一起煮熟。出锅后按原来的位置摆好,在一个小勺里盛块火炭,把心头上的肥肉切成小块放上,再放上"卡瓦瓦"草,在烧焦草梗的烟上挥动"玛鲁",意为"玛鲁"已享用了这些祭品,把"玛鲁"神放回"斜仁柱"的外面,煮肉的汤倒在"玛鲁"位前,不能倒在别处。最后人们才能吃祭品。

神像一般都放在桦皮盒内,挂在"斜仁柱"后面的树上,所以"斜仁柱"后面不能让妇女去,路过也不行。

狩猎鄂温克族的萨满教

平时挂在"斜仁柱"里的只有耶稣像,有时老人们在耶稣像前画十字。这里没有教堂,有些老人至今信奉东正教,说不出明确的教义教规,但反复向笔者说,耶稣也是神,能保佑我们人口兴旺,狩猎运气好。解放前,有些人受到洗礼,名字也是牧师起的。

狩猎生活使鄂温克猎民不停地搬迁,在迁移前,要把"玛鲁"挂到特意支起的三角木架上,用"卡瓦瓦"草或"翁基勒"木生烟熏,意为除去此地的污染。

自然崇拜中,还有山、火、雷、电、雨等神。并认为,除了神外还有鬼和魔存在。鄂温克猎民对火的崇拜是十分虔诚的。吃饭前要祭火神,老者用猎刀剥下一块肉,十分认真地、庄重地把肉慢慢丢进火堆里,有酒的话要敬酒一杯。祭完火神才能吃饭。

综上所述,可以得出鄂温克族自然崇拜的四种特点。其一,各种神的关系相对平等。这完全对应于鄂温克族氏族社会的组织形态,氏族长与氏族成员的政治地位是平等的,在经济生活中也处于平等地位。其二,神的集体性。神偶非常多,天上地下,能动不能动的物,都成为神。但这些并不特别属于某人或某氏族。甚至祭祀活动也是集体的。其三,神也有情感。要求人们对神诚实、虔诚,否则神会生气,降祸于人。人们的确是站在自己的角度理解和塑造了神。其四,自然崇拜的诸内容,都与"我"的生存有关。在那个阶段,自然环境的裕丰,生产力的低下使人们的注意力在于此就足够了。人们是根据属于自己的"文化"所规定的方法来看世界。

狩猎鄂温克族以熊为图腾。在传说中,熊原来是人,由于犯了错误,天惩罚它,使它变成熊,四肢走路。可它仍通人性。拇指尚有,可以抓起棍子打人,人根本敌不过它。天知道了,为了不让它害人,就把它的拇指拿掉了。还有一种关于熊拇指的传说,有一次天让熊和人竞力,人搬不动的石头,熊搬起来还把石头扔出去很远。不妙的是,天知道熊的本事比人大,就施法弄断了它的拇指。熊哭了,害怕今后活不下去。天告诉它,你可以吃牙格达和稠李子、蚂蚁。熊只好听从,又请求说,人可以杀我,但不要把我的骨头像扔别的兽骨那样乱扔。天同意了,所以现在鄂温克人打到熊后,风葬熊骨。

在图腾崇拜中，突出地表现了人和神的交感意识。鄂温克人对熊祭祀、禁忌十分看重。猎人打到熊后，用的枪不能叫枪，而叫"呼翁基"，这是一种与枪毫不相干的吹物。剥皮，吃肉的刀子叫"刻尔根基"，这是钝刀，什么也切不动。打到熊后，就说熊睡着了，绝不能说打死熊了。公熊被称为"合克"（祖父、伯父），母熊称之为"额我"（祖母、伯母），以示敬意。打死熊后还要虚伪地说："不是有意打死你"或"不是鄂温克人打死你，是俄罗斯人打的"。吃熊肉前，人们要学乌鸦叫"卡-卡-卡"并说"乌鸦在吃你的肉"。熊尾和前肢，男人不能吃，认为吃了的话，将来被熊夺去枪和棍子。剥熊皮时，要先割下其生殖器挂在树上，然后才动手剥皮，说只有这样熊见了人才老实。剥皮时绝对不能割断其动脉，要把动脉里的血挤进心脏。也不能随意切断熊的脖子，把小肠取出来后，绕头部三周后才可以切断。熊的内脏、脑、食道和眼睛，人不能吃，要和骨一起风葬，并且按熊的构造放好。风葬时，把连着的颈骨头、脚掌以及肋骨，用桦树枝裹好，并用柳条扎紧，选择两棵松树，在其阳面用力剥刮成平面，刻十二道横沟，用熊血、木炭、野花色涂上颜色。在第六道沟的两端按左右顺序镶上熊眼，再把捆扎好的熊骨，悬挂在两棵树之间，在场的人装哭。熊有时害死了猎人，当猎到它后不得风葬，只剥下皮留用，肉要扔掉。

图腾崇拜在今天的鄂温克人的生活中，没有留下多少痕迹，在调查访问中得知，连吉祥物都找不到了。

每一个民族，对自身的认识是不尽相同的。也就是说，不同的民族都遵循自己不同的文化模式来理解和组织自己的生活以及他们周围的环境。但有一点，持有多么不同经济方式、多么不同的生活方式，乃至有多么不同的道德观念的民族们，却都认为"自己"的产生与神的创造有着密切的联系，而且怕死。可以说，人们的智慧，人们的文化背景被宗教包裹着。"万物有灵""灵魂不灭"成为一个阶段人们追求的圣物，在这样认识的前提下，人在世时的行为有了好与坏的区分，人死后丧葬空前隆重起来，人们希望除了诸神保佑自己外，还应有多智多勇的祖先来保护自己。祖先崇拜的那种虔诚心理，一方面来自于传统的敬老习惯，一方面来自于宗教心理。

氏族中，有人去世，那将是全"乌力楞"的一件大事，先把死者洗干净，换上衣服（任何人生前不得准备寿服），并把死者生前用过的烟袋、杯子、水壶等打碎后用桦树皮裹扎风葬。有的还要给放进耶稣像。出殡前先选好墓地，杀黑色的驯鹿，搭"德利"（四柱棚），将驯鹿头朝西摆好。这样的话驯鹿就驮着死者到阴间了。死者用过的物品，只留下枪和猎刀，其余烧掉。出殡途中，不管多远都休息三次。送葬的人们离开墓地前，生篝火，绕走三次离去。葬后的三年要去凭吊一次，最好找送葬时同去的人一起去，带吃喝的东西。由于风葬，死者遗骨也许落在地上，把带去的东西供在死者头部即可。然后大家分吃。搬离曾死过人的"昂嘎"（居地）时，不得留下指甲、头发、破皮、破布等被认为不洁的物品。父母去世后，儿女在一段时间里不得刮胡子剪头发。现在已改为土葬，坟前立个十字架。笔者曾到过敖鲁古雅墓地，砸碎的盆壶随处可见，立在坟前的十字架上，褪了色的彩布条瑟瑟地飘着。

鄂温克人认为，人死了是去另一个世界，比现世更幸福。途中有一条血河，很深。这是考验死者生前品德的地方。善者有桥平安度过。行恶者过时桥就不见了，河中有一块石头，跳过去就说明此人有悔改之意，跳不过就掉下去再也出不来了，灵魂就彻底死了。

在鄂温克族的宗教中，萨满并不随时充当角色。崇拜是个人的事。一旦发生意外，人们才会请萨满排忧解难。每个氏族都有氏族萨满。尽管萨满不一定是氏族首领，但其威望可以和氏族长相比。氏族内的习惯法"敖教尔"的解释，一定由萨满来做。萨满去世后，在本氏族内选择新萨满。成为萨满的人一定要得疯病，不怕水火，冬天不穿鞋在雪地里乱跑。当他好了，请其他氏族的萨满主持隆重的仪式，至少跳三天神。新萨满的法具在三年内备齐。然后新萨满可以独立跳神，成为新的氏族萨满。为取得资格，跳神而向氏族宣布今后将保护本氏族，使本氏族的人口兴旺，驯鹿成群，狩猎走运。新萨满第一次跳神时，要在"斜仁柱"外的火堆北立下两棵火柱，右为落叶松，左为桦树。前面立两棵小些的。大树之间拉一皮绳，悬挂供奉萨满神灵的物品。两棵小树上涂鹿或犴的血。"斜仁柱"西边挂一木制的月亮，东边挂太阳。再用木头做两只大雁和布谷鸟挂上。萨满法衣是布的，上衣饰有几块很大的铜片，肩上缝着一对飞鸟，下面是皮条子做的裙子，挂满了小铃。还缝着多种颜色的布条。萨满跳神时剧烈地跺脚，旋转皮条布条飘起来，有一种欲飞的朦胧神秘美。法帽上有一对角，好似英武的公鹿。有的萨满戴假面具。跳神时萨满自敲神鼓，节奏多变。萨满的神灵很多，有一种就在鼓槌上刻一横道。跳神过程中，萨满已进入狂癫的状态，如昏如醒，念念有词，抖动不已。围观的人也能进入角色，情绪被跳神的萨满支配着。

狩猎鄂温克人的萨满女性为多。男萨满平时也以女性装束为衣着，胸前还要挂上象征女性乳房的东西，甚至戴上假发辫。从其他民族的萨满教资料中得知，这种情况是很普遍的。

现在人们治病找大夫而不找萨满了。据说，有位萨满很有感慨地说，"玛鲁"神不好请，请来时常常越空而过，不下来。因为不用治病了，驯鹿和打猎都平安无事了。

从表面上看，大自然赋予了狩猎鄂温克人一副倔强而严厉的面貌，他们是孤傲的，生性酷爱自由，对于被迫去做某件事深恶痛绝。许多来访者常被他们的沉默困扰，事实上，尽管他们没说一句话，但内心里却充满有人来访的喜悦。是的，当有来访者时，他们总是献上奶茶和手扒肉。在当今飞速发展的时代，他们的社会，他们中的每个人，也都调整着古老的传统方式以求适应。可我总觉得他们仿佛是岩石雕刻而成的，不破坏其本身就无法去改变其形状。正是由于此，狩猎鄂温克族的可称为独特文化的生产、生活方式、萨满教等等，都只能被外界的文化所覆盖，而不是破坏。如果说，鄂温克猎民在完成萨满教的过程中，调动了自身一切感知事物的思维能力，利用视、听、说、唱、梦以及疾病的方式，实现了宗教意识，那么他们对世界的确有着不可遏止的热爱、希望、征服感，以及由此产生的无法排解的困惑。

本文原载于《内蒙古社会科学》1990年第2期

鄂温克族萨满神歌的文化价值

汪立珍①

摘　要：萨满教是鄂温克族古老的宗教信仰,在鄂温克族的精神生活领域长期发挥着一定的作用,并且渗透到鄂温克族社会生活的各个层次,蕴育出古朴丰富的文化形态。其中,萨满神歌是有独特文化内涵的一个分支。本文从宗教学、民俗学、民间文学等方面综合地探讨了鄂温克族萨满神歌所蕴含的文化价值,从而进一步地论证了萨满教在鄂温克族传统文化中的地位和意义。

关键词：鄂温克萨满神歌　文化价值

鄂温克族自古以来信奉古老的萨满教,并以萨满教为思想根基,形成诸多萨满神歌、萨满教祭祀仪式等一系列萨满文化。鄂温克族萨满神歌是萨满在主持各种萨满教仪式及消灾祈福、婚丧、驱魔治病等仪式时,由萨满唱诵的各种祷词、祭词。根据史料记载和调查资料来看,鄂温克族萨满神歌不是以经书等形式传授的,而是萨满之间口耳相传承袭下来的。鄂温克族萨满神歌内容丰富、形式多样,是鄂温克族在早期渔猎经济社会时代诞生的一种经典文化之作,蕴含着丰富的文化积淀。

一、萨满文化传承者—萨满

为了探讨鄂温克族萨满神歌,我们首先有必要说明鄂温克族萨满

---

① 汪立珍,女,文学博士,中央民族大学少数民族语言文学系教授,研究方向为口头传统、比较文学与世界文学。

的产生、资质、职能、特征等问题。一般来讲,鄂温克族萨满的诞生是在一定历史时期特定的客观环境与主观内质相结合的条件下而出现的。根据历史记载和实际调查资料来看,鄂温克族萨满是由氏族社会的哈拉内部世袭传承,或者是神灵感召等形式出现的。新萨满的产生一般经过两种途径,一是新当萨满者必须经过本氏族萨满神灵的先定,其中多数是和萨满有血缘关系的直系亲属,并在外貌与精神世界等方面具有与众不同的特征;二是突然患疯癫病、歇斯底里、乱吵乱闹、精神恍惚者,或者久病不愈,后来经老萨满治疗病情逐渐好起来的人。符合这两种条件的人,并能服从神灵的意志,便可以虔诚地接受萨满职务。这时,应允当萨满者的家属们要邀请本氏族族长、亲朋好友及其他氏族的萨满,举行隆重的庆贺仪式。在这个仪式上,老萨满传给新萨满种种神职。庆贺仪式一般要持续3—7天左右。仪式结束后,新萨满开始跟老萨满学习各种宗法本领,时间为3年。这些萨满教本领包括萨满教思想观念、萨满教祭祀仪式、萨满祭词、神歌、萨满服装的穿戴、神器的使用、跳神表演、治病手段等各种宗教知识。值得一提的是,新萨满的神衣、神帽必须在三年内逐步做成,即便有条件也不能在短时间内完成。新萨满跟老萨满学习三年后,才能成为独立行使神职的正式萨满。萨满在平时同常人一样参加劳动,但是在行使萨满神职时表现出与众不同的神力与人格。

  鄂温克族历史上每一氏族都有一个萨满。每隔三或五年的阴历4月15,各氏族要举行隆重的萨满集会,鄂温克族语称之为"奥米那楞"。在这次集会上主要有两项内容:一是有资历的老萨满向新萨满传授跳神仪式;二是老萨满带领全氏族祈求神灵降福除灾,保佑全族人平安、幸福。这种大型集会一般在氏族中资历最高的老萨满住处的外边举行,并在其四周用许多新从山上伐来的小松树栽成树林状。参加者有本氏族全体成员、也有外氏族萨满、亲朋好友。当一切准备就绪后,老萨满穿戴神服唱诵神歌,在老萨满身后还有9个人伴唱,这9个人不能参加其他娱乐活动,白天、黑夜随老萨满绕圈转动,老萨满唱颂的神歌内容大致为祈祷、祝福性的语句,其具体、深奥的意蕴只有萨满本人清楚。

上述各种严谨的要求、神秘的仪式是鄂温克族萨满产生和延续的条件。在这种古老的社会形态下产生的以自然崇拜、万物有灵信仰为思想根基的萨满及萨满教信仰,必定保存深厚的古代文化。

二、古老的萨满教祭祀仪式与哲学观

鄂温克族萨满神歌是鄂温克族古代宗教文化宝库,其中蕴含着丰富的宗教仪式、古朴的宗教哲学观念等古代文化内涵。尤其是萨满神歌中宗教祭礼仪式内容丰富、自成体系。

宗教仪式是人类在一定的历史发展过程中,根据自身的创造力、信仰观念、自然环境与超自然力量相结合的一种形式。在远古社会时期发挥着团结集体成员、增强个人自信心的作用。鄂温克族萨满神歌与特定的宗教仪式紧密地融合在一起,并形成内容各不相同而又专门化的宗教祭仪。这些仪式在萨满神歌中有一定的反映。

(一) 初学萨满祭典仪式

鄂温克族新萨满向老萨满学习萨满教之道时,要在本氏族内举行第一次学习仪式。此仪式有严格的规则和独到的讲究,有关具体内容是在萨满神歌中必须唱诵的篇章。如鄂温克族自治族"初学鄂温克族神歌"这样唱道:

> 祷告祖先社灵,   '乌日格'门的四角前,
> 追述上辈萨满,   献上四岁黑牛,
> 挖开'乌西'阿楞,   四十岁妇童在舞蹈。
> 修好多鲁布尔阿楞。   胸背相对的狂舞,
> '乌日格'间的三角处,   血液清洁者狂舞,
> 献上三岁黑牛,   立起白桦树托若,
> 三十男童在舞蹈。   聚集莫昆族众。①

---

① 满都尔图:《达斡尔、鄂温克、鄂伦春萨满教调查》,北京:中国社科院民族研究所,1992年,第58页。

从这首神歌内容来看,新萨满举行的第一次祭典仪式对于地点、祭品、环境、参加者都有明确的要求。正如在这首神歌中所讲述,祭祀地点是在圆座尖顶、柳编篱笆制成的毡房(乌日格)前,祭品是 3 岁黑牛和 4 岁黑牛,周围的环境、气氛比较神秘,在房前左右分别立一颗白桦树、一棵柳树,另外还有 40 名男童、40 名女童在一旁舞蹈,参加者必须是血液纯正、品行正派的人等等。上述这些特殊的要求与条件是鄂温克族在远古蛮荒时代与其所处的自然环境及人文环境相应而产生的宗教仪式,具有古朴而神秘的森林、游牧风格。

(二) 请神仪式

鄂温克族每个萨满都有自己的保护神灵,每个保护神灵都具有不同的职能。鄂温克族萨满根据其宗法仪式目的,在举行祭祀活动时,都要乞请不同的神灵保护自己,为族人消除痛苦、灾难,赐予和平、安康。鄂温克族自治族红花尔基村的萨满"请神歌"就反映了这样的内容:

敲起我的神鼓,	神灯已经点明,
唱起我的祷词,	献祭的黄脖子羊,
在我女儿家里,	摆在盘里供祭,
祭祀我的神灵,	祈请我的诸神灵,
香柱已经燃着,	降临来享用我的祭品。①

由这首神歌叙述的内容可以看到,鄂温克族萨满请神仪式十分肃穆,而且对于祭品、时间有严格的要求。如,请神仪式要在夜间举行,供祭品是专门从羊群中挑选出的黄脖子羊,地点是在萨满的女儿家。按照鄂温克族萨满教的历史,萨满请神仪式必须在萨满自己家里进行,但由于特殊原因也可以在子女家举行,不过萨满在唱神歌时必须对神灵说清楚缘由,否则将受到神灵的惩罚。这些严格的规则渗透着鄂温克族萨满对萨满教的虔诚膜拜与赤诚的信仰心态。

---

① 满都尔图:《达斡尔、鄂温克、鄂伦春萨满教调查》,北京:中国社科院民族研究所,1992年,第 68 页。

(三) 萨满集会祭礼仪式

每隔 3 至 5 年的阴历 4 月 15,是鄂温克族萨满大型庆典集会。这是一次比较隆重、盛大,并集宗教祭祀与娱乐于一体的民俗活动。届时本氏族的萨满、族人及其他氏族的萨满、亲朋好友都来参加。参加者携带牛、羊、糖果等祭祀用品,每次活动持续 5 天左右。期间老萨满在祭祀仪式上向神灵唱颂神歌:

> 集合起你的族人, 让那棕色的花牛,
> 汇拢来你的乡邻, 朝着那旭日狂舞,
> 牵来棕色的花牛, 举起蓝色的绸缎,
> 扯来蓝色的绸缎, 在朝阳中飘扬。①

这首神歌中"集合族人、汇拢乡邻,旭日中狂舞的花牛、朝阳中飘扬的绸缎"这些充满高扬气势的祭词,使我们仿佛置身于那隆重、庄严、浩大的庆典祭祀之中。在这种大型祭祀仪式里,鄂温克族对于其地域环境有特殊的讲究和要求。如,一般要在祭祀仪式院内立一棵桦树,屋内立一棵白杨树,两棵树之间拉一条皮绳,树枝上挂许多五彩缤纷的布条。全氏族的男女在两棵树中间集合起来,然后萨满用狍皮制成的绳子把全氏族的人围起来。如果皮绳比原来长了,就认为氏族的人口将不断地增加,反之,氏族内将发生病疫,人口减少。由此可以说,这隆重、玄妙的祭祀仪式无疑是鄂温克族在远古时代精神生活的内容之一,是在当时条件下激励鄂温克族齐心协力战胜灾难的法力。总之,鄂温克族萨满神歌是鄂温克族宗教仪式及其程序的生动记载,它对于研究鄂温克族宗教文化、哲学思想、伦理道德等有重要的参考价值。

三、古代音乐、舞蹈、诗歌之集成

鄂温克族萨满神歌不单纯是鄂温克族古代宗教文化的载体,还是

---

① 仁钦道尔吉,郎婴:《阿尔泰语系诸民族叙事文学与萨满文化》北京:中国社会科学出版社,1990 年,第 314 页。

古代音乐、舞蹈、诗歌之集成。根据鄂温克族萨满神歌的整体组合来看，鄂温克族萨满唱诵神歌时一定要伴之以铿锵有力、节奏明快的鼓乐，同时萨满还随着鼓乐的快慢、缓急变化配之以各种舞蹈动作。与此相对应的还有萨满唱颂的神歌。神歌语言十分精练，讲究对称押韵，一般情况多是每句为六言左右的语言。考察鄂温克族萨满神歌的曲调、韵律、歌词及萨满表现的各种舞蹈动作，可以说，古代音乐、舞蹈、诗歌三种艺术形式在萨满神歌中得到完美的统一和展现。

（一）萨满音乐

鄂温克族萨满唱诵的神歌根据唱诵者的知识水平的高低、所处地域的不同，其曲调也各具特色。但从总的音乐结构来看，萨满音乐结构简单、短小，节奏起伏多变，乐音铿锵有力。再从音乐情节来看，分为开场、祈祷、请神三个阶段，每个阶段的音乐都有各自的特色。开场时的音乐比较缓慢、轻松；祈祷阶段的音乐强烈、高昂、粗犷；请神时音乐又趋舒缓、平和。在整个萨满音乐中，神鼓是唯一而且十分重要的伴奏乐器，可以说，没有悦耳、清脆、有力的鼓乐之声、节奏动听的鼓点，便无法呈现萨满音乐的宗教文化特征。鼓是萨满音乐演奏和萨满举行宗教仪式中至关紧要的神器，无论在萨满唱诵神歌时，抑或萨满跳神时都必不可缺。随着鼓声高低、快慢、强弱的变化，萨满音乐充满了十分深沉的艺术感染力。

由于鄂温克族萨满所处的地域，从事的生产活动迥异，萨满音乐也呈现出鲜明的地方风格。总的来说，林区萨满音乐节奏明快、奔放、粗犷。牧区萨满音乐比较舒缓、抒情、悠扬，偶尔出现快板节奏。随着各地区之间文化交流的扩大，鄂温克族萨满音乐也不断地吸收、融入其他地区或民族的音乐，但在风格上仍然顽强地保留其本土固有的特色与韵味。

（二）萨满舞蹈

鄂温克族萨满在鼓乐的伴奏下，不仅唱诵神歌，而且还随音乐的变化，模仿鹰、虎、熊、野猪等动物的各种各样动作，在祭祀场地或转圈或飞扬，尽情地翩翩起舞。通过实地调查及录像资料可以看到，鄂温克族萨满在举行宗教仪式时在神力的感召下进入恍惚状态自然而然地跳起遒劲、潇洒的舞蹈。从舞蹈表演手段来讲,鄂温克族萨满舞蹈多为模仿熊、鹰、野猪等各种动物玩耍嬉戏的精彩动作,具体来说,有神鹰展翅飞翔、黑熊攀大绳、天鹅腾空起跃等动作。这些简单、质朴的舞蹈动作体现了鄂温克族原生舞蹈形态。从萨满身体表现力来看,其舞蹈基本特点为手击皮鼓,腰部的甩劲不大,脚步多为走步、回旋、蹦跳几种步伐,动作有力,节奏热烈,渗透着早期狩猎文化的深刻内容和粗犷的艺术感染力,其舞蹈技巧可谓达到炉火纯青的地步。

鄂温克族萨满跳萨满舞时有特定的服装与装饰品。萨满身穿缀有特定饰物的神衣,头戴神帽手拿由兽皮和树木制成的神鼓。这些神秘的服装和神鼓为萨满舞增添了传奇、虚幻的色彩。

(三) 民歌体的诗

鄂温克族萨满神歌是鄂温克先民口头创作,抒发民众心声和思想感情的文学作品。尽管在表层结构笼罩着宗教色彩,但是从诗歌的结构、语言、韵律等方面来讨论的话,比较接近民歌体的诗(在此讨论的萨满神歌是指汉译过来的萨满神歌)。

在语言运用上,鄂温克族萨满神歌自然流畅、不拘一格,有的是五言诗,有的是六言诗,也有的是九言诗,还有近似散文体的自由诗。句与句之间讲究押韵、对称。如,下面这首神歌就具有五言诗的形式:

> 先贤已逝去,　　转眼二十载,
> 掩埋于尘埃。　　一晃三十年,
> 入土即为安,　　一别四十年,
> 欣欣在九泉。　　转瞬五十年。①

这首五言体萨满神歌表达了后人对于已逝去几十年的老萨满深切缅怀之情,同时也反映他们祈盼新萨满尽快出现的愿望。

七言体萨满神歌是比较普遍的一种诗体,其语言波澜起伏,韵律鲜

---

① 仁钦道尔吉,郎婴:《阿尔泰语系诸民族叙事文学与萨满文化》北京:中国社会科学出版社,1990年,第313页。

明,句尾同出一辙,读起来朗朗上口。下面这首七言体神歌便是比较典型的代表作。

> 你生病遭灾之时,　　倘若这些是真情,
> 在你那双眼睛里,　　愿你诚心又诚意,
> 定显现祖先神灵,　　谨慎小心来侍奉。①

这首神歌十分讲究尾韵,突出诗歌语言的抑扬顿挫之感。仅仅六句话,韵律都集中在句末,上述两首诗在鄂温克语里是十分和谐、押韵的。类似这种韵律明显的萨满神歌作品数量相当多,因此说,在结构、语言等诸多方面萨满神歌更接近民歌体的诗。

在鄂温克族萨满神歌作品中,除五言体、六言体、七言体形式外,散文体萨满神歌也占有一定的地位。散文体萨满神歌具有结构自然多变、语言流畅、自由等特点。如,鄂温克族自治旗萨满神歌《祈求好运》便是一首十分典型的散文体神歌:

> 远方的客人来了,　　我怎能回绝他们的请求。
> 祝他们一切顺利。　　聚集我虔诚的族众们,
> 祈求我唱萨满神词,　　祈求天上富裕的诸神,
> 请诸神不要发怒怪罪。　赐给我们富裕的生活。②
> 他们从遥远的地方来,

这首神歌以其流畅、自然的语言,朴素、严谨的结构,客观与艺术相结合的创作手法,给人一种真诚、朴实、深切的意境和诗歌中蕴含的美的享受。

鄂温克族萨满神歌包含的古代文化内容十分丰富,在这里只是抛

---

① 仁钦道尔吉,郎樱:《阿尔泰语系诸民族叙事文学与萨满文化》北京:中国社会科学出版社,1990 年,第 316 页。
② 满都尔图:《达斡尔、鄂温克、鄂伦春萨满教调查》,北京:中国社科院民族研究所,1992年,第 77 页。

砖引玉地讨论了几个方面。通过对上述问题的分析、探讨,可以得出这样的结论:鄂温克族在举行宗教仪式时有相对固定的地点,通常是在萨满的居住地举行;萨满祭祀的神灵是多神而不是一神;萨满虽然没有经书教义,但是依据特定的环境、条件,即兴演唱世代萨满传袭的神歌;举行祭祀的时间多为晚上;萨满唱诵的神歌融音乐、舞蹈、诗歌于一体。因此说,鄂温克族萨满神歌是鄂温克族古代文化经典之作,尽展鄂温克族古代宗教文化、音乐文化、舞蹈文化与诗歌文化之原生岁月。这就要求我们从多角度、多学科对鄂温克族萨满文化及孕育它的文化环境进行深入地研究。

本文原载于《满语研究》2000年第1期

巫统与血统：萨满教的祖神与祖先观念[①]

王 伟[②]

摘 要：本文以中国东北部索伦鄂温克族为例，对萨满教中的祖先神与祖先观念进行分析，探讨巫统与血统两个体系如何在社会运作中发挥其功能。萨满教的祖先神既包括氏族或家族中第一位萨满所领的神灵，也包括后来的萨满所收的神灵。通常情况下，血缘祖先由于传承氏族或家族血脉而被子孙祭奠，但是却不会全部列入萨满祖神体系而受到供奉。萨满祖神与血缘祖先的观念构成萨满信仰体系中两个并列存在而又时有交集的结构，共同维持社会秩序的稳定。

关键词：萨满教 祖先神 血缘祖先

萨满教的祖先神与祖先观念是研究萨满教神灵体系需要厘清的一个基本问题，因其颇具复杂性而有必要详加阐述。本文以中国东北部索伦鄂温克族为例，对萨满信仰中的祖先神与祖先观念进行分析，探讨巫统与血统两个体系如何在社会中运作并发挥功能，维持社会的和谐与稳定。

一、萨满教祖先神的一般观念

索伦鄂温克族处在世界范围内萨满信仰的核心区域，其所信奉

[①] 本文系中国博士后第5批特别资助项目"穿越萨满的森林：个体信仰、行为与文化模式"的阶段性成果。
[②] 王伟，哲学博士，中国社会科学院世界宗教研究所副编审，主要研究方向为宗教人类学与民间信仰。

巫统与血统：萨满教的祖神与祖先观念

的萨满教是公认的萨满文化的典型代表。索伦鄂温克族的神灵信仰比较复杂，大体上可以分为三个信仰体系，第一，萨满神灵，即氏族或家族①萨满所领的神灵；第二，家族所传承的神灵，即先人所供奉的神灵；第三，因缘而来的神灵，包括自然界的生灵，如狐、蛇等。这三个体系存在着重合之处，这样的划分只是概括性的，便于研究及叙述的方便。其中第三类神灵通常根据生活需要而供奉，所供之神灵种类繁多，甚至包括鼠、虫等。如果家族萨满认为某个家庭或个人冲撞了鼠神而招致灾祸，那么便可以在其家中的神龛里增加鼠神牌位，由供奉者的子孙世世代代传承。上述索伦鄂温克族的神灵体系中，萨满神灵体系中的祖先神通常也被视为家族的祖先神，而家族传承中的血缘先祖一般仅被看作家族祖先而非神灵，日本学者大间知笃三将这两个系统称为"巫统"与"血统"。通过研究达斡尔族莫昆（家族之意）所信仰的神灵种类和祭祀，及其与莫昆萨满之间的关系，大间知笃三认为，"以莫昆为单位的信仰对象的神灵即氏族共同神，根据其系统的差异，分成如下三种类型。第一系统：血统上的氏族祖先神。第二系统，巫统上的氏族祖先神，即斡卓尔。第三系统：不归属上述任何一方的氏族共同神。"②本文所研究的巫统是指萨满的祖神系统，而血统指家族血缘祖先系统，这两个系统并列存在于包括索伦鄂温克族在内的几个北方少数民族的信仰系统中。这些民族除了鄂温克族之外，还有达斡尔族、鄂伦春族和满族等。

孟慧英曾经对上述东北少数民族的祖先神进行过研究，她认为东北少数民族的祖先神是"第一个到氏族中抓萨满的那个神灵（即第一个

---

① 现代社会索伦鄂温克族的氏族制度已经解体，但是氏族与家族的观念仍然在一定程度上存在。人们仍然会被问及"你是哪个哈拉（氏族）的？"，不过，这恐怕也是"氏族"的概念所代表的最后内容了。家族所意味的内容相对得多一些，仍有一些地区的索伦鄂温克人以血缘家族为单位共同生活。尽管家族中有些人分散在外地，但是作为这个家族的成员，他们仍对家族有基本的责任和义务。由于家族是从氏族中分化而来，在祖先观念上有重合之处，因此本文以氏族或家族为单位来考察索伦鄂温克人的祖先神与祖先观念。但是鉴于氏族制度的解体，因此除非特定指出，事实上更多的是将家族作为基本的共同体而进行研究。

② ［日］大间知笃三等著：《北方民族与萨满文化——中国东北民族的人类学调查》，辻雄二、色音编译，北京：中央民族大学出版社，1995年，第58页。

被神召的萨满主神,俗称附体于萨满的神灵。这种神灵包括动物或是氏族首领、死亡萨满、女巫、奴隶、被雷击死的人,等等)。这个神灵使得自己的莫昆(氏族或家族)有了第一个领神萨满。当第一任领神的莫昆萨满死后,死亡的萨满灵魂还会在自己的莫昆内选择接班人,把自己的神灵传承下去。每一任萨满都如此延续。每个莫昆都有几代或者十几代的莫昆萨满和相对稳定的祖先神灵。这些先辈萨满们,以及通过他们传递下来的神灵,被统称为祖先神、家里的神或根子神。"[1]上述祖先神的概念与索伦鄂温克族的祖先神观念有相符之处,也有不同之处。索伦鄂温克族萨满的祖先神中有一位"敖教日"神,"敖教日"意为根,指最早的祖先。[2] 敖教日神既是所有索伦鄂温克人的家族始祖神,同时也是萨满的始祖神,代表氏族或家族中第一位也是最重要的一位萨满祖神。敖教日神是选择家族萨满的神灵,每一位萨满都必须经由敖教日神选中。因此在萨满举行过关仪式时,必须首先请敖教日神,以证明自己是被选中的。学徒中的萨满只有在请到敖教日神后,才能成为一名真正的萨满。

  索伦鄂温克关于祖先神的传说有一些分歧,有的传说中敖教日神是蛇,也有的传说中敖教日神是龙;传说祖先神是被雷击而死,死后上半身到天上成神,中身留在地上为人,下身化为九个托地神;[3]还传说尼桑萨满死后成为索伦鄂温克萨满的始祖,每位索伦鄂温克萨满都要继承尼桑萨满的神灵。这些传说之所以有差异,与索伦鄂温克族接触不同民族与文化有关。敖教日神以画像表示,其图像的核心内容通常为最上方有太阳和月亮,中间是两条相对的龙或蛇,下面有九个并排的人形图案。日、月、龙、蛇和人几个要素是比较普遍具有的,此外有的画像上面还有莲花、北斗星等,这些差异也证明民族接触过程中文化的相互影响。

---

[1] 孟慧英:《中国东北部地区少数民族萨满教信仰中的巫祖祖先神》,《民族研究》,2009年第6期。
[2] 有的地区将祖先神像挂在对着门的位置,因这个位置叫玛鲁,所以把祖先神称为"玛鲁神"。
[3] 内蒙古自治区编写组:《鄂温克族社会历史调查》,呼和浩特:内蒙古人民出版社,1986年,第114页。

敖教日神是索伦鄂温克各氏族共同祭祀的祖先神,在萨满家庭和普通索伦鄂温克人家庭中普遍供奉。萨满供奉的最重要神灵便是敖教日神,此外,萨满还有数目不同的守护神,每一位萨满的守护神都与其他萨满不同。在萨满信仰中,萨满有什么样的守护神,要根据萨满与神灵的缘分。也就是说,萨满不能随意供奉神灵,只能根据神灵的意愿供奉。是神灵选择萨满,而不是萨满选择神灵。现任萨满所请到的神灵,即便这位萨满离世了,神灵也要在家族中继续供奉下去。萨满所供奉的这些神灵中,只有能在仪式中附体于萨满,并且使萨满的法力增强的神灵,才能被看作萨满的祖先神。

传统上,普通索伦鄂温克人家首要供奉的也是敖教日神,人们认为怠慢敖教日神会使人患病,因此供奉敖教日神有两个目的,一是求神灵不要生子孙的气,二是求神灵治病赶鬼。有的地区还供奉萨满祖先,据调查,阿荣旗地区的索伦鄂温克认为萨满去世后变成佛,于是用毡子剪成人形,供在祖先神下面,意为"祖先的影子"。① 除供奉祖先神之外,索伦鄂温克家庭还根据情况供奉其他神灵,但是这些神灵不是统一的,不同人家供不同的神。无论供奉多少神灵,其中只有敖教日神是萨满信仰中最强大的神灵,也是萨满信仰的核心部分。正是因为萨满作为整个氏族或家族共同信仰的代言人能够与敖教日神沟通,成为敖教日神在人间的代言者,因此萨满才被看作现实生活中极为重要的核心人物。

二、家族制度背景下的祖神与祖先观念

根据鄂温克族风葬和树葬的葬俗,以及不直接称呼长辈名字等习俗,我们推断传统鄂温克族没有记录血缘祖先的习惯,这种情况在清代哈拉—莫昆制度建立之后发生改变。索伦鄂温克人将氏族称呼为"哈拉",并用另外一个词"莫昆"称呼氏族的分支。哈拉直译为"根",与汉语的"氏族"之意大体相同,哈拉的成员是同一个人的后代。莫昆基本

---

① 内蒙古自治区编写组:《鄂温克族社会历史调查》,呼和浩特:内蒙古人民出版社,1986年,第114页。

相当于汉语的"家族",是从氏族中分化出来的分支。哈拉—莫昆制度建立的同时开始修纂家谱,祖先记入家谱意味着家族的血缘祖先开始被后人崇拜和纪念。但是根据萨满教的三界观念,神灵在天上,人在中间,亡灵在地下,按照这种逻辑,祖先去世之后归属下界,有别于上界的神灵。因此,理论上,除了那些因为某种特殊情况成为萨满守护神的祖先之外,其他先祖不能被视为祖先神。这种特殊情况之一是,生前是萨满的祖先能够成为氏族或家族祖先神,是因为他们生前作为萨满而拥有特殊身份,所以去世后得以成为祖先神。

随着以父系血缘为基础的哈拉—莫昆制度的确立,萨满被规范在父系血缘世系中传承,萨满神灵也只能在本氏族或家族的萨满中传承。莫昆最初分化出来时的萨满,是该莫昆的始祖萨满,由于萨满是遵从本家族祖先神即敖教日神的意愿而担当此任,因此家族第一位萨满是当之无愧的本家族萨满祖先。其最初成为萨满时所领的神是氏族前辈萨满的神灵,在他(她)去世之后,继任者必须传承他(她)所有的神灵,为此萨满及萨满所领的神灵共同进入家族神系,由后人供奉祭祀。这些神灵大部分都被该家族视为祖神,但是始祖神却只有一位,即敖教日神。敖教日神守护着家族每一位萨满,帮助他们履行自己在家族中的职责。当一位萨满去世后,敖教日神在本家族中寻找新的萨满继任者,继续履行守护家族的使命。也就是说,萨满是世袭传承的,而能否被敖教日神选中,是萨满继任者是否合法的最重要前提,也是萨满能否完成家族使命的最重要前提。

敖教日神是氏族最大最有力的守护神,每一位氏族成员都只能受本氏族的敖教日神的庇佑。为此,出嫁的女儿也要仿制敖教日神像,带到夫家祭祀,否则,她将失去祖先神的庇佑。索伦鄂温克人关于祖先神的神话之一这样描述:很久以前,有个留辫子的鄂温克人遇到一个头上长着两个角的大蛇,他经常将自己的食物分给蛇吃。后来大蛇变成一个女人,同这个鄂温克人结了婚。他们生下10个孩子,就是鄂温克人的10个部落。[①] 从这个神话来看,作为萨满的始祖神也就是巫统之

[①] 何秀芝,杜拉尔·梅:《我的先人是萨满》,北京:民族出版社,2009年,第233页。

顶端的蛇神,事实上也可以被看作鄂温克人的血缘祖先。在这个神话逻辑之下,巫统与血统合二为一,拥有共同的逻辑起点。

那么,我们有必要考察一下巫统和血统的关系,事实上二者颇为错综复杂。首先,萨满的始祖神被视为氏族始祖神,其传承依赖血缘的传递。其次,血统上的祖先常常会成为萨满的守护神,但是必须是曾经当过萨满的祖先才有这样的能力。第三,一旦成为萨满,便不再是通常意义上的血缘祖先,而是进入巫统的血缘祖先,其在现实中的表现是,萨满去世后不能埋在莫昆墓地,而是建立先当,和莫昆中所有担任过萨满的祖先葬在一起。不能葬入莫昆墓地的还有异常死亡的祖先,比如被雷击而死,或被刀、枪等伤害而死的人。这样的人有时会变成恶鬼而伤人,有时却因为被萨满收服而进入祖先神之列。而葬入莫昆墓地的祖先当然是作为血缘祖先,莫昆墓地便是一般意义上的祖坟地,在清明时节,子孙们有为血缘祖先烧纸、培土的习惯,却绝无以此方法祭祀萨满祖先的习惯。第四,一般来讲,每个莫昆都有一位萨满,莫昆萨满去世后,只在本莫昆寻找继任者。女性继任萨满,出嫁后仍然是娘家的萨满,去世后葬入娘家的坟地,她的所有神灵包括敖教日神也回到娘家,并在娘家寻找继任者。可见,巫统的"正统",也在于血统的正统。

综上所述,家族制度背景下的萨满是以莫昆为单位,带有公共性质,有清楚而严格的传承,有自己的"巫统"。每一位萨满的继承人必须是被选中的,因此而名正言顺,出身"正统"。在萨满神灵的继承上,继任萨满必须能够请到前任萨满的守护神,其中最重要的神灵是"敖教日"神。莫昆萨满担负着本莫昆对宗教活动的需求,包括以莫昆为单位的公共活动,以及个人和家庭在遭遇危机时对萨满的需要,比如医疗、占卜、预测等任何神事活动。同时,莫昆组织有权对萨满进行观察、监测其能力,处理家族重大事项的莫昆会议,有时也能够管理"神事"。我们在调查中了解到这样一个事件,辉河地区蒙古达托的一个家族没有萨满,莫昆会议认为应该由某人任萨满,此人顶不住压力,只好去学萨满。类似的事件说明,群体对萨满的需要使关于萨满的事件成为社会性事件,而不仅仅是神事。

三、构建于巫统与血统之上的社会秩序

构建于巫统与血统之上的观念体系,以及在此基础上建立的相应社会组织成为两个并行存在而又时有交集的体系,在维持社会秩序方面发挥着重要作用。依托于血统而存在的哈拉—莫昆组织,其功能在于管理氏族或家族内部生产生活、财产分配、婚姻等事件;而巫统结构下的萨满其主要功能则在于处理危机。当社会或个人遇到某些困难,如狩猎无获、牲畜走失,甚至家庭纠纷等,这些困难往往难以通过诉求族长来化解,这时神意便非常重要。而萨满作为人们沟通神灵的中介,在此时便掌握着解决危机的话语权。无论萨满的行为切实与否,求助者由于受到鼓励或暗示而获得内心的安慰,对于他们来说,这种帮助是及时而有效的。

围绕巫统与血统所建立的社会关系是整个社会的核心,就血统而言,以血缘为中心而建立的家族制度具有牢固的凝聚力,其悠久的历史和生存的需要使得这种凝聚力得以增强。即便在家族制度逐步松散的情况下,共同体意识以及对祖先的信仰仍旧是牢固的。当人们以家族萨满的神灵崇拜及其相应的仪式活动为中心而聚集起来时,共同体意识进一步强化。在这种情况下,家族萨满或者莫昆达通过带领家族成员举行共同的仪式活动,在此过程中凸显的仪式神圣性能够有力地强化同族意识。因此,笼罩着神圣光环的家族活动强调了家族的团结,以及家族成员作为一个整体共同面对外部世界的信念。由此,以血缘为纽带的家族制度在社会运转中起到重要作用。

以血缘为基础的哈拉—莫昆制度实际上相当于宗族制度,氏族、家族是构成社会的单元,个人受氏族、家族制度的制约。宗族制度是社会制度的一个缩影,清代索伦八旗和布特哈八旗建立后,设立总管、佐领、领催等官职,并且在索伦鄂温克人中实行奴隶制,这些举措逐渐在索伦鄂温克族内部形成等级制度。等级观念的形成以及由于受封、嘉奖等拥有私有财产之后,改变了原有的家族财产公有制,出现贫富差距,进一步强化了等级观念。同时,哈拉—莫昆制度所选出的族长相当于家长,也有一定的尊卑观念。对于家族制度的遵从延伸为对政治秩序的

遵从,因此由于血缘关系建立起来的社会组织在一定意义上维护了政治秩序和社会秩序。尽管家族制度强调了一种等级秩序,然而与此相对应的是,以神灵观念为基础的萨满信仰所强调的却是一种平等观念。在神灵面前,众子孙平等而和睦,家族成员之间的贫富差异及官民之别被忽略。尽管对神灵的敬拜之时,需要强调辈分和年纪的长幼,然而这种秩序相对容易被接受。在平等的氛围中,血脉相连的关系得以进一步强化,血缘组织得到巩固。

　　在鄂温克族社会中,正是特定的社会生活条件产生了特定的萨满信仰。涂尔干曾说:"所有的宗教按它们各自的方式来说都是真实的。尽管方式不同,所有的宗教都是对人类存在的某些特定条件的回应。"①在他看来,宗教实际上是对社会生活的反映。萨满教反映了社会生活,并且源于社会生活的需要。萨满在血缘群体中的职能非常独特,除了带领群体应对危机之外,还对社会道德观念的树立起到积极的促进作用。一方面,萨满担负着在家族中传播伦理道德观念的职责。萨满所主持的仪式中,祖先常常借萨满之口教诲子孙,主要的内容是劝告子孙行善,例如告诫子孙孝敬父母、尊敬长辈、礼敬他人等,宣扬善有善报、恶有恶报的观念。在为人处世中与人为善,方能得到社会认可,从而获得立足之地。反之,一个作恶的人必然受到社会抛弃和祖先神的处罚。善恶相报的信念深入人们内心,成为人们内心自我约束的一股强制力量。另一方面,萨满本人也是伦理道德秩序的维护者。当有人生病或遇到灾祸时,萨满往往通过祖先神或其他神灵之口,将生病与灾祸的原因归咎为此人的行为违背神灵尤其是祖先神的意愿或者冒犯神灵,同时宣称这种违背或冒犯是因为没有遵从伦理道德秩序而造成的。因此,萨满便充当了一个裁定者的角色,判定人们的行为是否合乎伦理,并且敦促人们遵从伦理道德。

　　我们再考察一下以血统为纽带的家族组织在现代社会如何进行公共活动,以期进一步说明血缘组织如何在现代社会发挥作用。现代社

---

① [法]涂尔干:《宗教生活的初级形式》,林宗锦、彭守义译,北京:中央民族大学出版社,1999年版,第3页。

会家族制度已经基本解体,以血缘为纽带的家族成员共同参加的活动已经不多,其中祭祀敖包算是规模比较大的活动之一。家族成员共同祭祀的敖包大体上有两种,一种是家族敖包,一种是先当敖包,即萨满坟墓。由于现代的村屯已经成为血缘与地缘相结合的社会组织,因此敖包祭祀通常成为地缘群体的祭祀活动,只有个别情况下才会出现以某一氏族或家族人群为中心的祭祀活动。例如当某一氏族或家族因故而有祭祀敖包的需要时,才出现以血缘群体为中心的祭祀仪式。需要强调的是,尽管作为血缘群体的共同活动,并且大部分敖包在名义上也归属于某一个氏族或家族,但是祭祀敖包时却很少祭祀祖先,也很少由家族萨满主持祭祀仪式。我们在调研中只听说在辉河地区还有极少数的萨满参加敖包祭祀,而大部分祭祀仪式中没有家族萨满的参与。这种现象说明,现代社会的敖包祭祀已经成为以地缘为中心的血缘群体共同进行的地方性宗教文化活动,血缘群体作为参与公共活动的基本单位,仍然具有一定的凝聚力。但是在先当敖包的祭祀中,萨满却担当重要角色。先当敖包所在之处被视为家族萨满祖坟地,因此,只有本家族成员才有权利和资格祭祀先当敖包。理论上,家族有祭祀先当的义务,莫昆成员必须全体参加祭祀,但是现实中往往在莫昆有需要时才会启动祭祀仪式。去世的萨满被视为家族祖先神,祭祀先当的目的常常在于请求祖先神庇佑家族,因此这种祭祀在意义与功能上与祭祀家族祖先是等同的。从以上考察我们能够看到,血缘关系在村屯中已经不再占据主要地位,村屯已经成为地缘组织。但是在村屯之中,血缘仍具有重要地位,同姓之间更具有凝聚力。血缘群体的亲密更多地源于氏族或家族制度所形成的习惯,使得血缘关系仍旧能够在社会组织构成中起到联结人心的作用。

四、余论

由于通婚和杂居,文化、信仰方面的相互影响加深,萨满信仰日趋边缘化。加之政策方面的影响,促使萨满教一度走向衰退,传统的萨满信仰已然发生不可逆转的变化。近年来,呼伦贝尔草原频繁出现萨满活动,新出的萨满通过宣告家族传承的脉络以取得自身合法性。尽管相当数量的萨满活动仅限于个人行为,其传承关系没有在社会中受到广泛认可,甚至有些萨满在本家族中都难以获得肯定。然而,不乏产生广泛影响力的萨满陆续出现,并且日益受到国内外各界人士的关注。那么,家族制度解体之后的社会,原本紧密依赖于血缘组织的萨满信仰如何维系并在社会中发挥调节作用?我们观察到,在萨满信仰的社会中,仪式是萨满教得以存在的一个直接手段。例如近年来呼伦贝尔草原多数萨满都要举行的"奥米那楞"仪式(萨满过关仪式),其中一个重要的环节是祭祖。在这个仪式中,家族成员共同体会因祖先降临而产生的神圣感,以及因祖先对家族的庇佑而产生的安全感和归属感。这个过程强化了家族观念,也增强了因为有共同的祖先和源头而产生的共同体意识。因此,我们也可以得出这样的结论,"一个制度并非因存在而有功能,反之,乃是因为它有功能所以存在。"①

本文原载于《世界宗教文化》2014年第5期

---

① 李慰祖:《四大门》,北京:北京大学出版社,2011年,第110页。

驯鹿鄂温克人的萨满教文化

卡丽娜[①]

摘 要：驯鹿鄂温克人信奉的萨满教，集自然崇拜、图腾崇拜、祖先崇拜之大成，以万物有灵的信仰为其思想意识的基础。萨满教文化作为驯鹿鄂温克人传统文化的核心，渗透于他们社会生活的方方面面。

关键词：驯鹿鄂温克人　萨满教

驯鹿鄂温克人是指居住在内蒙古自治区呼伦贝尔盟根河市敖鲁古雅鄂温克民族乡的鄂温克人。他们主要信奉萨满教，认为世间万事万物皆有灵魂，万物可灭，但灵魂永存，且灵魂都有超自然和超人的力量。而萨满就是人和神的联络者，因而在他们的心目中享有崇高的威望和地位。驯鹿鄂温克人信奉的萨满教，集自然崇拜、图腾崇拜、祖先崇拜之大成，以万物有灵的信仰为其思想意识的基础。萨满教文化作为驯鹿鄂温克人传统文化的核心，渗透于他们社会生活的方方面面。

一、萨满的产生

驯鹿鄂温克人的萨满是世袭的，且每个氏族都有自己的萨满。萨满既有男性又有女性。老萨满死后其亲弟妹或亲生儿女来继承，若无嗣者，由萨满在自己氏族内选择继承者。萨满死后的第三年再出第二代萨满。从成为萨满的经历来看，或是出生时就有奇异的现象；或是长

[①] 卡丽娜，女，民族学博士，中央民族大学民族博物馆副研究员，文物与博物馆学硕士研究生导师，主要研究方向为民族学、文物与博物馆学。

期久病不愈,后来竟然恢复健康活了下来;或是突然发疯,一度言行反常,如不怕水、火,冬季不穿鞋乱跑等等,人们皆认为这是祖先神灵看中了他们,特意加以保护,让他们成为萨满的缘故,进而视他们是祖先神灵特别中意、乐意庇护并经常提供帮助的对象。如据1997年7月去世的驯鹿鄂温克人的最后一位女萨满纽拉讲述,① 她的哥哥格列西克在17岁时当萨满,不久病故,从此14岁的纽拉精神失常,久病不愈,经萨满跳神治病,认为她当萨满才能痊愈。纽拉被疾病所迫,从16岁开始师从于布利托天氏族有名的女萨满敖力坎②,经过3年苦练,18岁时正式成为萨满。

新萨满的请教仪式一般都在夏季举行。届时,在老萨满的带领下,新萨满熟悉跳神等一系列宗教业务,掌握本氏族全部神灵的名字。经过三年的请教后,新萨满才能独立跳神赶鬼,为本氏族或外氏族成员服务。在驯鹿鄂温克人的氏族社会里,萨满的职能是多方面的,无论在生产生活各个领域,他们都要兢兢业业地为自己的族人祈福消灾。比如,为死人家除污免灾、祭神治病、为婴儿追魂、祈求狩猎丰收、祈求驯鹿群健康发展等。

二、法具及其造型艺术、象征意义

驯鹿鄂温克人萨满的法具有萨满服、帽、鼓及鼓槌等,其中萨满服上的图腾造型艺术充分地反映了其远古时期万物有灵的观念。以驯鹿鄂温克人最后一位萨满纽拉的神服"萨玛黑依"为例。它是用柔软的鹿皮缝制的,由神帽、神衣、披肩、护胸兜、神裙等五个部件组成,配有众多的毛穗和皮飘带,铁制的各种神偶器件和大小铜镜,分别挂在神服的各个部位。它始做于1922年,制成于1924年,历时3年。驯鹿鄂温克人的神服不得在短暂的时间内制成,要经3年逐步做成,并且每年在布谷鸟鸣叫后开始制作,白桦树叶脱落时停工。制作神服要出自众人之手,纽拉就请了9位妇女帮她缝制神服,又请了5位匠人帮她打制铜铁器

---

① 满都尔图,汪立珍,朝克著:《鄂温克族萨满教卷》,北京:中国社会科学出版社,1999年,第138页。本文中有关萨满纽拉及其所言均参见此书。
② 敖力坎的师傅是鄂伦春族萨满,名为敏其汉。

件。制作神服剩余的皮角、线头、铜铁碎屑不得随意丢弃,待神服制成后集中一起销毁。纽拉萨满停止宗教活动后,将萨满神服收藏在山林中。后又找回,现收藏在敖鲁古雅鄂温克博物馆内。

纽拉萨满半圆形神帽上有一对左右对称的铜或铁制的鹿角形装饰物——鹿角权,称作萨满的"玛鲁"神,象征着萨满的威力。其后侧挂有18根布条,代表神的九女九男萨满儿女。鹿角权的数目因萨满的等级而有所不同。初当萨满者戴3权神帽,取得一定资历后戴6权神帽,资历高、神通大的萨满戴9权神帽。用鹿角权数象征萨满资历是与狩猎生活密切相关的。鹿角的权数是随着鹿的年龄增长而增多,萨满的资历也随着时间的延续而增高。驯鹿鄂温克人萨满帽造型及装饰风格的形成,是他们在远古狩猎时代里,以鹿为衣食,并在伪装狩猎过程中形成的信仰意识及民俗行为在他们的萨满教文化中的反映,也是从真实的狩猎生产中演化而来的造型艺术。在早期的狩猎活动中,驯鹿鄂温克人都头戴鹿角或鹿耳的帽子,身穿毛朝外的鹿皮衣,伪装成鹿的外形,进行围猎和接近猎取的野生动物。这也是早期头人形象的一种遗留,象征着头人是猎鹿英雄,暗示着他像鹿一样的灵活,是勇敢、机敏的标志。

神衣造型通常为窝领,紧袖对襟式短衫,腰摆较为宽大,用鹿皮缝制。在这种萨满短皮衫上,是以动物的各部位骨骼为依据制作缀饰起来的。在神衣双袖的下方缀有一排皮穗饰。他们将这看作是动物身上的毛,与他们古老狩猎意识中认为毛有灵性的观念是一致的。这样做是为了便于沟通人间与神界。

萨满神衣后背有一条窄长的到袖口的活叶披肩,上面挂有各种偶像模型,集中反映了萨满的职责和使命,突出表现了驯鹿鄂温克人的宗教文化。披肩上缝有红、黄、蓝三色布带象征彩虹。萨满称彩虹是天桥,上界的神灵要通过彩虹降到人间,所以神服上的主要神偶都悬挂在代表彩虹(天桥)的这条活叶披肩上。披肩上悬挂排列的用铁片制成的各种神偶,如雷公、月亮、布谷鸟、脊椎骨和脊髓、蛇、天鹅、太阳、雷母、鱼,另外还有蛇神上端挂的一颗启明星、胸兜上的鹿肚脐等。挂布谷鸟和天鹅神偶,是说随着布谷鸟飞回山林的鸣叫声,山林里开始万物复苏,天鹅飞得又高又远表现广阔无际的大山林,两者象征驯鹿鄂温克人生存在生机勃勃、广阔无垠的大山林里;挂太阳和月亮神偶,纽拉萨满解释为太阳是母亲,给人带来温暖,月亮是父亲,黑夜里带来光明,并认为各种猎物都是太阳和月亮赐给的,猎人一旦猎获不到东西,就请萨满跳神祈求太阳神和月亮神赐给猎物,太阳和月亮是养育人类之神;在蛇神上端还挂有一颗启明星即驱赶黑暗之神,萨满多在夜间跳神,预示驱赶黑暗、迎接黎明,对日、月、星辰等天体的崇拜意识及其造型艺术,也是在人类早期社会中带有普遍性的一种文化事象;挂雷电神,是认为魔鬼最怕雷电,常常钻进岩洞里躲避雷电的袭击,若有妖魔鬼怪危害人间,神界就派除恶之神雷电来惩罚它;披肩通常挂有36条小鱼,鱼儿能在水中成群自由生存和繁衍发展,称之为水中之神;护胸兜上的二排共36只走动状天鹅造型,代表天鹅神界的众多仙女成群结队地从空中降落水面,是神界安排她们为萨满跳神助长神威,被视为吉祥鸟。带有饰物的披肩整体意义为驯鹿鄂温克人生存在广阔无际的大山林里,受太阳神和月亮神养育,被蛇神保佑,借雷电神除恶,萨满的使命是为人们祛灾免祸,驱除病魔,保护部族像鱼群一样自由生存和繁衍生息。

萨满神裙由裙腰和飘带两个部分组成,均以鹿皮制作。其裙腰上有红、蓝交替的长宽不等的条线式装饰。其前后两层飘带的正面,饰有距离相等的红、蓝两色交替的横式彩线道饰,这种造型按纽拉萨满的说法为原蛇背纹饰的再现,也有彩虹吉祥之意。在飘带间,又加饰有两种反差较大的皮毛缝成的筒形造型,末端也饰有皮穗,与他们传统的高级别萨满胸前所饰蛇形造型即"舍卧克"很一致,显得极为古老。神裙上还缀饰有各种用铁片制作的动物图腾造型,有鲁吐鸟和齐卡库鸟等鸟类及一对熊、一对狼、野猪等走兽类,另外还有柳叶形鸟瞰式呈鸟背造型的鱼神等。对上述动物类的崇拜是与萨满教产生在古老渔猎经济时代和他们所从事的狩猎生产有着密切联系。传说熊是人类的祖先,驯鹿鄂温克人称公熊为老爷子,不轻易伤害猎杀。一旦打死熊,还将熊骨进行风葬。熊是猛兽,人们非常畏惧,称熊是"林中之王",恭维熊不要伤害人和驯鹿,从而把熊奉为保护人和驯鹿的神灵。狼在林中出没,常常伤害驯鹿,为使驯鹿不受其害,而敬狼神。纽拉萨满说:"狼是神灵的大儿子,当我跳神寻找丢失的驯鹿时,狼神会帮助我赶回丢失的驯鹿。"这种崇拜从宗教意识上反映了变害为利的主观愿望。神裙上还出现了野猪图腾造型,这显然是出于对自然界中猛兽的一种畏惧心理,但他们也想通过对猛兽的崇拜而获得超人的神力,或者是幻想能获得猛兽英勇善斗的个性。腰裙上挂有一对神鸟,鲁吐鸟和齐卡库鸟:①鲁吐鸟叫声嘹亮,萨满跳神唱词的曲调仿效鲁吐鸟鸣叫一样悦耳动听;齐卡库鸟跳跃灵活,萨满跳神的舞步模仿齐卡库鸟跳跃一样灵活敏捷。还挂有数十条小鱼模型。神裙还挂有两把剪刀造型器件,既代表妇女的裁剪工具,也是萨满用于从患者身上剪断各种病魔的用具。

纽拉萨满用的是筛形鼓,俗称"抓鼓"。鼓面多用狍皮、鹿皮、犴皮。鼓是最古老的法具。渔猎经济时期,氏族首领击鼓指挥族众围攻野兽,同时也用鼓声恫吓猛兽,可见鼓是远古时期主要的生产工具之一,用于萨满教仪式上,鼓成为呼唤神灵的工具和震慑妖魔的法具。对于神鼓,纽拉萨满解释说:"鼓能传递音信,从鼓的声音中萨满能闻知神灵的语言,神灵也从鼓声中得知萨满的需求。"

综上所述,驯鹿鄂温克人萨满神服上佩饰的图腾造型,不论是天体、动物造型还是人体器官造型,总计有60余件,其种类繁多,内容丰富,集中反映了驯鹿鄂温克人在远古游猎时期对大自然的崇拜和对图腾物崇拜的意识心理特征。从观念意识形态等方面分析驯鹿鄂温克人萨满服的神帽、神衣、护胸兜及披肩、神裙上的各种造型装饰,其特征是十分明显的,塑造了一个完整的崇拜示意形象,比较典型地反映了游猎民族在历史上形成的对自然万物的依赖崇拜意识,给我们留下了珍贵资料。

三、法术

在驯鹿鄂温克人异常艰苦的游猎生涯之中,凡遇病痛缠身、打不到猎物、驯鹿走失等情况时,总是求助于萨满和神灵,请他们来跳神寻找原因并许愿,还向被自己无意中触犯的神灵上供其所需要的猎物。跳

---

① 鲁吐鸟和齐卡库鸟,是鄂温克语叫法,其学名不详。

神是萨满最主要的通神方式,最重要的宗教活动。人们在复杂的灵魂不灭观念的驱使下,通过跳神的仪式,集中反映出所信奉神灵世界里的种种情况。跳神的整个仪式是传统的,请神、降神、附体、神言、神归等,其间往往穿插驱鬼的过程。下面就祭天仪式、招魂仪式、祈求猎物以及寻找驯鹿仪式、"奥米南"祭会、萨满音乐舞蹈等内容来详细论述驯鹿鄂温克人萨满的作法过程。

祭天仪式　先搭起一座"仙人柱",在"仙人柱"附近又搭起简易祭台。这时萨满穿好萨满服,手持椭圆形单面鼓,牵来一公一母两只驯鹿,在"仙人柱"旁的树杆上拴好后,萨满击鼓祝词,说明祭天的因由和以什么色的驯鹿供祭等。接着杀驯鹿祭天,以驯鹿血涂抹鼓面祭鼓。祭台上象征性地摆好鹿头、四个蹄子及一部分骨骼内脏等,并将鹿两只前蹄摆在驯鹿头两侧,鹿后双蹄摆在后面,表示以驯鹿祭天。之后女萨满时而坐地时而起舞击鼓讴歌,请求天神保佑驯鹿鄂温克人。

招魂仪式　驯鹿鄂温克人得重病时,请萨满跳神。萨满治病时必须杀白色的驯鹿。没有驯鹿时,可用马鹿、犴或鸭子来代替祭物。首先在"仙人柱"的东南角搭一四柱棚,剥皮时驯鹿嘴下面腹部和四肢的里皮不得切断,并与驯鹿的心、肝、肺、食道、头等一道放在棚上。驯鹿的头必须朝日出的方向,其他的部分煮熟后,献给"玛鲁"神,人不能吃。在"仙人柱"里"玛鲁"神位前铺桦树条子,前面立两根松树桩,桩上系除黑色布条以外的红、绿、黄各色布条,桩的上端涂驯鹿血。驯鹿鄂温克人的小孩得重病时,他们认为其灵魂离开了小孩身体,到了另一个世界,故请萨满把小孩的灵魂"乌麦"请回来。请萨满求灵魂"乌麦"的人,必须事先准备黑白各1头驯鹿或马鹿、犴作为祭品。萨满在求灵魂"乌麦"时,必须在夜间跳神。跳神开始时杀一头黑色的驯鹿,这是因为萨满去另一世界,请回灵魂"乌麦"必须骑黑色的驯鹿。萨满跳一阵神后,把火全部熄灭掉,然后萨满在"仙人柱"里来回跑,说是萨满在抓灵魂"乌麦"呢!这样跑一阵子后才允许点上火,让大家看鼓面,有无小孩头发,有小孩头发时就意味着小孩灵魂"乌麦"已经请回来了。有病的如是男孩,其父亲赶快前去把头发抢到手,用一块洁净布包起来夹在腋窝内,并要束好腰带。有病的如是女孩,其母亲赶快前去把头发抢过来,用一块洁净布包起来放在屁股下面,他们认为这样灵魂"乌麦"就再也飞不了了。第二天要杀一头白色驯鹿来供"玛鲁"神。驯鹿鄂温克人的灵魂"乌麦"是用木头制成的小雀,并有犴皮做的衣服,平日把灵魂"乌麦"与"玛鲁"神放在一起或缝在小孩的背上。他们认为小孩一死,其灵魂"乌麦"就飞回天了。

寻找驯鹿、祈求猎物仪式 驯鹿鄂温克人饲养的驯鹿由于是半野生的,经常有跑丢的现象。当散放的驯鹿找不回来、主人万般无奈时,带着一条毛巾或一块布并准备好2只飞龙或鸭子,到萨满家去求神,请萨满指明丢失驯鹿的方位。萨满同意给求福时就问:"你家有什么血吗?"猎人就答:"有飞龙"或"有棒鸡",并马上将准备好的东西取出来供萨满的"玛鲁"神,也和大野兽一样取出飞龙或鸭子的心、肝、肺、食道、舌等东西,在"玛鲁"神前献上。另外,用柳条子做一鹿或犴形状放在"玛鲁"神前。这时家族"乌力楞"的人们都来参加。萨满便身穿神衣,身挎驯鹿头,手击神鼓,唱"奥诺"祷词,边唱边跳神施法,众人随合,亦边唱边跳,模仿赶回驯鹿的动作。求福的猎人把猎枪弹头取掉,减少火药。用枪打柳条制作的鹿或犴,在场的人一起说:"打中了,打中了。"这是很严肃的场面,任何人不准笑。猎人打完后,当场假装剥皮并取下心、肝、肺、食道、舌等东西。第二天搭一棚把这些东西放在棚上,他们认为这样就可以打到野兽。萨满祈求猎物的祷词同祭天的祷词差不多。这是驯鹿鄂温克人幻想利用强制的超自然力去影响自然界,以便达到自己的愿望,获得丰收。早期的驯鹿鄂温克人相信这样能找到丢失的驯鹿。

"奥米南"祭会 驯鹿鄂温克人中的年轻萨满,每隔数年举行一次祭祀自己神灵的仪式"奥米南",同时也是新萨满向老萨满讨教、实习的一种公开的仪式活动,一般都在夏季举行。届时,有一位老资格的萨满领祭。在"仙人柱"外竖立两棵白桦树和两棵落叶松,称为"托若"。从"仙人柱"内拉起一根细皮绳或皮条"斯提木",绕"仙人柱"一周后拴在两棵白桦树和两棵落叶松上,把供祭的兽肉切成细条挂在皮绳上,供祭的鹿或犴的头煮在锅里,炊烟和锅里的蒸汽上升,称为"苏布杰楞",意为祭神。在白桦树和落叶松上将供祭的鹿或犴的皮张毛朝外铺在地上，在其上面分左右两行各摆9个桦树皮碗，象征所供的九女九男萨满神灵。18个碗中盛有所供鹿或犴的血，驯鹿鄂温克人称为"奥米南"。每举行一次"奥米南"仪式，萨满神帽上的鹿角增加3杈。纽拉曾举行3次"奥米南"仪式，其神帽的鹿角由3杈增至9杈。"奥米南"节会很隆重、热闹，新老萨满至少跳三天。两个萨满来往于几棵树之间，有唱有跳。他们唱除了祝告、祈祷词外，还有关于疾病医治、神灵附体等各种问题。"奥米南"盛会也是驯鹿鄂温克氏族的共同祭祀活动，它是氏族精神生活的重要部分。这种氏族的共同宗教活动，增强了氏族的观念，从血缘纽带上把同一氏族的人们更加牢固地维系在一起。

鼓是萨满音乐演奏和萨满举行宗教仪式中至关重要的法器，无论在萨满唱诵神歌时，抑或萨满跳神时都是必不可少的。随着鼓声高低、快慢、强弱的变化，萨满音乐充满了十分深沉的艺术感染力。可以说，没有悦耳、清脆、有力的鼓乐之声、节奏动听的鼓点，便无法呈现萨满音乐的宗教文化特征。驯鹿鄂温克人萨满音乐根据唱诵者的不同，曲调也各具特色。开场时的音乐比较舒缓；祈祷阶段的音乐强烈、高昂、粗犷；请神时音乐又趋平和。在风格上仍然顽强地保留其本土固有的特色与韵味。跳萨满舞是早期驯鹿鄂温克人为了求神降福、驱魔治病的一种心灵寄托的宗教活动。跳萨满舞时，边击鼓边念唱祷词或咒词，为手击皮面抓鼓，腰部的甩劲不大，步伐多为走步、回旋和蹦跳几种，动作有力，节奏激烈，渗透着早期狩猎文化的深刻内容和粗犷的艺术感染力。驯鹿鄂温克人的萨满舞富有鲜明的民族特色。

四、结语

社会的意识形态亦即社会物质生活条件的反映。驯鹿鄂温克人世代逐兽而居的游猎生产生活决定了他们的意识形态，必然与周围自然环境紧密相连。而集这些意识形态于一身的萨满教，在驯鹿鄂温克人的早期社会里被反映为自然的力量，这是无可置疑的。驯鹿鄂温克人信奉的萨满教，是狩猎、驯鹿、饲养、捕鱼、采集经济基础上形成和发展起来的一种上层建筑，集自然崇拜、图腾崇拜、祖先崇拜之大成，以万物有灵的信仰为其思想基础。驯鹿鄂温克人认为神秘的大自然充满着神灵。从天空到大地,各种自然物和自然力以及动植物等都曾是他们崇拜的对象。萨满教在驯鹿鄂温克人早期社会生活中占有着十分重要的地位。尤其是在人们的思维意识和社会生产力发展水平极其落后的远古时期,萨满教信仰成为当时驯鹿鄂温克人精神追求、衡量是非等诸多方面的内在动力和准则,并对驯鹿鄂温克人的社会生产生活等领域产生了深刻的影响,从而渗透到驯鹿鄂温克人物质与精神生活的不同层面。驯鹿鄂温克人对大自然的依赖、崇拜、恐惧以及深刻而独特的认识,孕育了萨满教这一古朴的观念意识。

本文原载于《中央民族大学学报(哲学社会科学版)》2007年第2期

鄂伦春族女性萨满问题初探

刘晓春[①]

摘　要：以鄂伦春族萨满文化的保护与传承为核心，以女性萨满为研究个案，以论述保护和传承萨满文化的紧迫性和必要性；以女性萨满的社会功能及生存现状为切入点，对当代女性萨满的命运给予特别关注；对萨满文化现状进行深刻反思，为保护萨满文化提供一定的理论依据和对策建议。研究女性萨满，不仅有助于深化对萨满教文化的理解，而且有助于人类非物质文化遗产保护，还有助于推动鄂伦春族社会的和谐发展。

关键词：鄂伦春族　女性萨满　文化价值　现状反思

在鄂伦春人心目中，有一种人永远不会被打倒，那就是萨满。鄂伦春人信仰萨满教，萨满教的世界观渗透到他们生活的各个方面，包括生产、生活、道德、思维方式、风俗习惯，等等。在鄂伦春语中，"萨满"一词有两个含义：一是"无所不知的人，有先知先觉的人"；二是"沟通人与神之间的使者"。鄂伦春族古老神话有云，天神恩都力看到森林里的鄂伦春人生活艰辛，时常被天灾病痛所困扰，就让金色的神鹰飞跃万里长空，从千层云端下落到人间，变现为亦正亦邪、亦人亦神的萨满。萨满的神力变幻多端，魂魄或寄予祖先神、草木神，或依于狐狸与蛇蟒，通晓过去，预知未来，甚至能召唤幽远的丛林精灵，治病驱邪无所不能。那

[①] 刘晓春，女，博士，中国社会科学院民族学与人类学研究所研究员，研究方向为鄂伦春族历史文化。

飞转的铜镜,翩翩的彩带,奇异的唱诵,带你穿越一条祖先曾经走过、如今你正在蹚过的生命之河。

在萨满长调的吟唱中,你的恐惧在慢慢减轻,你的逃避在渐渐显现,你的喜悦在当下绽放。就这样,萨满用隔空的语言,与你腿上的那支隐形的箭对话,劝你胸口那只不安分的小鸟赶快飞走,告诉你头颅里隐蔽的那朵彩云飘回原处。他们那无穷的精力、超自然的法术、神灵般的智慧,都是族人尊重敬仰的源泉。但平时,他们却过着极度简朴和安静的生活,除非氏族里有重大的祭祀或有人重病。他们就住在部落里,经常是柔弱而慈祥的样子。萨满的存在让每一个氏族成员心有所依,深感寄慰。如果这个世界没有萨满,活着就将变成一种太漫长的痛苦和乏味的迟缓。在过去与世隔绝、缺医少药的大森林中,萨满能让人心理淡定。如今,萨满跳神治病的时代已经过去,但历史的惯性、文化之永恒,决定着萨满文化的价值和精髓没有也不可能终结。

一、鄂伦春族萨满女多于男之原因

萨满被看作是沟通人类和神灵的使者,因此,并不是任何人都可以成为萨满的。在鄂伦春人当中,有四种人才可以当萨满。第一,就是孩子出生的时候,胎胞不破,这样的人长大了以后将会成为萨满。据说,难产的孩子生出来以后,他身上包着一层膜,这个膜没有破的孩子可以成为萨满,因为这个孩子命比较硬。第二,就是患有精神病或其他病症久治不愈,后来因为许愿当萨满而病好的人。像大难不死的人得了重病的,就是很难起死回生的时候,让你当萨满,通过萨满作法以后,大病痊愈了,这样的人可以成为萨满。第三,就是老萨满死了以后,他的神灵会找另一个人去附体,这个人如果能说出老萨满的情况,那么他就可以当萨满。第四,就是悟性比较高的人,有穿透力的人,预感性很强的人,能看到其他人看不到的东西的人,这样的人,可以在老萨满的培养下成为新萨满。

在鄂伦春族萨满教信仰中,女性形象居多,而且女性萨满多于男性萨满。相传鄂伦春族最早的萨满是一位女子,名"尼产"。她体健聪明,箭法神妙,威力无比,狩猎、采集、熟皮、缝制等多种技能集一身。尼产对人宽厚仁慈,不辞辛劳,呕心沥血,为族人排忧解难,经常为他人看病,甚至从地狱中将死去的人救出。在精奇里江,也就是现在的黑龙江,曾经有吴姓大萨满、丁氏大萨满等等,她们皆有治病、追魂、招魂等法术。

据萨满关扣尼老人讲,她当萨满的时候,就是请了关乌力彦萨满跳神传承而成为萨满的。鄂伦春民间传说《万能的萨满恩都力》讲道:恩都力女萨满不仅能够使人起死回生,还可以呼风唤雨。一个老者之子死了,恩都力萨满快步如飞地去阴间追他的魂。一路上遇到很多风险,都被她一一战胜。赶到阎王府时,见其戒备森严,便取出自己的雷神抛向空中,顿时出现了一片乌云把她托上了天空。恩都力见此老者之子的魂正与鬼魅摔跤,立即将他从地上吊上来,挟之疾走。回到原地,老者之子起死回生。据20世纪50年代的调查资料统计,从1900年到1958年,在内蒙古鄂伦春自治旗托河乡以及黑龙江省逊克县新鄂、新兴乡,共先后出现过39位萨满,其中女性25人,男性14人①。在鄂伦春族萨满教的祭祀活动中,供奉的神灵也多为女性。至今,仍有许多老人认为,腊月二十三是火神上天之日,要向火神供奉野兽的肉,这个祭祀多由家中的女主人主持。鄂伦春族女性萨满何以多于男性萨满?笔者通过与萨满教研究专家孟慧英老师交流,通过与鄂伦春族作家刘晓红(笔名:金吉玛)切磋,总结出以下几个方面原因:从社会学思路来看,系母系社会的遗存,在父系社会,女性仍有宗教权;从心理学角度来说,女人天生敏感,容易被引导,男人的思维是直线型的,而女人大多是网状思维;从生理学思路来看,女人生儿育女,对生命的体验更为深刻,男人属阳,女人为阴,女人更容易被大仙附体;从地理学角度来说,亚北极地区寒冷的气候,极夜和漫长的严冬,容易引发抑郁症,生活在北极圈一带的狩猎民族容易患歇斯底里的地理病;从经济学角度来看,男人狩猎是家庭经济的主要来源,女性处于从属地位,其主要任务是抚养孩子,缝制毛皮制品,夏季从事采集。男人长期在外狩猎,女人有更多的

---

① 刘翠兰,张林刚:《从鄂伦春族民间文学看其信仰习俗》,《内蒙古社会科学》,1991年第4期。

时间面对孤独和寂寞。一位出生在格陵兰岛的因纽特萨满说过这样一句话：真正的智慧只能在远离人群的地方才能存在，在极度的孤独中才能产生。就狩猎民族而言，男人与女人的关注点不一样。男人更关注外在的一切，如动物、森林以及与狩猎有关的所有话题；女人盘腿坐着，主内、安静，每天面对树木和蓝天，更容易与大自然交流和倾诉。

二、女性萨满的现状及萨满传承情况

关扣尼，女，鄂伦春族，古拉依尔氏，1935年夏出生于大兴安岭溪尔气根河流域。其父蒙克，是一位勇敢出色的猎手，母亲孟姑任波善良贤惠。关扣尼家境贫寒，原有三个哥哥、两个姐姐，但除了姐姐关扣杰外，其余哥哥、姐姐很早就先后夭亡。在关扣尼不满一周岁时，她的母亲患病去世。经人介绍，父亲娶了一位丧偶的女人，名字叫阿古。继母阿古心地善良，特别疼爱这几个失去母亲的孩子，幼年的关扣尼跟在继母身后，形影不离。关扣尼童年时，家中富裕起来，马匹逐渐增多。她酷爱骑马，常常骑着马在原野、密林中奔驰。1950年的一天，关扣尼突然感觉腰部和胸部一阵阵疼痛，像岔气一样呼吸困难，倒在路边。继母看到此状十分心疼，精心照料。可是，关扣尼的病情一天比一天严重，而且持续了半年也不见好转。继母阿古想了各种办法，但都不见效。无奈，父母亲请来了赵立本大萨满。赵立本看了关扣尼的病情后说："这孩子只有当萨满，病才会好。"家里人为关扣尼做了一件神衣，关扣尼穿上神衣，跟赵立本萨满请神，跳神。不用人特意教，她很快进入神附体状态，不知自己说什么唱什么，到了自己言行不能控制的忘我境界。关扣尼成为萨满后，病完全好了。经过多次实践，年轻时就能够独立举行请神跳神仪式。她的神歌委婉动听，神舞和谐优美，给人以美的享受和智慧的启迪①。关扣尼老人，是目前我国唯一的鄂伦春族萨满，今年79岁，有着丰富的手工传统技艺和口头文学作品，2007年被中国文学艺术界联合会、中国民间艺术家协会确定为中国民间艺术杰出传承人，但这个传承人只是名义上的。

---

① 关小云，王洪刚：《鄂伦春族萨满教调查》，沈阳：辽宁人民出版社，1998年，第55页。

为了使萨满文化得以流传,2008年,在黑龙江省呼玛县白银纳乡鄂伦春族下山定居55周年庆典期间,呼玛县委、县政府统一部署,县政协和县委统战部统一协调,县委宣传部配合,县民族宗教局和白银纳乡党委政府精心组织,在美丽的呼玛河畔,当夜幕降临之时,举行了隆重而神秘的萨满传承仪式,萨满传承人是关扣尼的女儿——孟举花。孟举花神功不错,悟性很高。为了使萨满文化得以延续,2009年,白银纳乡政府组织引导7名20多岁的年轻人,拜老萨满为师,学习萨满神服的制作工艺,现在已经出徒,使其手艺得以流传。另外,呼玛县政府又聘请内蒙古鄂伦春乌兰牧骑歌舞团的舞蹈老师徐振军和大兴安岭地区红十字会会长关金芳,为白银纳鄂伦春民间艺术团编排萨满舞蹈——《萨满神韵》和祭祀舞蹈——《大山的回声》,以舞蹈的形式宣传和弘扬神秘的萨满文化。2009年12月3日,关扣尼的女儿孟举花不幸出车祸遇难,萨满传承人夭折。关扣尼非常痛苦,在亲人好友的劝说下才慢慢"复活"。2012年,政府给她分了一栋80平方米的住房,一个人居住。关扣尼眼睛有毛病,目前什么也干不了。2012年主持了一次祈福祭祀活动,政府媒体录制了全部过程。新的传承人暂时还没有确定,政府有意向,但做萨满的工作做不通。据笔者了解,关扣尼本人有意向,就萨满传承人问题,她想传给她的侄女关金芳,但关金芳本人有顾虑,她认为萨满非常神圣,自己难以胜任。

三、民间女性萨满现象

如上所述,关扣尼老人是目前我国鄂伦春族唯一的萨满传承人,然而在鄂伦春人眼中,具有萨满潜质的女性不乏其人,她们不被社会承认,但却扮演着萨满的角色,义务为有需求的人作法、占卜、看病、祈福,执行"民间萨满"的职能。

个案1:额尔登挂,女,1931年正月十五出生在大兴安岭一个贫苦猎民的家庭里,她的爷爷曾是一位氏族萨满。额尔登挂是鄂伦春族赞达仁传承人,是内蒙古呼伦贝尔市43个市级非物质文化遗产传承人中最年长的一位。额尔登挂老人的童年和少年时光,都是跟随父母在大森林中度过的,北方狩猎民族的勇敢与无畏、能歌善舞在她身上体现得淋漓尽致。据她说,她自己富有萨满功力,曾先后救过3条人命。鄂伦春族女人必会的3样手艺如绣花、唱赞达仁和跳舞,她样样精通。在鄂伦春人当中,萨满主要有两种:一个是氏族萨满,一个是流浪萨满。氏族萨满是很有地位的,是一个氏族或一个家族较有名望的萨满。额尔登挂说,氏族萨满是隔代传,她本应该是爷爷的萨满传承人,但自己没接着,因为神来的时候,新社会开始了,当时已经不让跳大神了。她17岁时和全家人下山定居,先后在鄂伦春猎民乡、鄂伦春旗妇联、鄂伦春旗商业局、鄂伦春旗工商行政管理局等岗位工作过,但她从来没有忘记搜集和整理赞达仁,并热心地教身边的人;同时,天资聪慧的她也学会了当地所有流派的赞达仁。额尔登挂老人不但歌唱得好,舞跳得美,还会绣花、制作桦树皮制品,吹口弦琴、鹿哨和袍哨等。最为重要的是,她会做萨满神服,尤其是会绣萨满服饰上的各种图案。额尔登挂说,我没当成萨满,但我已被家族萨满附体,所以我必须会做萨满神服,不仅会做,还得会讲,明白每一个图案的含义。

个案2:莫桂芝,女,1950年10月13日生于小兴安岭地区沾河流域一个鄂伦春族家庭里,父亲莫金生是一位出色的猎手。莫氏家族是鄂伦春族的萨满世家,世代信仰萨满文化。家族中每隔一、两代就出现一个萨满,祖上曾先后出过3位萨满,莫桂芝的奶奶就是一位大萨满。据莫秀珍老人讲:"鄂伦春人下山定居的时候,我大娘(莫桂芝的奶奶)说什么也不肯下山,认为鄂伦春人若不相信萨满,就失去了精神支柱。政府派来医生为鄂伦春人看病,萨满受到冷落,我大娘抑郁而死。"[①]小时候,莫桂芝精灵古怪,想象丰富,不善言辞,但心中有数。1953年,鄂伦春族下山定居,萨满传承仪式被取缔。萨满的一个重要职责就是治病。历史上北方少数民族因为缺医少药,抵抗灾难与疾病的能力低,人们便依靠萨满来治病。现代医学这么发达,萨满这一职责是否也随之消失了呢?笔者通过调查发现,萨满的这一职责不但没有消失,反而在民间还有一定市场。虽然莫桂芝不是萨满,但具有萨满潜质,有一些特异功能。近些年,来找莫桂芝看病的人也不少。莫桂芝的原则是来者

---

① 刘晓春:《鄂伦春历史的自白》,呼和浩特:远方出版社,2003年,第28页。

不拒,相信我,我就给看,不相信我则免。莫桂芝往往借用神灵名义,通过心理暗示来调节人的情绪和心境,对外伤、皮肤病等运用中草药及物理疗法。而所用一些神器和仪式手段,主要是为了使萨满治病更显神秘性。据观察,她看的主要是外病(虚症),即因为外界影响而得的病,如被什么东西冲了、沾了"晦气"或邪气附体,等等。此外,莫桂芝也给有需要的人看事,通过念咒语或发放护身符等为他人消灾祈福。这种心理暗示方法比较管用,有的抑郁症患者会减轻痛苦。

额尔登挂和莫桂芝等人没有成为萨满,是由很多因素造成的,不能一概而论,但时代背景还是很重要的。新中国成立以后,不让跳神了,认为那是一些迷信的、巫术的东西。但是到了现在,人们开始觉醒,认为萨满教绝不仅仅是一种巫术,它可以是一部历史教科书,也可以是一部文学作品。因为在萨满从事宗教的活动中,在他的唱词里可以完整地诉说一个民族的历史。所以,新萨满教和新萨满的诞生对传承鄂伦春族传统文化具有重要意义。

四、女性萨满传承存在的问题

1. 有关萨满传承人的选择和传承仪式的内容外界参与过多。2008年,在黑龙江省呼玛县白银纳乡鄂伦春族下山定居55周年庆典期间,呼玛县县委、县政府统一部署,在呼玛河畔举行了隆重而神秘的萨满传承仪式。整个过程虽然留下了宝贵的影像和图片资料,但萨满文化现象是在最自然的环境、时间、氛围中发展的,一旦有了外界的参与和干扰,所谓的传承仪式就失去了一些本真的东西。正如关扣尼本人所言,在强烈的摄影灯照射下,神都有点守不住了,萨满传承仪式不能"表演"。

2. 萨满传承人的生活比较贫困。关扣尼是目前我国唯一的鄂伦春族萨满,她的主要生活来源是五保户补助。她的丈夫、大儿子、小儿子、女儿相继去世,目前只有二儿子还健在,但身体不好经常犯病,也没有固定收入。

3. 在鄂伦春族地区,具有重要价值的萨满文化传人断代问题越来越突出。由于各种原因,到目前为止,还没有培养出一个真正意义上的萨满传人。目前,整个鄂伦春族能咏诵萨满长调并能主持萨满仪式的老人只剩下关扣尼了。如果再不采取紧急措施传承萨满文化,10年之后,在鄂伦春族地区就找不到智慧渊博的大萨满了[①]。传统文化是我们认识世界的一把钥匙,如果我们放弃了对这个宗教的研究,可能很多的东西我们就无法考证,很多的历史永远地沉在长河当中。

4. 萨满教倡导的人与自然的和谐理念具有重要的研究价值和存在价值,今后应加大这方面的研究力度。考虑到"确信则有"的心理暗示作用,即使在物质极度丰富的当下,萨满的精神疗法依旧重要,因此萨满教参与社会关怀具有重要意义。

5. 萨满教的社会功能尚未得到很好发挥。萨满文化价值在理论上不断被认可,但在现实中,其文化功能却依然停留在社会的边缘。

萨满文化告诉我们:万物皆有灵,地球有经络,没有信仰的民族是没有希望的。遵从自然、敬畏自然,人类才会自律,人类自律山河才会秀美。信奉萨满教的鄂伦春族对自然的保护是整体的,是没有任何功利和欲望的,鄂伦春族狩猎文化始终渗透着对大自然的深情和感恩。文化是多样的,文明是人类追求的永恒主题。人类的文明不是强势文化的整合,而是多元文化的并存和共生。鄂伦春族是一个很有个性、很有特色的森林民族,萨满文化具有重要的研究价值和存在价值。如果森林没有了,狩猎文化也就无法延续。在现代文明的冲击下,其传统文化消失得越来越快,而正在消失的文化,恰恰是我们还没有很好解读的文化,生态环境的破坏则加剧了其现有文化的消失。大、小兴安岭的植被不仅仅是树木和花草,鄂伦春人是最重要的植被,萨满教提倡的人与自然的和谐理念才是中国生态理论之根本。因此,对萨满文化进行深入探讨和适当扶持,不仅有助于人类非物质文化遗产之保护,也有助于推动鄂伦春族社会的和谐发展。

本文原载于《黑龙江民族丛刊》2015年第3期

---

① 刘晓春:《鄂伦春人文经济》,北京:知识产权出版社,2010年,第3页。

传统的记忆
——鄂伦春萨满的口述及其解读

索米娅①

摘　要：鄂伦春族萨满文化如今已没有活态仪式，本文通过对黑龙江省鄂伦春族现世唯一健在的女萨满关扣妮进行口述访谈的方式，辅以对仪式中角色的呈示以及仪式音声加以阐释，再现了部分萨满仪式。

关键词：萨满　关扣妮　仪式　口述

为了进一步了解鄂伦春族萨满文化的渊源，笔者于2013年2月25日启程前往黑龙江省呼玛县鄂伦春族聚居地区进行田野调查。时针指到晚上8时05分，笔者到达了调查对象关金芳常住地——加格达奇。由于其儿女都住在呼玛县，所以春节前关金芳阿姨便带着表姑姑关扣妮老人回到了呼玛县与儿女一起过春节。由于加格达奇没有直达呼玛县的火车，笔者只好于次日早晨7时13分坐上加格达奇到塔河的火车，一路上，透过车窗，看着一片片矗立在皑皑白雪中的白桦林，顿时旅途的疲劳渐渐地被冲淡了。4个多小时后，到达塔河站。

细心的关金芳老师老早就托朋友帮我买好了去呼玛的车票，拿到票我便启程前往最终的目的地——呼玛县。

越走越冷了，大客车里已经感觉到了丝丝寒意，这里的雪依然很厚，车外是零下42度的极寒天气，看着窗外被白雪覆盖着的田野、住房

---

① 索米娅，女，音乐学硕士，天津传媒学院教师，主要研究方向为音乐理论。

一晃而过，我的心情也愈加紧张起来。下午16时，终于到达呼玛县白银纳乡，关阿姨的大儿子一曼哥开车将我接回关阿姨的女儿家，家里人都非常热情，还为我准备了丰盛的晚宴。经过短短的接触，我充分感受到了鄂伦春族待客纯朴、诚恳的性格，紧张忐忑的心情逐渐淡去了。

初见关扣妮老人我就被她慈祥的面孔所吸引，我们就像很早就熟悉的家人一样，轻松、自然。吃完晚饭我和他们一家人围坐在电视机旁，和他们一起享受一天中最闲暇、最幸福的时光。关金芳阿姨时不时会为关扣妮老人解释电视节目的内容，偶尔还会传来一阵欢笑声，一家人其乐融融。关金芳阿姨为我此次的田野之行营造了安静、舒适的工作环境，还专门为我准备了一个房间，当晚，我便开始为访谈做准备工作。以下是我在采访时拍摄的白银纳乡，也就是此次田野调查的村落和住所。（在本次采访中，笔者将其列为第一个重点采访对象。由于关扣妮老人不懂汉语，所以全程访谈均由关金芳阿姨担任翻译。）

图1① 呼玛县白银纳乡

图2 笔者住所白银纳乡关鹏家室内景

---

① 本文所有图片为作者本人于2013年在呼玛县白银纳乡拍摄。

一、鄂伦春民间萨满文化的"活化石"——关扣妮及其家族谱系

自20世纪40年代国家开始禁止鄂伦春族人民信仰萨满教以来，该民族的萨满文化正在一步步退出传统文化的舞台。萨满文化作为鄂伦春族传统文化的重要组成部分，成为影响鄂族人民生产生活以及鄂伦春族民间音乐文化的直接原因。所以此次笔者将黑龙江省呼玛县地区唯一健在的女萨满——关扣妮作为了解该民族萨满文化的重点采访对象。下面笔者将对关扣妮的生平做出简要概述：

关扣妮，女，鄂伦春族。谷拉伊尔氏，汉姓关。1935年9月30日出生在小溪根气河流域，其父亲孟轲是位勤劳勇敢的猎人，生母孟沽任波是位善良贤惠的鄂伦春妇女，原为沃勒河流域人。关扣妮自小家境贫寒，原有三位哥哥，两位姐姐，除姐姐关扣洁于20世纪80年代去世外，其余哥哥姐姐很早就先后夭亡。关扣妮童年起，家庭条件逐渐富裕起来，马匹也逐渐增多。她从小就酷爱骑马，常常骑着马在原野、密林中奔驰。她还特别喜欢小马驹，每当家中有母马产崽，她都第一个去观察。1950年的一天，关扣妮去草甸子观察母马是否产崽，突然感觉腰部和胸部一阵阵疼痛，呼吸出现困难，倒在了路边。几分钟以后她醒过来，咬紧牙关坚持着走回了家，养母阿果看到此状，心疼不已，精心照料。可是，关扣妮的病情一天天严重，持续了半年之久。养母心急如焚，也曾想了各种办法，请人占卜、祈祷都不见效。后来，请来了其大娘关乌丽燕萨满为其做法。这一次并没有见效，于是，大家又为其请来了关扣妮的叔伯哥哥关佰宝萨满（关乌丽燕的女婿），他为关扣妮请神、跳神、驱魔、祛病、祈祷，关扣妮的病情才稍有好转。就在那一年，关扣妮一家人由白银纳河南搬迁到布拉嘎罕（今十八站乡兴建村），关扣妮的病情愈发严重。最后，父母请来了当地最有名的赵立本萨满。赵立本萨满了解到关扣妮的病情后说："这个孩子是被上方神灵选中了，只有当萨满，病才能好。"当时，只有十六岁的关扣妮已由父亲做主订了婚。说到当萨满，其爷爷不同意，说："我的孙女就要嫁人了，不能当萨满，当了萨满也是人家的人了。"父母亲不能违背老人的意见，但看到女儿受到如此折磨，心疼得只有在一旁落泪。无奈之下，夫妇俩请求关佰宝来

做老人的工作。当时的关佰宝也已结婚,婚后的第二年得了一种怪病,大腿浮肿溃烂,露出骨头,不能走路,大小便已不能自理。一家人在为关扣妮头疼的同时更为关佰宝苦恼。直到有一年,岳母关乌丽燕萨满为他做法,才治好了他的怪病。关佰宝病愈之后便成为萨满,其对爷爷讲起了自己当萨满的经过,讲关扣妮生死利弊与当萨满的益处,说得爷爷心服口服。最后爷爷才同意请萨满为孙女关扣妮做法,并接受其当萨满。就这样,关扣妮便成了萨满。

成为萨满之后,关扣妮曾为族群中的一个6岁女孩进行过萨满招魂仪式,还曾多次祭祀山神,为族人祈福。但1953年关扣妮18岁时,国家便出台了禁止鄂伦春族信奉萨满教的相关政策,关扣妮的萨满生涯便至此结束。

定居后关扣妮积极学习知识,曾先后担任过妇女队长、森林防火组长、村卫生监督组长等职务,为鄂伦春族群众树立了榜样。多年来关扣妮老人积极配合鄂伦春传统文化的调查工作,讲述萨满教的原始文化、神歌曲调、萨满仪式等内容,使鄂伦春萨满文化能够比较完整地记录下来。1992年她还参与拍摄了《最后的神山》《山林夏猎》等。

接下来是笔者通过对关扣妮家族中萨满的情况进行详细的访谈后用以下图示表示其家族谱系:

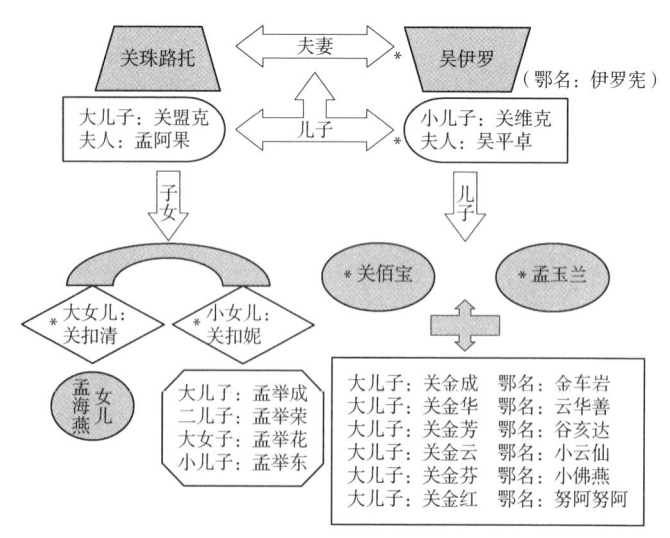

图3 关扣妮家族谱系图

以上便是作者根据关扣妮口述做出的关扣妮家族谱系图,标有太阳标记的为萨满,谷拉伊尔家族中拥有吴伊罗、吴平卓、关扣杰、关扣妮、关伯宝、孟玉兰等,6位萨满。尤其从关扣妮这一代人来看,关扣妮姐妹与关佰宝及妻子均为萨满,可以说这是一个典型的萨满世家。据关扣妮讲,在鄂伦春族类似这样的萨满世家还有很多,关扣妮认为一个家族中之所以出现如此多的萨满,是与整个家族的"慧根"有直接关系。从以上图示可以看出从关扣妮下一代起便再无萨满存在,这与当时国家对鄂伦春族信仰禁止政策以及鄂伦春人的生活变迁有关。

二、关扣妮的口述及其解读

2013年2月28日,我们的口述史访谈工作于呼玛县关金芳侄子关鹏家正式开始。

关金芳:女,鄂伦春族,关扣妮之侄女。曾任大兴安岭地区红十字会副会长、黑龙江省鄂伦春族研究会副会长、原呼玛县副县长,鄂伦春族艺术家。收集、整理500余首民歌,创作民歌百余首。发掘传承鄂伦春族传统舞蹈,6名黑龙江省级非物质文化代表性传承人。

由于关扣妮老人对汉语不是很娴熟,所以全程访谈工作由笔者提问——关金芳用鄂伦春语翻译给关扣妮前辈——关扣妮前辈回答——关金芳老师翻译为汉语,这四个步骤来完成。我们首先以"鄂伦春萨满"这一话题展开口述访谈。

图4 关金芳(左一)和关扣妮

索米娅（以下简称"索"）：阿大（奶奶）第一次接触萨满是什么时候？

　　关扣妮前辈回答（以下简称关），关金芳老师翻译：从记事那天起就看见大娘（同时是关金芳老师的姥姥）叫关乌丽燕，我们从小就生活在一起，我看见的第一个萨满就是关乌丽燕老人。关扣妮老人的大娘同时是关金芳的姥姥，那么，她们应该属于一个家族谱系。鄂伦春萨满的传承是否属于家族性传承呢？关乌丽燕老人对关扣妮老人日后的萨满生涯到底起到了什么作用？关扣妮老人有没有拜其为师呢？

　　索：您是现如今鄂伦春族群中最后一位萨满，那么当初您当萨满是拜师学呢还是其他机缘巧合？

　　关：就是十六岁的时候突然就大病一场。

这里所说的"大病一场寻求萨满帮助"与我所了解的蒙古族萨满是有共性的。不知道两个民族关于萨满还有多少共性可循。

　　索：病了之后请萨满做法，然后就决定学这个萨满了是吗？

　　关：因为我那时候病了，怎么也不好，就决定请萨满给看看。关乌丽燕知道了就开始给她看，这些神都是从哪来的，她都没捋出来，只有知道神是从哪来的才有处理办法。那时候已经十来多天不吃不喝，也不饿也不渴。关乌丽燕就开始捋这些神仙，为什么没捋出来呢，是因为关乌丽燕的上方神多，比方说：天神、龙神、道家的神、佛家的神等等。那次看完以后就好多了，但是也没有彻底好，那时候他们就要开始搬迁了，鄂伦春不是经常游猎吗，搬到一个地方的时候我太爷就说了：不能过这条河。鄂伦春人有种说法，就是人在有病期间不过河，一旦过了河这个人的病就好不了了，然后他们就在河边住下了。在神与神之间也是讲缘分的，跟人与人是一样的，然后关乌丽燕就让关金芳的父亲关佰宝去请住在十八站的萨满赵立本(男),当时他们(关扣妮及家人)就住在呼玛河的南岸,就在十八站和嘎得干之间的那个地方,他们当时就住在那里了,然后我和关佰宝就过呼玛河去找赵立本去了,请来以后他也开始抒神仙,抒出来之后说她的神是从南边来的,是妈妈祖神还有一些狐仙什么的,我太爷就说:我孙女不能接,她快要结婚了,自己娘家这边的神不能带到婆家那边,能不能叫到关佰宝(关金芳父亲)身上,关佰宝还不同意,这时候赵立本萨满就说了,神是冲着关扣妮来的,不想落脚到关佰宝身上,就这样,没办法了,如果要是不接的话,她的病也治不好,就会死的。后来没办法就接了。

从以上采访中可以看出鄂伦春族人们的潜意识里也将"萨满——万能"联系在一起,他们视萨满为强有力的救命稻草一般,也是遇到解决不了的困难时的最后一线希望。可见萨满在鄂伦春族人们心中是至高无上的。鄂伦春族萨满做法事请来的神仙一般为狐仙、龙神、天神等这一类,与蒙古族萨满所请的已故亲人或师傅等人类的灵魂截然不同,这也许与不同民族的不同信仰有直接关系。他们之所以觉得每次请萨满做完法事以后病就会好,也许有一大部分心理因素在其中起到一定作用。因为相信、因为崇拜、因为视其为信仰,所以他们始终坚信神灵会带走他们的病痛和灾难。鄂伦春族可以同时请来两位萨满做法事,"抒神"过程与蒙古族萨满的"请神"过程极其相似,两位萨满法师同时做法在鄂伦春族萨满做法中可以说司空见惯,但在蒙古族萨满法事中却未曾见到过。

索:什么叫抒出来了?
关:就是查出来的,查出根源来了,才能跟神对话,告诉神为什么请他来,治什么病,然后就说必须让她(关扣妮)当萨满才可以,要不然她的病不能好,然后赵里本就带着她开始跳,当时在场的还有我(关金芳)的妈妈,她叫孟玉兰,还有我的大姑关扣杰,还有其他部落的一些女人,一共九个女人,鄂伦春都是九个女人做一件萨满服,这是规则,当时时间很紧急做了一套布的,一开始的时候都做布的,一级一级的往上升级。一开始当萨满的时候都穿布的萨满服,满三年以后换成皮的萨满服,根据每个萨满的贡献和功劳腰部的飘带的条数都不同,贡献多的腰部飘带就多,就是赵立本把我治好的。

听了关扣妮口述"捋神仙"流程后,我认为,鄂伦春族萨满请神过程较之蒙古族萨满的请神过程来说,相对要多出一个"捋"的过程,鄂伦春族萨满请神之前需将预请的神仙在该萨满所拥有的众多神仙中"捋"出来,即查出该神仙的根源。这一步骤完成之后才进入真正的请神仪式。而蒙古族萨满的请神仪式是萨满对其所拥有的神灵依照"从小到大"的次序逐个进行"请神"。这两个民族在程序上出现了较分明的差异。赵立本萨满将关扣妮老人的病治好,那么关扣妮老人日后是不是拜赵立本萨满为师?

索:把您的病治好以后您就直接拜他为您学习萨满的师父了是吗?
关:也算是师父,任何一个萨满都是师父,就是他把关扣妮扶成萨满的。

据笔者采访其他村民后得知,关扣妮口中的这个师父与我们日常所了解的"师父"意义上来说具有着很大的差别,所以"此师父非彼师父"。

索:那您当时是怎么学的呢?是您师父做法您在一旁观察还是师父直接教你唱神调?
关:萨满不像现在老师教学生那样一句一句地教,当给她看病或者说做法的人把她扶为萨满以后,谁也不用教,她的神就附体,就开始唱和治病了,不用让谁再教了,就像领路似的,把你领到家了,以后这个家里的事就你负责了,人家没有时间再管你了,只有你管你自己家的事。赵立本把我扶为萨满之后不管是给人看病还是别人问什么事啊都是我自己来,因为我自己就拥有众多神仙。

从以上口述中看出,"不用师父教,神附体之后自然就会唱",那就说明成为萨满后所演唱的萨满神调并非本人所唱,而是附体的神仙所唱。其被扶为萨满之后马上就可以做法事、祛病消灾。证明被扶为萨满以后就是独立的萨满个体,无需跟随其师傅继续学习。因为不了解,所以较之蒙古族萨满来说,鄂伦春族萨满还是非常神秘的。

索:鄂伦春族谁能当萨满有什么标准吗?不是所有让萨满治病的人都能当萨满吧?

关:有三种,第一,就是很奇怪的有病,莫名其妙的病,很严重。第二,得精神病的那种,严重的都可以爬树,在树与树之间来回穿梭,从这个树梢跳到那个树梢,来回就那么跳。有的过河,淌水。什么样的精神病都有。第三,突然间和正常人不一样了。这样的人家里人就着急给看病,想知道究竟是生病了还是神啊仙啊的过来了,要找他呀还是要折腾他呀,然后就请萨满,萨满来了以后找到了神的根源以后,神就会问:你们怎么了,叫我过来干什么?我就会说:给他看看病啊什么的,神一看如果说这个人必须当萨满,那就证明神选择了他,不当不可以,病就治不好,然后神自然就会附到他身体里,成为萨满以后给人看病都是他的神给看,而不是曾经将他扶为萨满的那个人给看。

根据关扣妮所口述的这些问题从而归结为一点来说,就是个体在精神方面出现病态或异常,才会找萨满来祛病。这与蒙古族萨满祛病缘由是相同的。萨满神职身份在鄂伦春族是没有自主选择权的,如果说萨满为其祛病后一旦选择了此人为萨满,那么此人是不能拒绝的。如果拒绝不但病治不好而且会死亡。鄂伦春族萨满的传承形态与之前笔者所思考的截然不同。一旦被"神"认定为萨满，自此便拥有自己的神仙，无需将其扶为萨满的师傅再对其进行帮助与教授。这就是鄂伦春族萨满的神秘特性之所在。

索：那也就是说当不当萨满并不是自己或者哪个师父能说了算的，而是神选择谁，谁才可以当萨满。

关：对，就是神选择谁能当萨满，不是她选哪个神啊、仙啊，我要谁啊。那是要不来的，只有神选择了谁，谁才能接。有的人被神选上了，但是没当萨满，那都是会死的。

根据笔者在呼玛做田野调查时采访当地村民时了解到，鄂伦春族萨满的慧根不是人人都有的，也不会受个体的主观意识所控制，一旦被神灵选中便没有推脱的权利，只有接受。

索：当时那个萨满是怎么给您治的病？给您吃了什么吗？

关：什么都不吃，就是跳大神，说、唱。跳完就好。神给看病，不像现在咱们的医生给病人看病时候那样，又给拿药啊又打针的，萨满治病就是无形当中就把病治了，看不见摸不着的。萨满给看病时候手里不是有鼓吗，鄂伦春语叫"nerdilen"，手里拿着鼓上摆下摆地敲，这是给他排忧解难呢，厉害的都能排出去，这个人就会好的。神选他的话就可以当萨满了，病立刻就好了。莫名其妙的，也有的人把病治好了之后不当萨满，但是也是把给他治病那些神啊什么的也上供。

通过访谈和我所了解的蒙古族萨满可以得知，鄂伦春族萨满与蒙古族萨满祛病方式与途径是相似的，均为说、唱、请神、驱病。"萨满鼓"——该萨满神器在整个萨满请神仪式过程中起到协助萨满与神灵沟通的作用。既有音乐性又为请神的"第三方"——与神灵沟通的媒介。

索：鄂伦春的萨满不是家族性的传承吗？

关：是那些神，比方说天神、地神等等。我们所谓的家族似的就是一个家族里萨满多，但是不是一代教一代那种传承。也就是家族里每一代都有萨满，有的家族一代里就有好几个萨满。

通过关扣妮对萨满传承方式的介绍可以确定鄂伦春族萨满并非家族性传承。就关扣妮家族而言，也许所拥有的萨满慧根较之其他家族来说相对较多。

索：是否还记得您第一次听到的萨满曲调？

关：记得，但是歌词是后人填进去的，我可以给你唱几段。

从以上口述访谈可以看出以下几点：

首先，鄂伦春族萨满传承方式并非家族传承，而是神权授予。这就说明在鄂伦春萨满文化的传承中，民众并不具有自主选择萨满身份的权利，而是一切由上方神仙操控着，也就是在鄂伦春族民众的心中神权至上。神授予人为萨满，人便不得不为萨满，如果违背了神的意愿选择放弃，那么就意味着其同时选择了放弃自己的生命。

其次，鄂伦春族萨满社会身份的确认。在萨满仪式这一过程中人是如何一步步走向萨满的，这就是鄂伦春族萨满社会身份的一种确认过程。鄂伦春族萨满的社会身份的确认是由神灵直接赋予的，不同于蒙古族萨满可根据主观意愿做出对萨满这一社会身份的直接选择，凡是请萨满做过法事的人，都有机会实现萨满这一社会身份的确认。而鄂伦春族萨满却异然，鄂伦春族萨满社会身份的确认过程中不以个人意识为转移，完全由神灵和其身体服饰也就是其萨满神服以及呼唤神灵时不可或缺的法器——萨满鼓共同赋予的。

再次，萨满神曲、萨满舞蹈作为萨满仪式中的一部分，对整个仪式中的参与者、完成者和所有在场的民众、对仪式的神圣性以及周围的环境都具有推波助澜的作用。正如曹本冶先生所说：信仰、仪式和音声行为是三合一、不可分割的整体。

而且，鄂伦春族萨满教没有被国家取缔以前，关扣妮的身份由普通民众转为萨满身份后，她在鄂伦春族和民众心中的地位同时也发生了变化，可以说备受民众们的爱戴。可如今，没有了萨满仪式环境与场合，关扣妮的身份转变为接受国家低保的普通民众。普通民众——神圣萨满——普通民众，这一社会角色的互换将曾经备受瞩目的萨满置于一种非常尴尬的境地。

最后，鄂伦春族萨满与其"师傅"之间的关系并非我们日常所了解到的"授—受"关系，而"师傅"只是其成为萨满的第一场仪式中的"引路人"，第一场仪式是"师傅"请来的神灵为即将成为萨满的个体请神，帮助初次请神的萨满找到属于自己的神灵，这其中"师傅"不会教其演唱萨满神曲和萨满舞。这场仪式结束后，"师傅"将不会再参与到该萨满的仪式中。

三、角色呈示与仪式音声

（一）角色呈示

从笔者对关扣妮老人针对鄂伦春萨满口述史访谈后可以总结出：在鄂伦春萨满仪式活动中，萨满是整个仪式的组织者、参与者、完成者。也就是说，人是仪式的主体。而在整个仪式中，萨满的身份由"人"——"神"——"人"的转变是随着仪式形式以及仪式内部结构的变化而发生转变的，这个变化过程也是其角色互换的一种呈示。

首先，萨满——仪式的组织者、参与者、完成者。是人与神进行沟通的桥梁。萨满通过唱诵请神曲调以及敲击手中的法器萨满鼓并结合神服中的铜铃来邀请上方神灵为族人排忧解难。唱诵神曲时，萨满会将族人的请求和愿望传达给神灵，此时，萨满的身份发生了转变，萨满个体的灵魂离开躯体，而躯体则被神灵所占用。所以说附体后的萨满便是人类与神灵可以直接对话的媒介。

其次，二神——仪式的协助者。这里所说的协助者是指：二神在鄂伦春萨满仪式中负责协助萨满完成仪式的全部内容。当萨满与神灵身份进行互换的时候,就意味着萨满个体已进入了一个身份模糊不定的时空。对于鄂伦春萨满来说,这个过程便称之为阈限①阶段。阈限阶段中的萨满便可称之为"阈限人",此时的"阈限人"——萨满便进入到似神非人的状态和时空中,意味着其身份处于人与神互换之间,空间处于人间与神界之间。此时的萨满意识模糊不清,需二神在萨满的"阈限阶段"将萨满所要与神灵沟通的事宜小声念诵数次,虽然在萨满唱诵请神曲调时已经将请求唱诵给神灵,但"二神再次念诵"便作为仪式模式中的模素之一,不可或缺,直到萨满附体。可以说二神在萨满处于"阈限阶段"期间负责向神灵传达萨满之前所要请求的所有事项。

其三,在场民众——仪式的参与者。萨满仪式的整个过程中周围所有的在场民众都是仪式的参与者,在萨满唱诵请神曲调的同时与在场的民众一起构成了一种共同合作的关系,萨满唱诵一句请神曲调,在场的所有民众便齐声应和该曲调结尾处的衬词部分,形成了一领众和的演唱方式,这种演唱方式在当地民众看来具有请神意图更为虔诚之意。

最后,神灵——第三方。通过关扣妮的口述萨满仪式中,除萨满、二神、民众外,神灵的角色也是极其重要的,也就是无形的第三方。萨满通过实现一系列仪式内容直至神灵附体,第三方便从民众心中至高无上的精神层面的神灵——无形,转变为附在萨满躯体上的真实的神灵——有形;第三方从萨满没有被附体之前的不在场,转变为萨满被附体后的在场。神灵借助萨满躯体为族人排忧解难完成人类意愿后,便离开萨满躯体,仪式结束。

(二)通过口述分析仪式中的音声构成

"音声"的概念应该包括一切仪式行为中听得到的和听不到的音

---

① "阈限"这一概念的提出最早源于法国民俗学家范·盖纳普,所谓"阈限"就是从正常状态下的社会行为模式之中分离出来的一段时间和空间,因此,阈限既是过程也是状态。在范·盖纳普的分析框架中,仪式的进程包括三个步骤:首先,与日常生活的各事物分离。这其中所涉及的是从经过门槛状态一个仪式的世界里,而是这个世界脱离了日常的时间和空间概念。其次,对导致奋力状态的危机的某些层面制定一个模拟的情形,在这一过程中,对日常生活结构的设定既受到阐明,又受到挑战。再次,最终重新进入日常生活的世界。

声,其中包括一般意义上的"音乐"。① 根据曹本冶对"音声"总结出的概念,可以将关扣妮口述的鄂伦春萨满仪式中的音声分为两种类型:其一,仪式过程中经常出现的、并备受大家关注的、有具体音乐形态的音声,比如,关扣妮请神是所唱诵的请神曲调、手中敲击的法器萨满鼓所发出的声音;其二,在仪式中并不被人们看作是音乐的音声,比如:在场民众说话声、得病人的呻吟声以及撮罗子内各类器物碰撞的音声。如图所示:

```
                          ┌ 音乐声 ┌ 歌舞:请神曲调、萨满舞
                          │       └ 器乐:萨满鼓、铜铃
            ┌ 听得到的音声 ┤
            │             │                     ┌ 人们的说话声
萨满仪式中声音┤             └ 远音乐近语言的声音 ┤ 拍手声
            │                                   └ 器物碰撞声
            │             ┌ 萨满心中的咒语
            └ 听不到音声  ┤
                          └ 生病者心中对病愈的祈祷
```

1. 听得到的音声

(1) 音乐声——歌舞声和器乐声

萨满仪式中的歌曲包括请神曲调、招魂调、送神曲调。其中招魂调是萨满被所请到的神灵附体以后神灵所演唱的曲调,所以萨满作为仪式的主体——人,在其有意识的情况下演唱的曲调只有请神曲调和送神曲调。如今鄂伦春人之所以能够演唱出招魂调是当时在场的民众记下神灵演唱的招魂调并一代代流传至今的。萨满仪式中的舞蹈即是神灵附体后由神灵而跳的萨满舞,在当地称之为"伊呵问"。

萨满仪式中的器乐声包括萨满法器——神鼓,也称萨满鼓以及铜镜。萨满左手拿神鼓,右手持有用狍子小腿骨制作的鼓棒敲击出的节奏具有帮助萨满通灵的作用。萨满神服、神帽上缝有的所有饰品比如铜镜,相互撞击发出的声音也增强了仪式的气氛并折射出法器为仪式带来的灵验度。

以下便是关扣妮记忆里萨满仪式中其听到的第一类音声,即萨满

---

① 曹本冶:《仪式中音声的研究》,上海:上海音乐学院出版社,2008年,第13页。

神调。

进驻鄂伦春人的生活

演唱：关扣妮　　记谱：索米娅

```
5  wu  lar in  bir  aru  wur  ka  dun    hun
   ba  dar in  zhua huo  ni   guang na na shou
```

《进驻鄂伦春人的生活》这首歌曲的曲调原是鄂伦春族萨满敖忠的狐仙曲，是关扣妮年幼时第一次观看萨满敖忠做法事的时候学会的，曲调方面如今她仍然记忆犹新，但是由于当时萨满请来的是狐仙所唱的神调，所以至今无人知晓原始曲调中歌词所表达的具体内容。那么，谱例中歌词部分是由笔者将录音录像资料运用的"音节拼写"的方式记录下来的，以便尽可能准确地拼写来记录关扣妮所演唱的这首原萨满神调。这部分歌词是鄂伦春人下山定居，社会生活状况基本稳定后根据自己的亲历的一些事情有感而发即兴填词演唱的，但曲调却是有着百年历史的萨满神调。后人共为这首神调填了两段歌词，分别是：

- Wu lar in bir ani wur ka dun hun, ba dar in zhua luo in guang na na shou. 在红河的河中心，有着白色的石林作为掌管神。
- Kuang nur in bir awa, shua lo wo shao hun aor qian ta zhu lan te hen ao hun. 沿着黑龙江逆流而上，走进鄂伦春人的生活中。

老一辈鄂伦春人对于萨满曲调演唱场合的要求是非常严格的，非仪式场合是绝对不允许哼唱萨满曲调的，直到改革开放下山定居以后，为了纪念自己民族那些被禁唱过的萨满神曲，鄂伦春人将萨满曲调填上实词进行演唱。说到即兴填词，可谓是鄂伦春人特殊的技艺之一了，凡是掌握鄂伦春语的老人，均可以根据当下的场景，把心中想说的话编为歌词，用民歌或者神曲的曲调演唱。即兴演唱可以称之为鄂伦春人特有的本领。

（2）远音乐／近语言的音声

萨满仪式中除了被人们高度重视的具有音乐性质声音外，还有一些"非音乐"的形式也包含在仪式音声之中,比如:被请来的神灵为满足族人请求而对族人提出的一些忠告和要求、在场民众互相交流的话语声、叹气声、神灵满足了族人意愿拍手叫好声等等,这些在整个萨满仪式中都属于远音乐近语言的音声。

2. 听不到的音声

曹本冶先生认为"听不到的音声"也存在于民族音乐学研究的范围之内。笔者在采访关扣妮老人时她也曾说过:"萨满在请神仪式过程中心中会默念一些咒语,这也是请神的其中一个环节。所以,萨满仪式中除去人类用耳朵直接听到的音声外还有一些存在于人类内心深处的音声,比如萨满在仪式中心里默念的一些咒语和请求萨满为其祛病人心里为能够痊愈而默默祈祷的音声,这些也都属于仪式中音声的一部分。

通过对关扣妮老人所掌握鄂伦春萨满文化部分的口述史访谈后得知,萨满曲调在鄂伦春族民众心中之所以神圣是因为它存在于特殊的萨满仪式的环境之中,过去的鄂伦春族民众在非仪式场合是绝对不可以演唱萨满曲调的,在他们看来那是对神灵的不尊重,整个族群都会受到神灵的责罚。如今的鄂伦春族萨满仪式音乐已经彻底脱离了其赖以生存的仪式场合,也就理所当然的失去了萨满曲调作为一种符号所象征的一切,所以,当今黑龙江省呼玛县白银纳乡可听见的萨满曲调都是被后人加入现代唱词而进行演唱的。如今的鄂伦春族萨满曲调的数量随着老一辈人的相继逝世而逐年递减,这也正是脱离了生存环境的萨满文化逐渐消亡的主要原因。

本文原载于《内蒙古大学艺术学院学报》2014年第2期

鄂伦春族宗教文化现状及分析
——以大兴安岭白银纳鄂伦春民族乡为例

蒋雨樨　王骁巍[①]

摘　要：伴随着全球化、现代化的浪潮，在生计方式、生活环境与传统观念共变的情况下，鄂伦春族目前正面临着传统宗教信仰衰退、传统文化流失等问题。本文以大兴安岭地区白银纳鄂伦春民族乡为例，通过实地调研获取第一手资料，呈现当地鄂伦春族的宗教文化现状，并以语言、交往与通婚等视角对其现状进行分析。

关键词：鄂伦春族　宗教文化　发展现状

一、地方概况

白银纳系鄂伦春语，是幸福富裕之意。白银纳鄂伦春民族乡位于黑龙江省呼玛县北部，呼玛河中游北岸，是大兴安岭仅有的两个鄂伦春民族乡之一。最初白银纳仅为鄂伦春人的一狩猎点，1953年，鄂伦春搜山防火一队定居于此，后发展成屯。1984年，黑龙江省人民政府批准呼玛设置白银纳鄂伦春民族乡，至此白银纳鄂伦春民族乡正式成立。

在"下山"前的漫长岁月里，鄂伦春人是以"乌力楞"的方式在广袤的山林中过着游猎生活。伴随着原始的游猎生活，鄂伦春族信奉的是以万物有灵为核心的萨满教。萨满曾在氏族社会中占有重要的地位，

[①] 蒋雨樨，女，中央民族大学哲学与宗教学学院2015级博士研究生，研究方向宗教学理论；王骁巍，男，中央民族大学哲学与宗教学学院2012级研究生，研究方向中国哲学。

鄂伦春族的每个氏族中都有属于自己的萨满,萨满被视为神灵的代表。每当氏族社会中有生老病死、族群矛盾等事宜,都要请萨满出面进行商讨和解决。在原始氏族社会中,萨满主持的活动主要包括祭祖、祭神、禳灾等内容。同时,围绕着信仰,鄂伦春族也有自己的传统节日,如"奥米那"、阿涅(春节)、抹黑灰日(正月十六)、祭火日(腊月二十三)等。在这些传统节日中,鄂伦春人会在萨满的带领下举行一系列的祭神或祭祖活动。

如今,下山后的鄂伦春人无论是在生活上还是在信仰上均发生了重大的改变。在逐步经历了从狩猎到农耕生产方式的转变后,鄂伦春族在经济、医疗、卫生等方面得到了快速发展,但是其精神文化层面的发展却相对较弱,尤其是在对传统文化的继承与发展上出现严重的衰退与不足。目前,白银纳乡面积为419.5平方公里,总人口为2168人,共辖6个行政村:红光村、新河村、新山村、玻璃沟、更新村、白银纳村。其中白银纳村是鄂伦春族村,也是当地的乡政府所在地,白银纳村现共有81户,共210人,全村有高中、大中专文化34人,初中以下文化176人,全村共有劳动力135人。

为了深入了解白银纳乡鄂伦春族的宗教文化现状,笔者于2014年8月13至8月27日在白银纳乡共进行了为期15天的考察。在调研中共发放140份问卷,回收问卷121份,有效问卷为108份,有效回收率为77%。调查采用立意抽样、定额抽样等非随机抽样方式。样本结构见下表:

		男	女			合计
性别	频数%	64	44			108
		59.3	40.7			100
		6—19岁	20—39岁	40—59岁	60岁及以上	合计
年龄	频数%	23	37	425	6	108
		21.2	34.3	38.9	5.6	100
		小学及以下	初中	高中或中专	大专及以上	合计
文化程度	频数%	19	56	21	12	108
		17.7	51.6	19.5	11.2	100

表1 白银纳乡样本结构(A)(N=108)

二、宗教信仰现状

本次调研主要针对白银纳鄂伦春族村进行了走访,采用问卷调查、深度访谈以及参与观察等方法,收集了鄂伦春族的宗教态度、宗教行为、宗教习俗及语言使用等多方面的数据资料,力图从以上几个方面整体呈现白银纳鄂伦春族的宗教文化发展现状。

首先,是对鄂伦春族自身传统宗教文化了解程度的考察。根据调研数据统计,在白银纳乡70.4%的鄂伦春人认为自己对萨满文化非常了解,只有4.6%的人认为自己并不了解萨满文化。虽然多数鄂伦春人都称自己对萨满文化非常了解,但是从实际情况上看,他们对萨满文化的了解大多都是通过长辈的口耳相传和小时候经历萨满跳神的场景记忆得到的。除专门研究萨满文化的鄂伦春人外,很少有人能够用准确的语言表述萨满文化的历史和内涵。虽然从数据上看"非常了解萨满文化"的人群占有较高比例,但是实际上只是一种对已脱离生活的萨满文化的"间接"了解。

目前,村里只剩下少数老人曾经经历并参与过萨满活动,他们可以说是萨满文化的"活化石",是保持鄂伦春人传统宗教信仰的主体。这部分人依旧持万物有灵的宗教观,价值观念受汉族影响较小。相比来说,年轻人对萨满文化的了解不如中老年人。认为自己并不了解萨满文化的人群年龄集中分布在6—19岁和20—39岁之间,呈现出明显的年轻化趋势。

其次,是对鄂伦春族的宗教行为进行了考察。根据调研数据统计,89.8%的人从不参加宗教活动,仅有2.8%的人偶尔会参加宗教活动。据了解,当地基本上无其他宗教的信徒。少数鄂伦春族的居民虽然称自己依旧保持多神信仰,相信万物有灵,但生活中并没有相应的宗教活动。由于绝大多数的鄂伦春人不参与任何宗教活动或仪式,所以大部分鄂伦春族人对自身宗教信仰的了解也就无法通过生活中的宗教得来与巩固。即使当地鄂伦春人依旧将萨满文化看作是本民族传统文化中的一项重要内容,做一些保护与发展的工作,但是除了当地博物馆对萨满文化的一些有限的展示外,在全村生活中已无法感受到传统宗教文化信仰在本地的作用与影响。

宗教是一个民族文化的重要载体,也是巩固一个族群凝聚力的重要纽带。[①] 白银纳的鄂伦春人普遍对大自然保持敬畏之心,但是曾经活跃在鄂伦春人生活中的古老信仰已经随着时间的流逝逐渐褪色。如今,传统的宗教文化更多的是作为一种人们共同的"历史记忆"在村民的口中传扬。

第三,是对与宗教相关的生活习俗方面的考察。当地鄂伦春人认为自己非常了解本民族宗教文化习俗的比例为 60.2%;有 19.4% 和 13% 的人认为自己并不十分了解鄂伦春人特有的生活习俗;完全不了解的占到 7.4%。据统计,认为自己并不十分了解鄂伦春族宗教文化习俗的样本个体主要集中在 6—19 岁和 20—39 岁之间,呈现出明显年轻化的趋势。除了少数老年人会诉说一些鄂伦春族特有的宗教节日和宗教习俗外,大多数鄂伦春人都将春节、元宵节、二月二、端午节、七月十五、中秋节和重阳节等作为自己民族的风俗节日并加以诉说。可见,鄂伦春人的生活已经普遍受到汉族较多的影响,这种现象在年轻的鄂伦春族群体中表现尤其明显。

由于一些原因,鄂伦春族许多和宗教相关的习俗在 20 世纪 60 年代就已开始减少,至 20 世纪 80 年代,也只是会在一些老人的日常生活中偶尔见到。虽然有 60.2% 的鄂伦春人依旧坚称自己非常了解本民族的宗教文化习俗,但实际生活中已很少有人去实践。

这与鄂伦春族对萨满文化了解程度的调查相似,虽然传统的宗教文化早已与现代鄂伦春人的生活渐行渐远,但它们依旧是鄂伦春人构建本民族特征、维系民族情感和加强民族认同的重要元素。

第四,是对当地鄂伦春人特殊风俗习惯实践的考察。在白银纳,58.3% 的鄂伦春人认为自己生活中已经不再保持本民族原有的特殊风俗习惯;只有 4.6% 的居民认为自己还经常保持自己民族的一些风俗习惯,这部分主要是老年人。例如,他们会在农闲时做

---

① 严墨:《碎片化到重构——以鄂伦春文化变迁为例》,中央民族大学,博士论文,2007 年。

一些鄂伦春族的手工艺品、缝制兽衣和搭建木刻楞等，但多作为装饰品，早已失去生活中的实际用处。有的老人依旧会在除夕之夜把自家供奉的神盒打开，烧香以求人畜兴旺。有客人来家里吃饭时，饭前要用筷子蘸酒洒向天空，以表示向天神祈祷家人安康和朋友幸福。

但是由于失去了游猎生活的物质基础，加上生活环境和思想意识的极大改变，许多风俗习惯已经失去了原有生活中的实际意义，而更多的是作为展现少数民族生活习俗、打造鄂伦春族原生态文化的外在形式而存在。

第五，是对鄂伦春族语言使用情况的分析。调查数据显示：白银纳89%的鄂伦春人认为自己汉语水平很好，不会说汉语的鄂伦春族只占1.9%。仅有13%的鄂伦春族只能用鄂伦春语完成日常生活中简单的对话。7.4%的居民可以流利地使用鄂伦春语，不会使用自己本民族语言的鄂伦春族居民占到了44%。

目前，在白银纳鄂伦春族村汉语已经成为鄂伦春人日常交流的主要语言媒介。日常生活中，鄂伦春族与汉族之间的交往基本上都使用汉语，许多鄂伦春族居民之间也选择用汉语进行交流。在白银纳会用鄂伦春语的鄂伦春族居民已经很少，只有少数老年人能够完全熟练地用鄂伦春语交流。许多年轻人和儿童甚至已经完全听不懂鄂伦春语。

三、现状及数据分析

（一）母语流失与宗教文化衰落之间的关系

为了进一步分析鄂伦春族母语流失与宗教文化衰落之间的关系，依据当地实际情况，本次调研将当地居民对鄂伦春语的使用能力划分为A、B、C、D、E五个等级进行具体考察：A熟练、B比较熟练、C一般、D较差、E不会。具体数据见表2：

			A	B	C	D	E
年龄段（人数）	6—19 岁（23 人）	频数占此年龄的%	0%	0%	0%	8.7%	91.3%
	20—39 岁（23 人）	频数占此年龄的%	0%	10.8%	21.6%	48.6%	23.3%
	40—59 岁（23 人）	频数占此年龄的%	42.8%	23.8%	19%	12.7%	1.7%
	60 岁及以上（23 人）	频数占此年龄的%	83.3%	16.7%	0%	0%	0%

表2 鄂伦春语水平

数据显示：6—19岁年轻人基本上不会使用鄂伦春语，平时交流完全依赖汉语；20—39岁的人正向汉语过渡，虽然也能用鄂伦春语交流，但基本还是以汉语交流为主；40—59岁及60岁以上的人能流利地使用母语，可见这两部分人是使用本族语言的主要群体。但总体上看，鄂伦春语流失状况较严重，如果不及时扭转，将面临语言失传的危险。

宗教作为人类认知的产物，离不开表达它的基本表达形式——语言，语言是传达宗教思想和传播宗教文化的主要载体和媒介。在鄂伦春族宗教信仰发展过程中，一直有一套自己的宗教语言符号，如语言禁忌、宗教咒语、仪式长诗等。这些语言所包含的意义与效果只有在鄂伦春语中才能真正体现。母语的流失会直接影响到鄂伦春族宗教语言的传承与发展。鄂伦春族没有自己的民族文字，传统宗教也没有系统的教义、教规，宗教语言的传承靠的都是师徒之间的口耳相传，许多相关的词语、长诗、故事、传说，甚至一些神的名字都是用母语进行描述的。目前，生活在白银纳乡懂得萨满文化的鄂伦春老人只会说鄂伦春语，而年轻人却只会说汉语，完全听不懂鄂伦春语，语言之间的障碍使得传统宗教文化的传承面临巨大的困难。

有宗教支撑的族群语言具有相对稳定的发展能力和较强的抗干扰能力，更有利于保持自我族群的文化特征。通过对白银纳乡鄂伦春族语言使用情况的分析，我们可以看到，60岁及60岁以上信仰萨满教并对萨满文化有较多了解的老人，同样对鄂伦春族语言的掌握能力也较强。相反，在对鄂伦春语掌握能力较弱的6—19岁的年龄段中，他们对萨满文化和萨满信仰的认知能力也较弱。同样,在老人身上我们还能较好的感受到鄂伦春族特有的风俗习惯以及鄂伦春族独特的价值观。但在年轻人群体中,由于普遍对传统宗教信仰的陌生与忽视,他们的民族特征并不明显,几乎与汉族无异。由此可见,宗教与族群语言之间是相互作用和相互影响的。鄂伦春族母语的流失降低了整个族群文化的自我发展能力,进而也使得鄂伦春族的宗教文化呈现出衰退的现象。如果鄂伦春人整体母语水平持续退化,日后就很难有人能够继承萨满信仰中的咒语、诗歌、舞蹈等一系列宗教语言符号,传统的宗教文化也将面临濒危。反过来,宗教文化的衰退也会导致鄂伦春语的进一步流失。

(二) 生计方式的改变使宗教文化失去生存的土壤

传统游猎生活方式是鄂伦春族民族文化的核心,也是滋生鄂伦春族宗教信仰的土壤。在特殊的地理环境和自然条件下,鄂伦春族围绕多神信仰发展出了十分丰富的神话传说、历史故事、谚语以及祭山神、火神、树神等宗教仪式。例如:鄂伦春人崇尚火,逢年过节都要向火神供奉兽肉和食物,祈求火神的保佑。

杜尔凯姆认为,宗教是社会生活的一种产物和表达方式。在原始社会生活中,由游猎文明发展来的宗教文化对鄂伦春人的生活与部落具有直接的控制和影响作用,风俗习惯与宗教信仰在内容上对个体有着相同的要求。鄂伦春人把大自然视为上天的恩赐,对大自然的敬畏使得鄂伦春人具有保护和珍爱大自然的意识。鄂伦春人懂得保护资源,每游猎一处,只有搭建木刻楞时选用上好的小杆树,一般用的柴火,从来不烧新材,专门挑拣仗杆和倒木,以便保持资源的永续利用。① 保护树木、爱护自然是鄂伦春人的风俗习惯,也是鄂伦春族宗教信仰中敬畏神灵的具体表现。尽管原始社会中的一些风俗习惯与宗教信仰被人们认为是低级文明的产物,但是从现实意义上看,鄂伦春族古老的宗教信仰和习俗中包含着许多深厚、朴素、高尚的文明理念。

自 1951 年国家开始大量采伐木材、开发森林资源以来,鄂伦春人

---

① 关金红,张橄文:《白银纳鄂伦春族乡志》,白银纳鄂伦春族乡人民政府出版,2002 年 5 月。

传统的生计方式受到严重的干扰。1952年夏天,鄂伦春人在呼玛河畔举行了最后一次萨满送神仪式,以表示当地鄂伦春人彻底放弃萨满。1953年,鄂伦春人响应政府号召下山定居,并开始从事农业生产。1988年,国家颁布《野生动物保护法》,鄂伦春族全面禁猎。至此,鄂伦春族延续了几千年的游猎文明解体,完全退出鄂伦春人的生活。

如今,下山后的鄂伦春人物质生活有了很大的改善,但是其精神文化的发展却相对贫乏。原因之一,就是生计方式的急速改变使得原有文明的生存土壤枯竭。加上保护意识的淡薄,促使传统宗教文化未能较快地适应现代社会、与现代社会的生活方式相融合,反而因受到歧视被人们彻底抛弃。游猎生活环境曾是鄂伦春人原始宗教信仰施展魅力和发挥作用的土壤,也是鄂伦春人实践自身价值观与生存理念的平台。从事农耕生活的鄂伦春人不再狩猎,也就不再祭神,萨满在人们生活中逐渐消失,与神灵有关的一切神话、传说、故事也渐渐被人们遗忘。生计的改变、文化的衰落、信仰的丧失使鄂伦春人在生活中追逐经济利益的同时,在精神上却陷入了无所适从的困境,鄂伦春人开始变得茫然、困惑,在文化上彻底成为了边缘人。

(三)与汉族通婚对鄂伦春族宗教文化发展产生的影响

鄂伦春人过去实行氏族外婚的一夫一妻制,一般很少与其他民族通婚。但自20世纪50年代开始,随着汉族人口的大量迁入,白银纳地区形成了多民族混居的现象。随着不同民族之间的频繁交往,鄂伦春人保持纯血统的观念、与本民族通婚的观念逐渐淡薄,出现了与汉族通婚的现象。

在对鄂伦春族人际交往方面的考察中,我们了解到:在白银纳乡有14.4%的鄂伦春人认为平日自己与鄂伦春族交往的多;31.3%的人认为平日里和汉族人交往的多;54.3%的鄂伦春人认为自己平日里与鄂伦春族和汉族交往的人一样多。总体上可以看出,生活中鄂伦春族与汉族交往密切。白银纳全乡共2000多人,鄂伦春族仅有不到300人,人口数量的悬殊使得鄂伦春族在日常行为方式上受汉族的影响较大。下山后的鄂伦春人在学校普遍接受汉语教育、向汉族人学习农耕技术、少数鄂伦春族进入政府机关和学校等单位参加工作,平日里与汉族人接触逐渐增多,受其文化的影响程度也越来越大。

除了平日交往,在白银纳乡存在很多鄂伦春族与汉族通婚的情况,通婚无疑会对鄂伦春族人口的繁衍做出保障,同时也是影响鄂伦春族民族文化信仰变迁的重要因素。在对白银纳鄂伦春族通婚态度的考察中了解到:在当地有88.4%的人支持本民族与汉族的通婚,仅有11.7%的人不支持。资料显示,在20世纪90年代末,白银纳鄂伦春民族村的70户中就已经有27户异族通婚者,占鄂伦春人口的38.5%。[①]与汉族通婚的家庭其所生子女虽户口上会填写鄂伦春族,但所学母语已不是鄂伦春语,而是汉语。在汉文化的生活圈内,鄂伦春人更多体验与分享的是汉族的文化信仰和风俗习惯,处于相对弱势的鄂伦春文化会受到较大的冲击。过去鄂伦春人一直有自己的树葬、风葬等丧葬习俗,后来因受汉族影响逐渐改行土葬、火葬,现在鄂伦春人的丧葬形式已和汉族完全相同。

总的来说,通过对白银纳当地鄂伦春族宗教文化现状的考察,我们可以看出:民族语言的流失、狩猎生计被禁、与汉族交往和通婚的加速是造成鄂伦春族传统宗教文化流失的重要因素。

四、总结

美国人类学家恩伯说过:"没有哪个人会永远不死,也没有哪种文化模式永远不变"[②]。正处于现代社会变迁过程中的鄂伦春人,一方面民族生活得到了极大改善。而另一方面,本民族传统的宗教文化却受到现代文化、大众文化、汉文化的巨大冲击。著名学者费孝通先生认为:"一个社会越是富裕,这个社会里的成员发展其个性的机会也越多;相反,一个社会越是贫穷,其成员可以选择的生存方式也越有限。如果这个规律同样可以用到民族领域里的话,经济越发展,即越是现代化,各民族间凭自己优势去发展民族特点的机会也越大。"[③]从这个意义上

---

① 逯广斌:《大兴安岭地区鄂伦春人情况调查与思考》,《鄂伦春研究》,1997年,第48—51页。
② [美]C·恩伯-M·恩伯:《文化的变异》,沈阳:辽宁出版社,1988年,第533页。
③ 费孝通:《中华民族多元一体格局》,北京:中央民族学院出版社,1989页,第35页。

讲，目前鄂伦春族所面临的文化现状，既是挑战，也是机遇。相信无论哪个民族，只要对其文化做到"自觉"与"自知之明"，加强民族文化的转型能力，就可以在现代社会中取得文化生存与发展的重要条件，为多元文化的局面打开更多、更丰富的窗口。

置身现代化与全球化语境中的鄂伦春人也许再也无法回到曾经生活的世界。但是，这并不意味着鄂伦春族要放弃对传统文化的追寻和探索。每一种文化都有其独创性和充分的价值，一切文化的价值都是相对的，因此文化谈不上进步或落后，宗教文化也是一样。英国学者A. N. 怀特海认为："在信念的阶段，宗教会表现为一种促使人上升的动力。宗教可能会是进步的一种来源。"[1]鄂伦春人古老的宗教信仰中包含着许多现代社会所缺乏的合理价值观和生态理念，不管因何种原因造成了今天鄂伦春族宗教文化流失的现状，我们都不该视而不见，更不该将其视为"落后""迷信"的代表而抛弃到历史洪流之中。鄂伦春人应该以一种全新的方式去挖掘古老宗教信仰中的精华，保持它维系与发展一个民族的凝聚力，重新构建鄂伦春族特有的精神文明体系，增强其原生态文明在现代社会中的影响力，使其适应现代社会，为鄂伦春族的生存和发展贡献力量。

本文原载于《民族论坛》2014 年第 10 期

---

[1] ［英］A. N. 怀特海：《宗教的形成——符号的意义及效果》，贵阳：贵州人民出版社，2007 年，第 6—7 页。

赫哲萨满牛尔罕研究

波·少布[①]

摘　要：赫哲族萨满行巫时，常常用两种牛尔罕，一种是治病用的牛尔罕，另一种是狩猎用的牛尔罕。用这两种牛尔罕，分别为病人禳灾和为猎人祈求丰收。本文对牛尔罕的制作、种类、内容、功能作一初步探讨。

关键词：赫哲萨满　牛尔罕

赫哲族萨满与北方其他民族萨满一样，有保护氏族安宁、为氏族内患病者治病、为产妇接生、为死者送魂、主持氏族祭祀、负责上卦占卜、祈求生产丰收等诸多义务。其中最重要的两项职能就是为氏族内患病者治病和祈求狩猎丰收。萨满为患者治病时有药物疗法、物理疗法、气功疗法和精神疗法等，除此之外，还有一种"牛尔罕"疗法。祈求生产丰收也是如此，有祭祀、有许愿、有占卜等，另外还有祈求"牛尔罕"的方式。牛尔罕，是赫哲语"图画""图案"之义。在宗教领域内引申为"神像""圣像"等，也就是画在纸上或布上的图画。牛尔罕的正确发音是niruhan，所以用汉语音译应该是"尼如罕"。但早期的汉文典籍中已翻译为"牛尔罕"，并在诸多国内外历史文献中应用，已成为约定俗成的名词，故本文也采用通用的"牛尔罕"的写法。满语称图画为"尼如干"，与赫哲语有同源关系。明朝永乐七年（1409），在今黑龙江地方建立省级行政单位奴儿干都指挥使司，将治所奴儿干城建于黑龙江入海口处右

[①] 波·少布，男，黑龙江省民族研究所研究员，主要从事民族学、蒙古学研究。

岸。奴儿干一名,就是因为城址周围依山傍水,风景如画而得名,这是牛尔罕一词的异译。本文就赫哲萨满牛尔罕的制作、种类、内容、功能作一粗浅探讨,以求方家指教。

一、牛尔罕的制作与种类

(一)关于牛尔罕的制作:

牛尔罕均由萨满亲自绘画,亲手制作,特别是治病用的牛尔罕一定要萨满绘制。狩猎用的牛尔罕,古代时也必须由萨满绘制。民国以后,个别狩猎用的牛尔罕也有普通猎民或有一定画技的人绘制的,但是数量不多,绝大多数都是萨满绘制的。

牛尔罕的用料。在明代,多画在桦树皮或熟好的兽皮板上,后来传入了纸张,就画在呈文纸或毛面纸上。毛面纸也叫毛头纸,纸面比较粗糙。清代以后,沙俄侵入黑龙江流域两岸,占据了赫哲人居住的地方后,传入了亚麻布和粗麻布,绘制牛尔罕由亚麻布、粗麻布代替了兽皮和粗纸。民国以后,与中原的贸易往来频繁,传入了各种布匹,所以牛尔罕就画在较平细的白棉布或黄棉布上。牛尔罕的用料,经历了由树皮、兽皮到粗纸,由粗纸到麻布,由麻布到棉布的渐进发展过程。现在发现的牛尔罕,多数是布制品。

牛尔罕的制作方法。萨满制作牛尔罕,有一套严格的宗教程序。绘制治病的牛尔罕时,萨满要坐在自己家的神坛前,向供奉的神灵祷告。祷毕,将兽皮或布摊在桌上,先用黑炭或墨毛笔绘出图案轮廓,然后根据图画的内容着各种颜色。画完后,如果是桦皮画,要固定在木板上,并装上四框;如果是兽皮画,画的四周要镶皮边,使画面有个轮廓,并在上端两侧各缝一皮环,以便悬挂;如果是纸画,也要进行裱糊;如果是麻、布画,还要放上布里衬,用手针缝制。在画牛尔罕过程中,不准有女人在场,即或是萨满的家属也不准在场。按传统的宗教观点,如果画牛尔罕时有妇女在场,就会玷污神灵,这样牛尔罕就不灵验了,所以,画牛尔罕时特别禁忌妇女入室。牛尔罕画完后,把它放在神坛上,洒酒祭奠,萨满还要进行一次祈祷,这样才算完成。以后这幅牛尔罕就可以给予患者治病了。

牛尔罕的形状,一般为长方形,个别的也有其他形状的。牛尔罕没有固定的尺码。皮、纸、麻、布尺寸各自不一。我在民间所搜集到的牛尔罕,有 71×81 厘米、42×44 厘米、32×36 厘米、34×49 厘米,各自都不一样。从史料记载中看,也没有固定的尺码。俄罗斯人类学与民族学博物馆的收藏品中,有 81×66 厘米、79×78 厘米、71×58 厘米、65×55 厘米、44×42 厘米等,大小均不相同。但是最大的没有超过 1 米的。也许是因为携带和使用方便。

牛尔罕的颜色,一般来说比较单调。可能是因为当时社会物质条件较差的关系所致。根据历史记载和现有的实物来看,多数是黑、白色或黑、红两色,个别的有黄、蓝、绿等颜色。早期的牛尔罕黑白两色居多,民国以后的牛尔罕相对颜色多一些,牛尔罕颜色的增加与社会发展是同步的。越是晚期的牛尔罕颜色越鲜艳。

(二)关于牛尔罕的种类

牛尔罕的种类,从目前搜集到的实物来分析,可分为两大类。一种是治病用的牛尔罕,另一种是狩猎用的牛尔罕。前者除了有长方形的以外,还有胸巾、头巾、帽子、围巾、腰带、短上衣等。这些衣饰上画有各种图画,作为治病的工具和载体。

治病用的牛尔罕有通用的和专用的两种。通用的牛尔罕,萨满经过宗教程序绘制完后,可以对带有普遍性的同类病的患者,均使用这一种牛尔罕治疗。专用的牛尔罕是对某种有特殊病的患者专门绘制的牛尔罕。这种牛尔罕放在患者家中,或挂在患者身上,患者病好以后,将牛尔罕焚毁,这种牛尔罕只能用一次。而狩猎用的牛尔罕,没有通用与专用之分,均为通用的统一形状的牛尔罕。

二、牛尔罕的内容与功能

(一)关于牛尔罕的内容

牛尔罕的内容比较丰富,每幅牛尔罕都是一幅生动的山水画、游猎画、装饰画。画技虽不高超,但看起来也有很强的艺术性,它大方、古朴、原始。画面上的实物归纳起来有以下 10 种:

1. 人物:牛尔罕的画面是依据其功能来绘制的,每幅画面上都有一个主要人物,除主人外,有的有数量不等的仆人、骑士等。

2. 神像:主要有氏族庇护神吉尔基爱米,这是一般牛尔罕上不可缺少的神像。除此之外,还有猎神艾德赫。

3. 家畜:画面上最常见的就是马和狗。其他家畜不甚多。

4. 野兽:各种野兽是牛尔罕的重要组成部分,而且画面上的野兽大部分是拟神化了的兽类。主要有:虎、豹、熊、驼鹿、鹿、狍、狼、獾、狸等。

5. 龙和爬行动物:主要有龙、蛇、蜥蜴、青蛙、龟等。特别是龙,几乎所有的牛尔罕上都有,且居于上位,多为牛尔罕的核心部分,而蛇在牛尔罕画面上数量最多,有的画面上竟有几十条之多。

6. 飞禽:主要有鹰、天鹅、燕子、野鸭、猫头鹰、凤头鸟、大雁、公鸡等。

7. 鱼:有鳇鱼、鲫鱼、鲤鱼。

8. 昆虫:有蚊子、虻、蝇、蜘蛛、蝴蝶、螽斯等。

9. 植物:牛尔罕上常见的植物有红三叶树,除此之外还有柳树、装饰树。

10. 自然物:有太阳、星、云、山、大地等。

上述动植物、自然物,并非幅幅牛尔罕上都有,而是根据牛尔罕所需内容选择其中某几种,数量多少各不相同。如前苏联人类学与民族学博物馆收藏的一幅白布做的长 103 厘米、宽 68 厘米的牛尔罕,画面是用黑、蓝颜色绘制的。整个画面分为 5 层:最上一层画的是天空,用许多小圆圈表示星星;第二层是头对头的两条龙,中间有一个圆形的太阳,太阳中央有一个十字交叉线的小圆;第三层中间是主人,头戴满族式的京帽,身穿长袍,坐在椅子上,两侧各有四名站立的助手;第四层是九名骑士,左面四个,右面五个,相对而行;第五层也是最下层,是 18 条蛇,以主人为界左右各 9 条,头上尾下呈立状(如图 1)。

这幅牛尔罕没有文字说明,所以很难判断它是治病用的还是狩猎用的。我所搜集到的一幅长 36 厘米、宽 32 厘米的牛尔罕,是用黑红两色绘制的,内容十分奇特。这幅牛尔罕的画面上有 3 棵红三叶树,中间的较大,两侧较小。树的上端横挂着 9 个吉尔基爱米神像,中间的吉尔基爱米神像较大。在这位较大的吉尔基爱米神像下,也就是中间的那棵红三叶树干中间,钉有一个象征太阳的圆木盘,太阳圆盘下挂着两个艾得赫猎神,中间红三叶树两侧各立一位手里拿着扇子的主人,主人后面放一长条桌,上面摆放着茶壶、茶碗,主人右边站立着一位牵马的仆人和两位骑马的骑士。在主人的左侧还有3位骑马的骑士,另有一匹马拴在中间的树上,显然是主人的坐骑。根据画面的内容,很像是狩猎用的牛尔罕(如图2)。

图1

图2

还有一件长44厘米,宽42厘米的牛尔罕,是用黑红颜色绘制的。在画面上有9个骑士、9条狗、9只大雁、1棵红三叶树、2只虎、39条蛇、90只虻蝇。从画面布局看,画的正中是一棵较高大的红三叶树,树的左侧有4位骑士,右侧有5位骑士,说是骑马还不如说是站在马上,画技很差。树左边有5条狗,右边有4条狗;9只大雁均在树枝上,两只虎站在树根附近,左右各1只。蛇共分7组,3只的两组,5只的1组,6只的1组,7只的两组,8只的1组,分布在整个画面上。画面上的90只虻蝇则随处可见。这是一幅治病的牛尔罕。据萨满介绍,这是治疗胸痛病的虎神图(如图3)。

除2只虎是虎神外,骑在马身上的人也是虎神,是象征性的人格化了的虎神。除此之外,还有两幅长49厘米,宽34厘米的牛尔罕,是用多种色彩绘制的,它是狩猎用的牛尔罕。这两幅牛尔罕在构图方式、画面布局、内容取材等方面,都与凌纯声先生在《松花江下游的赫哲族》一书中所临摹的"打围神画像"非常相似。但在绘画技巧上,比凌氏的画更现代、更富有生活气息。这两幅牛尔罕有可能与凌氏的画是同时代的作品,也可能是后人临摹的。但也不能排除当时狩猎用的牛尔罕已形成共性化的可能。狩猎牛尔罕的画面由三部分组成,画的上部分是二龙戏珠,画的中央是一棵大红果树,树的两侧是人物,树左侧是一个骑白马的主人,率领3位徒步的助手;树的右侧是一个骑黄马的主人,率领2位徒步的助手。龙、树、马、人物画得都很逼真(如图4)。

图3　　　　　　　图4

总之,牛尔罕的内容都是组合画,一般来说,每幅画中都有人物、神像、动物等,从不同角度构成不同的画面。但这些画面究竟代表什么,说明什么意思,因为没有文字说明,口头传下来的又不多,所以很难准确破译这些画面。只有少数牛尔罕的内容还能解释清楚,绝大多数还处于研讨中。

(二)关于牛尔罕的功能

用牛尔罕治病在当时的社会历史条件下仍有一定的作用。牛尔罕不是萨满治病的唯一方式,而是诸多方式中的一种,而且这种方式又与其他方式相结合进行,互为作用。用牛尔罕治病实际上是一种巫术行为,巫术又是原始宗教的一种重要形式,所以萨满才采用这种方式来为病人进行治疗。牛尔罕从形式上看有三种功能:

一是威慑功能。 巫术本身就是幻想依靠某种力量或超自然力,对客体施加影响或控制。人们有病,认为是魔鬼在作祟,所以,要把魔鬼镇服,病自然会好,萨满利用人们的这种心理观念,在牛尔罕上绘制各种能震慑魔鬼的动物或神像,挂在病人床上,然后,手敲神鼓,口念神词,对魔鬼进行恫吓,使魔鬼逃之夭夭,给病人在心理上起到排解的作用。我搜集到的治病牛尔罕中有一副胸巾,宽40厘米,通长65厘米,黑红两色的画面。胸巾上的图案分四部分,上肩部分左右各画一只雪豹;脖下胸前部分,中间是一个穿有鱼鳞衣服、右手持灯笼、左手拿一枝荷花的神,神的两侧各有一条花斑龙;胸下腹部处画有8条普通蛇和2条须蛇,两蛇之间有一个十字形图案,下面有一只虻蝇;最下部分中间是一个戴胡须的老人,两侧各有两条龙(如图5)。

用上述这些凶猛的豹、龙以及蛇、神来威胁魔鬼,通过这种巫术行为给病人以安慰。

二是驱赶功能。 实际上驱赶与威慑是一个问题的两个方面,前者属于接触巫术范畴,魔鬼被震慑后,主动从病人身体中走出,放弃作祟;后者属于驱赶巫术范畴,魔鬼在某种力量下被动地被驱逐出人体。区别在于主动与被动。前者是主动地走出去,而后者是被动地被赶出去。萨满根据病人的实际情况,采取不同的巫术来进行治疗。比较顽固的病症,萨满就用驱赶的方法,先把牛尔罕挂在病人旁边,然后,萨满变成牛尔罕上画的某一种动物,钻进病人体内,把作祟的魔鬼赶出来。这些巫术行为都是通过萨满驱赶魔鬼的神词来完成的。通过神词的叙述,来完成萨满本身变幻的过程。而在治病的牛尔罕上出现一些巨怪和幻想动物的原因就在这里。这类巨怪或幻想动物,如似狗非驴的独角兽,头上升出太阳的人,貌似丑陋的巨怪,这些都是萨满变幻的载体,用这种方式掩人耳目,达到巫术的目的。

三是伏附功能。 "伏附"就是通过萨满的法术,让人体内的病魔伏罪,它既不是主动,也不是被动,而是自觉地走出人体,转而依附在别的物体上。萨满通过模拟巫术,使牛尔罕起到这种作用。原始时期,人们受生产力和智力发展的限制,对世界上不能理解的事物,在头脑中形成各种想象的概念。所以,如果身体长了疮,便认为是蜘蛛钻进体内造成的结果。如果头一跳一跳地痛,便认为是螽斯钻进头里蹦跳的缘故;小孩子出麻疹,认为是臭虫钻进小孩体内作怪;人咳嗽,认为是青蛙作祟;皮肤起红线,认为是蛇缠身,等等。这些想象的认识多具有错误的、歪曲的、虚幻的性质。而萨满则用非科学的、愚昧的模拟巫术来迎合人们这些无知的认识。如人得了肚子痛病,就说这是肚子痛鬼作的祟,于是就模拟画一个肚子痛鬼,然后,把它烧掉,肚子痛鬼被烧掉了,肚子痛病自然也就好了。我搜集到的一幅治病用的牛尔罕,长81厘米,宽71厘米,黑白素描布画,画面上共有9行画。第一行:一位吉尔基神站在大地上,头上长出一个太阳放射着光芒;第二行:有3头非驴非马的一种独角兽;第三行有9位吉尔基爱米神和9只蜘蛛;第四行:有9条鱼;第五行:有9条狗;第六行:有7只螽斯;第七行:有7只公鸡(也可能是什么鸟);第八行:有5个骑马的人,头上都长着太阳,放射着光芒;第九行:有4个骑马的人,头上没有太阳(如图6)。萨满治病时,把这个牛尔罕挂在病人的床边或放在病人身上,然后击鼓,说唱神词,进行

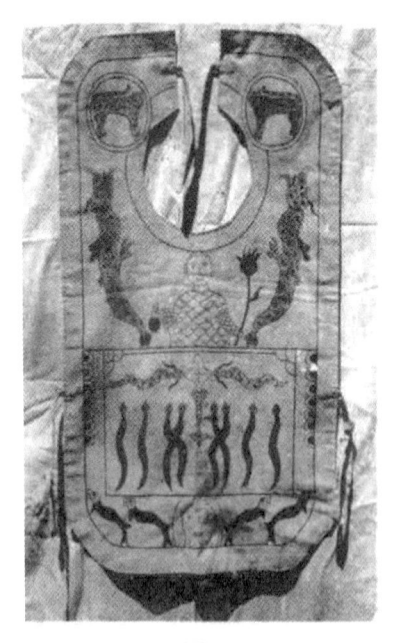

图5　　　　　　　　图6

祷告,通过一番无形的"战斗",使钻进病人体内作祟的螽斯或蜘蛛感到残害人体是一种罪过,认为牛尔罕上的螽斯、蜘蛛,才是它们灵魂的载体,所以它们从人体内爬出来,伏附到牛尔罕上。这样病人就解脱了。萨满就是以这种原理用牛尔罕为病人治病。牛尔罕只是一定历史时期的产物,它只能在一定的历史时期内起到相应的作用。

用牛尔罕狩猎,也是当时社会生产力低下的一种产物。原始人受万物有灵论的制约,认为世界所有事物均由神灵主司,所以在原始人眼里,山有山神,树有树神,兽有兽神,打猎同样也有猎神。赫哲人称打围神为"满格瑟温",是木偶神,神形尖顶,有两只长足,管理狩猎的一切事宜。每逢出猎前,猎民们都要在自己家摆神坛,用动物血、肉做祭品,祭祀打围神,然后跪拜,祈祷出猎丰收,并对打猎用的弓箭、扎枪、绳索、叉刀等工具都要进行血祭,即在打猎神像前涂抹动物血,然后才出发进山狩猎。后来各家供奉的打围神,由萨满绘制的狩猎牛尔罕所代替。牛尔罕携带方便,所以出猎时人们把它带在身上,待进入猎场后将其挂在树上,并要祭祀一番,然后才开始狩猎,他们认为只有这样,打围神才能保佑猎民多得猎物。如果出猎后,收获不大或没有打到猎物,则认为是得罪了猎神,这时要在山林中找一棵奇树或怪树,把狩猎牛尔罕挂上再进行祭祀,祭祀时要以酒洒祭并虔诚地祈求猎神,期望能够获得丰收。起初时,猎民每次出猎前特别是集体打猎时,要请萨满绘制狩猎牛尔罕,萨满则根据出猎的时间、方位以及那山、那林等实际情况绘制狩猎牛尔罕。狩猎结束,将其焚毁。后来狩猎的牛尔罕不再每次都更换。随着社会的发展,逐渐嬗变为统一形状的常祭神。

三、牛尔罕与萨满及猎民

(一)牛尔罕与萨满的关系

从某种意义上来说,牛尔罕是萨满治病的工具。萨满称牛尔罕为"药方"。当人们得了病时,病人家属就去萨满那里求救,这时萨满问明病状以及得病前后的活动,根据家属提供的情况,萨满以神的名义作出判断,然后画出一幅牛尔罕交给家人,挂在病人的床前或戴在病人身上。萨满就是通过牛尔罕这个载体来传达神的意志。萨满把牛尔罕当做他的无声的代言人。如果挂上牛尔罕以后仍不见好转,这时萨满要亲自到场,进行驱鬼活动。认为病人病情重,上一个牛尔罕的法力不足,要更换法力更高的牛尔罕来驱鬼,萨满把牛尔罕当作给人治病的一个重要法宝,想方设法让人们相信牛尔罕的作用。通过牛尔罕为人们带来福荫,同时也提高萨满自身的社会地位。

(二) 牛尔罕与猎民的关系

狩猎是猎民维持生计的大事,在当时的条件下,猎获物的多少涉及到猎民的生死存亡,所以,猎民们把狩猎当作生活中的最重要的事情。猎民认为萨满通过牛尔罕能沟通神与人的关系,通过对牛尔罕祭祀,使山神、树神、猎神佑助猎民多打猎物,确保丰收。猎民相信自己语言的力量,语言有明显的现实用处,所以对牛尔罕的祈禳、许愿、咒使、祝告等活动会感动猎神。只有猎神大慈大悲,狩猎生产才能获得丰收。古代祭祀牛尔罕成为猎民的崇高信仰,并把牛尔罕的作用与萨满的神通联系起来。通过对牛尔罕祭祀所获得的利益而加深了对萨满的崇拜。

总之,牛尔罕是萨满为人们治病和祈求生产丰收的一种巫术方式,就当时社会基础而论,通过这种活动,既为信徒与猎民带来了一定的"福荫",又提高了萨满本身的社会地位。就现代科学而论,这是人类发展道路上的必然。我们研究牛尔罕的目的,就是把人们过去向虚幻神灵世界索取,改变为向自然界这个物质世界进行索取,引导民族文化向健康的方向发展。

本文原载于《黑龙江民族丛刊》2004年第5期

赫哲萨满派系、种类、名称和职能[①]

波·少布 徐景民

摘　要：本文通过史料考证和实地调查，将过去赫哲族萨满分工的三类、四类、五类、六类、七类等说，规范为五类。同时，对赫哲萨满名称的不同称谓，按照国际音标标音统一了称谓。

关键词：赫哲萨满　派系　种类　称谓　职能

赫哲族是属于阿尔泰语系满——通古斯语族满语支的民族，人口较少。2000 年，第五次全国人口普查统计，赫哲族有 4500 人，仅多于珞巴族，在全国 55 个少数民族中，名列第 54 位。赫哲族在历史上曾信仰过萨满教，他们只有语言没有文字。所以，赫哲族的历史文化资料只能从其他有文字的民族所记载的书籍、档案资料或其他民族的调查记录以及本民族的口述中得之。古代书刊中有关赫哲族的情况记载得很少，尤其萨满教的情况记载的就更少。近代，比较系统全面调查赫哲族情况的当属凌纯声先生。凌纯声先生就职于国立"中央研究院"历史语言研究所，他于 1930 年（民国 19 年）春夏间，协同商章孙先生共同赴赫哲族地区进行考察，考察路线自西向东，从依兰沿松花江而下，经当时桦川县境内的哈库玛、富克锦、嘎尔当、霍通吉林、洼其奇，绥滨县境内的鄂米尔，同江县境内的古必扎拉、图斯科、尼尔博、拉哈苏苏、齐齐哈、穆红阔、哈渔、街津口、得勒气，一直到抚远县境内的额图、秦得利、秦皇

[①] 波·少布，男，黑龙江省民族研究所研究员，主要从事民族学、蒙古学研究；徐景民，男，黑龙江省民族博物馆助理馆员。

鱼通、上八叉、下八叉、乂日嘎等地。走遍了整个松花江下游地区,历时3个月,搜集了大量的材料与实物标本,写出了《松花江下游的赫哲族》一书,于1934年(民国23年)在南京出版。这是记录赫哲族社会、经济、文化最全面的一部力作,尤其对萨满教的调查更为详细。28年后,中国科学院(今中国社会科学院)民族研究所组建了黑龙江省少数民族社会历史调查组,又于1957年至1958年间,对赫哲族聚居的街津口、八叉、四排三个村进行了社会历史调查。1959年完成初稿,并出版了内部铅印本。直到1987年,《赫哲族社会历史调查》方由黑龙江朝鲜族出版社正式出版发行。在正式出版发行的调查报告中,除四排村以外,街津口、八叉村的调查报告中均有有关萨满教的调查资料。以上两次调查,比较完整地、全面地记录了赫哲族社会诸方面的情况。后来,1981年出版的《赫哲人》[①]、1984年出版的《赫哲族简史》[②]、1989年出版的《神秘的萨满世界》[③]、1990年出版的《赫哲族拾珍》[④]、1992年出版的《赫哲族风俗志》[⑤]、1999年出版的《中国赫哲族》[⑥]这6部著作,都从不同角度或多或少地记述了有关赫哲族萨满教的情况,但是基本上脱胎于1930年和1958年的调查报告。笔者也曾于1955年访问过赫哲族,1986年、1999年曾两次对赫哲族地区的街津口、八叉、四排、敖其等地进行过实地考察。因此,在前人研究的基础上,对赫哲族萨满的派系、种类、名称、职能四个问题,作一粗浅的探讨,并求教于专家指正。

一、赫哲萨满派系

关于赫哲萨满的派系:各家的看法比较一致。都认为赫哲萨满分为三派,即一是河神派,赫哲语称"比拉特铿"(pilat'ək'əŋ);二是独角龙派,赫哲语称"尤若特铿"(jurɒt'ək'əŋ);三是江神派,赫哲语称"玛冒估特铿"(ma mɒ ku t'ək'ək)。这三派是以神帽来区分的:神帽上方左

---

① 刘忠波:《赫哲人》,北京:民族出版社,1981年。
② 赫哲族简史编写组:《赫哲族简史》,哈尔滨:黑龙江人民出版社,1984年。
③ 乌丙安:《神秘的萨满世界》,上海:上海三联书店,1989年。
④ 尤金良:《赫哲族拾珍》,佳木斯:佳木斯市文联,1990年。
⑤ 黄任远:《赫哲族风俗志》,北京:中央民族学院出版社,1992年。
⑥ 舒景祥:《中国赫哲族》,哈尔滨:黑龙江人民出版社,1999年。

右侧各有一枝鹿角的为河神派；左右侧各有二枝鹿角的为独角龙派；如果神帽上左右侧各有三枝鹿角那是江神派。戴鹿角的神帽称"夫依"（fu ji ki），所以，要分辨萨满是哪一派的，一看神帽便一目了然。萨满的品级也是从神帽上区别开的，主要是以神帽上的鹿角所分权数多与寡来分高低，鹿角分为三权、五权、七权、九权、十二权、十五权六级。初学萨满要经过三年时间才能升到三权鹿角神帽。要升到十五权神帽需要四十年功夫。所以，我们见了神帽上鹿角枝数多少就知道他的派系，见了枝上的权数多少就知道他的品级。这与其他民族萨满神帽有很大的区别。

二、关于赫哲萨满种类

赫哲萨满的种类：诸家分歧较大，看法尚不一致。所谓萨满的种类就是萨满的分工。当前，所看到的资料，归纳起来有三类说、四类说、五类说、六类说、七类说五种。《赫哲族拾珍》一书持三类说，分为达克苏特亦（达格苏惕）、佛日朗（弗力兰）、阿哈妈发（阿哈玛发）三类。《抚远县八岔赫哲民族乡调查报告》《赫哲人》《赫哲族简史》《中国赫哲族》《富锦县街津口村赫哲族调查报告》五家持四类说，即分为达克苏特亦、巴奇朗、佛日朗、阿哈妈发。其中《抚远县八岔赫哲民族乡调查报告》少阿哈玛法，多一类德斯库（特斯户）。《赫哲族风俗志》主五类说，分为达克苏特科切（可能指达格苏惕）、巴其兰（巴车仁）、佛六兰（弗力兰）、阿哈玛发、德斯库（特斯户）。比四类说多一类德斯库（特斯户）。《松花江下游的赫哲族》一书分为六类，即萨满、八车冷（巴车仁）、佛日朗（弗力兰）、阿哈玛发、伊车冷（伊车仁）、杭阿朗（含阿兰），比其他诸说少达克苏特亦（达格苏惕），多萨满、伊车冷（伊车仁）、杭阿朗（含阿兰）。而《神秘的萨满世界》一书则分为七类，即达克苏特亦（达格苏惕）、巴其兰（巴车仁）、佛日朗（弗力兰）、阿哈玛发、德斯库（特斯户）、伊车冷（伊车仁），比《松花江下游的赫哲族》少一类萨满，多一类德斯库（特斯户）。为了清楚起见，下面列一比较表：

赫哲萨满诸家分类表

著作名称	分类数	分类名称						
		Saman	dag suˑtˑəi	ba tʃˑərən	fu ri lā	a ha ma fa	tˑəs huitʃˑərən	hāalā
赫哲族拾珍	3		达克苏特亦		佛日朗	阿哈妈发		
八岔调查报告	4		达克苏特亦	巴奇朗	弗力兰		德斯库	
赫哲人	4		达克苏特亦	巴奇朗	弗力兰	阿哈马法		
赫哲族简史	4		达克苏特亦	巴奇朗	佛日朗	阿哈玛法		
中国赫哲族	4		达科苏鲁特科切	巴其兰	佛六兰	阿哈玛发		
街津口调查报告	4		送魂萨满	巴奇兰	佛力兰	阿哈玛法		
赫哲族风俗志	5		达科苏鲁特科切	巴其兰	佛六朗	阿哈玛发	德斯库	
松花江下游的赫哲族	6	萨满		八车冷	佛日朗	阿哈玛法	伊车冷	杭阿郎
神秘的萨满世界	7		达克苏特亦	巴奇朗	佛日朗	阿哈玛法	德斯库	伊彻朗 杭阿郎

赫哲萨满的分工，是随着赫哲社会的发展状况而逐步出现的。20世纪30年代，凌纯声先生到赫哲族地区实地考察所写下的《松花江下游的赫哲族》对赫哲族的文化，从物质的、精神的、家庭的、社会的四个方面作了全面的叙述。这部书应该成为研究赫哲族萨满的重要基础。虽然20世纪50年代对赫哲族也作过一次社会调查，并出版了《赫哲族社会历史调查》一书，但这部书的三个调查报告，在反映赫哲族社会文化方面有一定的局限性。正如书中后记所言："在当时的'左'的思想影响下，有许多清规戒律，或多或少地束缚了调查组同志的思路，限制了更深入地调查。再加上工作人员缺乏调查经验，思想僵化，调查内容不够全面，缺乏就实精神，乃至有错误的地方。现在，时代在发展，观点和

观念也在不断发展。可是已时过境迁,无可补救,乃为憾事。"①所以,这部调查报告有一定的缺憾,甚至在四排村的调查报告中,根本就没有记录宗教问题。后来,有关论述赫哲萨满的诸著,基本上都来源于这两个报告。所以我们把《松花江下游的赫哲族》作为基础来研究,对赫哲萨满的分工会有一个比较清楚的认识。

从上述统计表中得知,对赫哲萨满分为达克苏特亦(达格苏惕)、巴奇朗(巴车仁)、佛日朗(弗力兰)、阿哈玛法四种,各著作中基本上是统一的,而对萨满、德斯库(特斯户)、伊车冷(伊车仁)、杭阿朗(含阿兰)这四类看法分歧较大。

第一,关于萨满。在赫哲萨满中,"萨满"一词,既是统称又是专称。对不同种类不同名称的神职人员,外界统称他们为萨满,也可称他们分工后的不同名称。而"萨满"分工以后,仍有一个称为"萨满"的神职人员,这个"萨满"名称是与其他分工后所产生的不同名称并列的。因此,"萨满"既是统称又是专称。这在《松花江下游的赫哲族》中论述得非常清楚。"赫哲族除了萨满、阿哈玛法能通神鬼之外,尚有佛日朗的专主祈祷,伊车冷的看香头,八车冷的上卦看病,杭阿朗的上卦占卜。神通广大的萨满,对于这许多通神的事件都能。不过实际上萨满不能兼顾,于是产生了各专一技的通神的人"②。从这段叙述中,我们可以看出"萨满"在这里与阿哈玛法、佛日朗等各专一技的通神的人是并列关系,也是萨满的一个种类。该书中又说:"阿哈玛法,其实是萨满的一种,但是他的神术只限于看时疫及传染病,没有萨满的神通广大,能通一切的神明鬼怪。所以,萨满可以兼事阿哈,而阿哈不能兼做萨满之事。"③这里再次表明,萨满与阿哈玛法是并列的,但萨满的神通要比阿哈高。"古代民神不杂,人与神既不相杂,则人神之间就不相通。所以,产生了

---

① 民族问题五种丛书黑龙江省编辑组:《赫哲族社会历史调查》,牡丹江:黑龙江朝鲜民族出版社,1987年,第288页。
② 凌纯声:《松花江下游的赫哲族》,南京:国立"中央研究院"历史语言研究所,民国23年,第128页。
③ 凌纯声:《松花江下游的赫哲族》,南京:国立"中央研究院"历史语言研究所,民国23年,第123页。

萨满、阿哈、一车冷、八车冷等的通神之人"①。凌氏在这里又一次明确了在萨满的种类中,有一个与阿哈、一车冷等并列的称"萨满"的一个种类。上述统计表中所列9部著作中除《松花江下游的赫哲族》外,其他8部著作均无"萨满"这一分工种类。他们把萨满只作为统称,而未作为专称。因此,分工中也就自然没有萨满这一种类了。笔者于1955年访问赫哲族时,也亲自听到过萨满与阿哈玛法都是各自不同种类的说法。因此,赫哲萨满教的神职人员分工中,应该有"萨满"这一种类,凌氏的说法是正确的。

第二,关于德斯库(特斯户)。《抚远县八岔赫哲民族乡调查报告》《赫哲族风俗志》《神秘的萨满世界》三部著作,把德斯库列为赫哲萨满的一个种类,而其他六部著作则未列入。笔者在赫哲族地区进行调查时,也曾遇到有关对德斯库的介绍,按被调查人的说法,德斯库是神灵的名字,并非是萨满的种类。这一点在凌纯声先生的调查中也可以得到证实。在他的赫哲语言篇中记有"娘娘神 tʼəs hu ma ma"②用国际音标标注的"特斯户玛玛"即是德斯库的异译,指娘娘神的名字,特斯户与德斯库是同指一个神名。名词后面加"玛玛"是女性神,如加"玛发"就是指男性神。正因为是神灵的名,所以凌氏没有把它纳入萨满的种类中。1958年的调查,对此也有类似的说法。《富锦县街津口村赫哲族调查报告》在记录阿哈玛法时写道:"阿哈玛法,是神的奴才之意,是最大的萨满,能治各种精神病和时疫,他供奉德斯库神。"③这里明确指出德斯库是阿哈玛法所供奉的神灵并不是萨满。但是与街津口同时进行调查的《抚远县八岔赫哲民族乡调查报告》中却把德斯库记为萨满的一个种类,报告中说:"还有一种称德斯库的萨满,是专治瘟病的。"④在同

---

① 凌纯声:《松花江下游的赫哲族》,南京:国立"中央研究院"历史语言研究所,民国23年,第140页。
② 凌纯声:《松花江下游的赫哲族》,南京:国立"中央研究院"历史语言研究所,民国23年,第274页。
③ 民族问题五种丛书黑龙江省编辑组:《赫哲族社会历史调查》,牡丹江:黑龙江朝鲜民族出版社,1987年,第120页。
④ 民族问题五种丛书黑龙江省编辑组:《赫哲族社会历史调查》,牡丹江:黑龙江朝鲜民族出版社,1987年,第170页。

一个报告中,叙述德斯库的来历时又说:"据说,早年'北国鞑子'和汉族打仗,汉族屡败于'鞑子',于是修筑万里长城防御鞑人过境,但长城也不见实效,仍阻挡不住鞑人进境,于是汉族想用瘟病以消灭鞑人。于是将天花娘娘、痘疹娘娘送到长城以北。这些娘娘被送到北国后,使北国人患了天花、痘疹传染病,死了很多人。于是北国人创造了德斯库专门对付这种瘟病的神。"①在这则传说中德斯库仍然是神,而不是什么萨满。这个调查报告本身前后记载相悖,很可能是误记。后来有些书籍将德斯库列为萨满的一个种类,完全来源于这个报告,所以不足凭信。德斯库是神灵的名称,而不是萨满的名称。

第三,关于伊车冷(伊车仁)。这一类萨满只在《松花江下游的赫哲族》《神秘的萨满世界》两部著作中出现。前者记为伊车冷,后者记为伊彻朗。实际上是同名异译。而后者又是来自前者。根据凌氏的记载,20世纪30年代这一类萨满在赫哲社会已经失传,他摘录了于12世纪初叶宋徽宗时期形成的民间传说《葛门主格格故事》。故事中的主人公阿麻奇坎病得人事不知,他的哥哥"多尔坎汗请了几位伊车冷来占卜吉凶,两个男的三个女的。内中有一个女伊车冷看了看香火说道:'此病甚属危险,不能挽救'。"②凌纯声根据这个故事中的描写,将伊车冷载入他调查的有关宗教篇章中。事实上,20世纪30年代已无伊车冷这类萨满,伊车冷是从萨满中早期分离出来的一种类型,后来逐渐消失。他的职能由上卦看病的八车冷所代替。

第四,关于达科苏特亦(达格苏惕)。除了《松花江下游的赫哲族》外,其他诸书均有达科苏特亦这类萨满,惟凌氏调查报告中没有提到。这是为什么?我想,如果20世纪30年代赫哲族地区有这类萨满,凌纯声先生绝不会把他漏掉。他连社会上已经消失,而民间故事提到的伊车冷都能摘录下来,难道社会上流行的达科苏特亦他能放过吗。如果细读《松花江下游的赫哲族》,我们就会了解清楚这一问题。达科苏特

---

① 民族问题五种丛书黑龙江省编辑组:《赫哲族社会历史调查》,牡丹江:黑龙江朝鲜民族出版社,1987年,第171页。
② 民族问题五种丛书黑龙江省编辑组:《赫哲族社会历史调查》,牡丹江:黑龙江朝鲜民族出版社,1987年,第176页。

亦是专职送魂萨满,人死去后"撂档子"时举行送魂仪式,请达科苏特亦来跳神。在凌纯声先生的调查报告中有这样一段记载:"额图地方的求子仪式,不在跳路神期后,而在撂挡子时举行。萨满送魂至阴间时,神帽的飘带挽一结,不使萨满得知,然神鹰早已知道,神鹰在往返阴间道上,即抓魂带回。当时在除丧服人家的屋内,俟席散后,即举行求子的仪式。"①这段记载,虽然说的是求子仪式,但是"萨满送魂至阴间"这句话说明当时死人后撂档子时"送魂"这项工作,仍由萨满操作,还没有从萨满的职能中分离出去,也就是说还没有出现专门负责送魂的达科苏特亦。在《松花江下游的赫哲族》一书中,凡是涉及到死人撂档子送魂之事,都请萨满跳神。如,在丧葬一节中也说,撂档子时,屋外搭一布蓬,"蓬前东、西两方各焚木材一堆,东火为阳间火,西火为阴间火,萨满立于东火之旁,右手持神杖,左手持神刀。一老人手提神鹰,头向西,立于西火之旁。萨满乃向灵前嘱咐道:'你的亲友送来衣帽干粮,都载在狗爬犁上,请你检收带到阴间去,自己使用。'"②这里所表述的送魂仍然是萨满。根本没有出现达科苏特亦这一神职人员名称。在20世纪50年代,进行社会调查时才出现专职送魂的达科苏特亦这类萨满。所以说,是在30年代以后从萨满中分离出来的职务。

第五,关于杭阿朗(含阿兰)。这种萨满只见于《松花江下游的赫哲族》和《神秘的萨满世界》两部书中。在1958年的社会调查中,也不见有关杭阿朗的记载。说明在50年代杭阿朗已经消失,直到现在赫哲地区也没有杭阿朗的传承与记载。据凌氏记载,杭阿朗主司上卦占卜。它与八车冷的上卦看病有一定的共性与重叠,所以,很可能杭阿朗的职能被八车冷所代替。

根据以上研究,赫哲萨满在建国后可分为五类:即萨满、达科苏特亦、巴车冷、佛日朗、阿哈玛法。关于伊车冷,在1930年以前就已消失,而杭阿朗在建国初期也已消失,所以,在萨满分类中不再列入。

---

① 凌纯声:《松花江下游的赫哲族》,南京:国立"中央研究院"历史语言研究所,民国23年,第127—128页。
② 凌纯声:《松花江下游的赫哲族》,南京:国立"中央研究院"历史语言研究所,民国23年,第224页。

三、赫哲萨满名称

关于赫哲萨满名称，诸家称谓很不统一。主要是用汉字如何对少数民族语言进行准确标音的问题。赫哲族没有本民族文字，所以，有关历史文化资料的记载主要依靠汉文、俄文或其他文字记载。因此，在标注的语音上不尽相同，甚至差异较大。主要原因一是汉语中南北方方言差别比较大，标注赫哲语时便出现许多"错误"。凌纯声先生在调查时，对萨满名称都用国际音标进行了标注，这对我们准确地用汉字标注赫哲语提供了有利的基础。下面就五种萨满的名称作一探讨。

Saman：即萨满。这一名称目前已成为约定俗成的术语，都这样写，也都这样称。一般来说没有异意。但是如果严格要求，"满"字在汉字中是第三声，而国际音标中的 man 发第一声。应该用表示第一声的"颟"字更准确。不过"萨满"这一名词已经全国公认，乃至世界公认，所以也就没有必要再更改了。

dag su tˈiə：即达科苏惕。目前，对这一名称，《中国赫哲族》《赫哲族风俗志》两部著作中称"达科苏鲁特科切"，其他著作中称达科（克）苏特亦。前两部书没有提供出处和来源。根据他的职能相同来看，很可能是达科苏特亦的演变形式。其他著作中除了分别用"克"或"科"外，其他用字是统一的。但是这种用字也不能准确地表达赫哲语音。dag su tˈiə 共 3 个音节，第一个音节是"达格"（dag）而不是"达科"（dakˈ）。第二个音节是"苏"（su），这是对的。第 3 个音节"特亦"（tˈiə）应该是"特亦"两字快读发出的音才准确，类似汉字的"惕"音。所以，"达科苏特亦"应用"达格苏惕"四个字标注读音更准确。

ba tʃˈə rən：即巴车仁。对这一名称用字更混乱。有巴奇朗、巴奇兰、巴其兰、八车冷等四种形式。根据国际音标标注是 3 个音节：第一音节（ba）用"巴"字是准确的。第二个音节（tʃˈə），发音为"车"，用奇、其都是不对的，tʃˈ 辅音后的元音是 ə（婀），而不是 i（依），如果是 i 才能读成"奇"或"其"。第 3 个音节（rən），由舌尖中颤音 r（日）和元音（婀）及舌尖中鼻音 n（讷）组成，应发第一声"仁"，但汉字中没有发第一声的"仁"字，只能用第二声的"仁"字所代替。而第三音节，如果读成"朗"或

"兰",国际音标应该是"laŋ"或"lan",也就是舌尖中边音 l(勒)加元音 a(阿)再加舌根鼻音"ŋ"或舌尖中鼻辅音 n(讷)才行。如果"冷"标音,国际音标应该是"ləŋ",也就是舌尖中边音 l(勒)加元音 ə(婀)再加舌根鼻音 ŋ。所以,这一名称准确的用字应是巴车仁。

fu ri lā: 即弗力兰。关于弗力兰的注音也是多种多样,有弗力兰、佛日朗、佛六兰、佛力兰四种。在这四种中,弗力兰最接近本音。根据国际音标标注也是 3 个音节。第 1 个音节 fu(弗),标字准确。第 2 个音节 ri,是由齿龈舌尖中颤音 r 与元音 i(依)组成。在汉字中没有表示 r 与 i 拼成的字,只好用"力"字来代替。第 3 个音节 lā,是齿龈舌尖中边浊音 l(勒)与鼻化的 ā(阿)元音组成。鼻化的 ā(阿)元音的音质相当于 a(阿)元音与舌尖中鼻浊辅音 n(讷)相组合的音质,即 an(安)的音质相近似,实际上是 an(安)与 aŋ(昂)的中间音。我们采取"安"前加"勒"辅音的形式读"兰"。因此,fu ri lā 可读为弗力兰,也可读为弗力朗。

a ha ma fa: 即阿哈玛发。这组国际音标由 4 个音节组成,即 a(阿)、ha(哈)、ma(玛)、ta(发)。各书记载基本相同。只有词尾"发"字有用"法"字的。按国际音标发音,词尾 fa 应是第一声,所以用"发"字很恰当。如果用"法"字是第三声,那就变调了,不是赫哲语本音。所以,应称阿哈玛发较准确。

四、赫哲萨满职能

母系氏族社会时,赫哲族萨满既是氏族酋长,又兼氏族祭司,集政教于一身。酋长(萨满)既要组织生产,又要安排生活;既要调解氏族内部纠纷,又要协调与外氏族的关系;既管宗教祭祀,又要管社会活动。这些事务都由一人主持,势必忙不过来,所以,祭司这一职,由氏族酋长兼任,逐步演变为专职,这是社会发展和生产实际需要的必然结果。专职祭司萨满的产生,只是已有的社会分工的扩大,它并不脱离生产劳动。既有分工,而又不脱离劳动,这是受当时生产力发展水平低下所制约的一种反映。

最初,萨满的职能比较多,但是萨满作为神与人之间的中介,主要任务是维护氏族的安全和兴旺，促进氏族的发展。所以具体表现在以下几个方面：

一是保护氏族的安全。赫哲族萨满每年春或秋都要跳路神，即太平神。从萨满家开始出行，向东走到屯头为跳神起点，然后，跳到屯西头为止，再返回萨满家中。跳路神时萨满全副披挂，率领全屯男女老少鱼贯而行。每到一家，萨满都要跳神，为全氏族的人消灾祈福，以求安康。

二是为氏族的患者治病。主要是治精神病、时疫病、传染病、普通病。萨满的观念认为：人得病是鬼作祟的结果，所以采取跳神驱鬼，或者许愿供祭，祈求对病人宽恕。不论什么方法，必须把鬼驱走，人才能痊愈。

三是为妇女求子、接生，为死者治丧、送魂，为氏族男女主婚。

四是主持氏族的各种祭祀。如祭祖、祭天神、祭吉星神等。

五是负责上卦占卜。

六是祈求生产丰收。祷告猎神、山神、江神及祭祀牛尔罕等活动。

萨满教兴盛时期，萨满的任务相当繁重。所以才出现了脱离劳动的专职萨满。由于氏族人口的繁衍，专职萨满也忙不过来他的本职工作，这就导致萨满内部的进一步精细分工，出现了萨满一分为五的局面。这五种萨满从原来的萨满的职能中各自分离出一项或几项工作，并为自己赋予了专门的名称。这样萨满就出现了若干种类。

1. 达格苏惕（dag su tʰiə）：他是专职治丧送魂的萨满。赫哲人的习俗，人死后，要戴孝，戴孝期三年、二年、一年不等。孝期满后，要举行送魂仪式。送魂俗称"撂档子"。人死后将其被褥、枕头、烟袋等物品放在生前睡觉的地方，晚间将被褥铺开，白天照样叠好，这就是所谓的"档子"。"撂档子"就是通过送魂将这些"档子"烧掉或收起来，不再摆放，同时要脱掉孝服。"撂档子"必须请达格苏惕来跳神，先在院中搭个棚子，还要做一个木偶，给其穿上衣服、鞋，戴上帽子，称"古木法"，木偶代表死者放在棚子中，达格苏惕坐在"古木法"旁边跳神，然后将"古木法"放在爬犁上起程，达格苏惕跟随，继续跳神，念神词，将"古木法"拉到坟地，视为送到阴间，送魂仪式结束。

2. 巴车仁(ba tʃʰə rən)：他是为氏族成员上卦占卜治疗普通疾病的萨满，这类萨满数量很多。如果遇有谁家有人外出狩猎未归、丢失物品或有人患病，就请巴车仁用野兽肩胛骨占卜吉凶。占卜的卜具也是多种多样，有筷卜、槌卜、碗卜、偶卜等。除占卜外，他也通过跳神，利用精神疗法或物理疗法给患者治疗一些小病，大病则由萨满来承担。

3. 弗力兰(fu ri lā)：是主持各种祭祀、祈求丰收等事宜的萨满。他不以跳神为主，而以祈祷为主要形式，他是代表凡人向神说话，沟通人与神的关系。他跳神时魂不附体，以语言叙述方式进行祈祷，向神表达意愿。如果谁家有个大事小情，就请弗力兰来家庙祭祀天神或吉星神。向神祝颂词，向神许愿，或者请求推迟还愿日期等。所以弗力兰的最大特点就是以祷告为主。

4. 阿哈玛发(a ha ma fa)：阿哈"奴才"之意，"玛发"是尊称，也就是神的奴才。阿哈玛发主要治疗时疫病和传染病。所以领的神称特斯户玛玛(tʰəs hu ma ma)是娘娘神的统称。娘娘神又分四种：即瘟病娘娘(un pin ma ma)、天花娘娘(ā ba ma ma)、疹子娘娘(a tʃi kʰə ma ma)、黄病娘娘(sɒ jiɛ gɒ lɒ su ɦɛ ma ma)。阿哈玛发有的还领石头公公(tʃɒ lɒ ma fa)、石头婆婆(tʃɒ lɒ ma ma)。阿哈跳神治病时，则因病择神，得什么病请什么娘娘，祈神驱病，以保一方平安。

5. 萨满(sa man)：上述四种萨满从六项职能中已各自分离出去一部分任务，剩下的职能如治疗精神病、重病、跳路神、接生、求子、主婚、祭祀牛尔罕等便成为这类萨满的职能。但是，这类萨满可以兼事上述四类萨满职能，而上述四类萨满却不能从事这类萨满的职能。

本文原载于《黑龙江民族丛刊》2004年第2期

萨满教由"迷信"到"民族文化"的身份之变

范冬敏 石玉静[①]

摘　要：萨义德在《东方学》中揭示了西方文化支配东方"异文化"的历史过程和文化手段。萨满教作为一种"异文化",20世纪以来,经历了由"迷信"到"民族文化"的身份之变,并因其越来越在现代知识网格和制度体制中占据位置,而被纳入中国现代性展开的特定历史进程之中。20世纪初中国引介的西方话语与本土具体的生活世界相互塑造,而成为社会文化再生产中最具活力的因素。我们欲以"异文化"萨满教为基点,勘查文化霸权在东方具体的运作逻辑,这在一定程度上从东方主体的角度回应了萨义德解释的东方学实质。

关键词：萨满教　"迷信"　"民族文化"　文化霸权

一、引论：从《东方学》说起

1978年,萨义德发表《东方学》一书,对东方学的意识形态特点和结构做出评论。本书揭示了长期在西方学术界和意识形态领域,占重要地位的东方学这门学科背后的"文化霸权"和政治支配。东方学研究,通过研究东方已消失的语言、习俗和精神,而赋予东方学研究者一种解救东方于迷惑、异化和怪诞之中的英雄角色。在14世纪到18世纪这段历史分期内,对东方的研究主要依附于教会的知识结构,19世

[①] 范冬敏,女,人类学博士,北京农学院文法学院讲师,主要研究方向为宗教人类学、老年社会工作;石玉静,女,社会学硕士,研究方向为教育社会学。现任职于中铁十四局集团。

纪至第一次世界大战结束这段时期,英法对殖民地资料搜集大量扩充了东方学的研究资料。第二次世界大战之后,东方学研究中心转向美国,研究重点转向对新形成的民族国家进行大量区域性的研究,并打着"跨文化研究"的口号,使东方学的研究范围扩大到整个太平洋圈和亚洲的所有地区。

东方学研究,核心在于将世界划分为东方和西方两个对立范畴,其背后的文化结构在于二元性的"二元一体"概念。其内在的一元认为,西方占据强大的主体角色,东方则是遥远神秘的他者异邦。他者代表了一种潜在的危险,在西方的科学知识体系内难以定位,因此可能对西方造成挑战。更重要的另一元是,西方人将自己的文化定位放置在东方"他者"之上。东方学者通过将东方文化定位为"操纵"对象,西方由此得到一种可以掌控的安全感。在社会研究领域,"传统社会"和"现代社会"这样一对概念就暗合于东方学的口味,它创造了从"传统"的东方社会走向"现代"的西方社会的单线式进化图景,使处于地理空间上"他者"的东方成为历史时间上西方社会的往昔[①]。

在萨义德的笔下,西方人是全球文化进程的驱动力,东方人则一直扮演被动的角色。然而,西方对东方文化霸权的形成,总是在主动方和受动方相互合谋的过程中完成的。东方学代表的意识形态"东渐",使东方人"拿来"东方学研究的理论模式和思维素材,进而展开对"本土文化"的研究。在此过程中,开始将代表东方特色的艺术、民俗、节庆等搬上舞台,表演给对异文化感兴趣的人观赏,使之成为本土文化生产的一部分。一方面,东方本土学者因着"民族文化"的研究,在推动着本土文化的工业化生产,另一方面,其背后仍不可避免的着上以西方为大本营的东方学的色调。在东方本土情境下,东方人遥相呼应于西方人的二元划分,在一定程度上共同造成西方的文化霸权。

当前,民族国家普遍建立起来,全球对"民族文化"的强调,背后不可避免地与民族国家之间的政治支配相关联。尽管联合国教科文组织在制度运作层面大量使用和论述多元文化的重要性。但是,其所制定

[①] 萨义德,王宇根译:《东方学》,北京:生活·读书·新知三联书店,2007年。

的"代表作名录"保护形式,既强调了申报的同一标准,又要有相关政府的保护承诺和资源支持。在筛选特定的文化特征的过程中,文化机构包括国家与媒介扮演了优势的角色。于是,体现当地总体生活形态的文化要素被抽离出特定的文化特征,并且在现代化的政治管理体制中运作,文化愈来愈扮演政治附庸的角色。我们希望借萨义德在《东方学》一书中表达的文化批判精神,重新审视萨满教在20世纪以来所经历的身份变化。我们认为萨满教在本土情境下,经历的从"迷信"到"民族文化"的身份变迁经历,同时也是西方文化霸权逐步操纵异己文化的过程,通过将异己文化放置在一个西方人觉得安全的秩序里,由此固化了当前以西方为中心的世界格局。

二、20世纪以来萨满教的身份转变

萨满教,是一种在世界范围内曾产生重要影响的原始宗教,因着沟通人神关系的萨满而得名。萨满在"神灵附体"过程中,会出现一系列癫狂、迷幻的反应,使其本身着上了一层遥远神秘的色彩。17世纪末,西伯利亚和中亚的萨满教引起了旅行者、传教士和探险家们的注意,在他们笔下萨满教被视为原始民族愚昧迷信的奇闻轶事。18世纪出现对西伯利亚萨满教的科学探险,因戴着启蒙主义的有色眼镜,他们将萨满视为非理性的精神病患者。整个19世纪上半叶对萨满教的研究都囿于精神病理框架内。米·伊利亚德,将入迷或者说昏迷视为萨满教的总根基,将萨满教视为揭示全人类原始思维的根基。此后的萨满教研究在社会功能领域、象征研究和认知心理学领域都愈发繁荣起来,对萨满教的研究越来越在西方的现代知识体系中占据位置。西方人好像自己扮演着解说、分析、拯救、呈现异文化的英雄的角色。一方面,他们在揭示着远古的传统,另一方面,又在密切关注传统的东西在现代化境况下发展的问题。当下,萨满教作为当地共同体生活的集体记忆和象征,作为文化认同的标志而得以复兴。不过新"复兴"的萨满教采取舞台展演的新模式,却在越来越相合于西方人的理性范畴。

国内有关萨满教的科学研究,可以追溯到20世纪30年代凌纯声先生以民族志形式详细记述赫哲族的萨满教信仰[①]。新中国成立以后,新的民族政策及政权建设,将少数民族地区纳入统一的"现代化"建设之中,萨满教因其与"鬼神"相关而被冠以"迷信"的帽子,在现代化的"建设"之中被强力边缘化和压制。从 20 世纪 80 年代开始,国内各少数民族的宗教信仰有"民族文化"这个正面价值概念的保护伞,因此有了一定的恢复空间[②]。此时,针对少数民族地区的宗教信仰研究活动在国内学术界逐步开展和完善起来,萨满教研究在其中亦不例外。其中既有存在于多民族中的萨满教现象调查,也有萨满教文本、神话、舞蹈等专题研究,并出现了学理层面的考察和探究[③]。学者们在使萨满教走进大众视野的同时,也生产了其固定化的文化映像,并被当地政府加以应用,而成为民俗旅游中必不可少的卖点。

笔者有幸实地去了解一东北少数民族(赫哲族)地区当前萨满教存续形态,并通过一些资料收集而探得 20 世纪以来萨满教浮沉与个人人生经历相缠绕的历史。主人公 G 的父亲出生在清宣统三年(1911 年),很小的时候就被太外祖父大萨满"领神",春秋季节进山打猎时,就跳"鹿神"萨满舞,祈求得到神灵保护。1946 年,响应国家政策搬迁进新的住址。此时新国家的意识形态舆论将萨满教视为"跳大神"的"迷信"活动。父亲因从政的原因,放弃了与萨满教相关的一切活动,据 G 解释是提高了政治觉悟。十年动乱期间,父亲被打为走资派,他人就是拿父亲曾经的萨满教跳神经历而大做文章。1980 年之后,父亲参加了其他学术调研机构的调查工作,并在 1991 年,在主人公 32 岁时传授其萨满舞,缘由在于以萨满舞作为参赛节目在民族大会上表演。此节日大会(乌日贡大会)由当地政府一年举办一次,主人公领舞的萨满舞在该大会上获得奖项。在之后的连续几年内,此萨满舞团队成为民族大会上必不可少的风景。针对别人的非议,主人公表示"对我来说,萨满舞是传统民族文化的精髓,而不是萨满教娱神的工具,更不是迷信色彩非

---

① 凌纯声:《松花江下游的赫哲族》,上海:上海文艺出版社,1990 年。
② 杨文正:《文化遗产保护中民族与国家的诉求表述》,《西南民族大学学报》,2011 年第 6 期。
③ 孟慧英:《中国北方民族萨满教》,中国社会科学院研究生院博士学位论文,2000 年。

常浓厚的跳大神。"2005年和2006年,萨满舞"跳鹿神"被确定为一种与俄罗斯少数民族相互交流的一种文化沟通手段,萨满舞也在此过程中越来越走向舞台形式。此后,萨满舞"跳鹿神"被列为省级非物质文化遗产,作为一种固定化的文化形式而得到制度性的保护[①]。

笔者实地了解的当地,正在大力建设民俗旅游村。在打造异文化旅游空间的口号下,各种文化符号的生产和展示成为题中应有之义。于是,与日常生活不那么相关的文化特征被放置在舞台上消费。各种文化特征的生产,与其说是当地生活形态的最本真展示,不如说是根据学者们的揭示和指导而重新建立起来的"传统"。在空间特征分布上,包括民族博物馆、民俗展览馆,甚至当地的酒店招牌,都使用了相同的文化特征,比如天神的形象。而提及此文化符号的出处,莫不引论学者著述中的揭示。于是,在学者论证、政府支持、民众认识之间达到一种统一,共同合作来展示抽离出来的文化特征。在对当地时间的影响方面,少数民族地区的生活节奏得以重构。当地政府从80年代开始全面组织策划"乌日贡大会",此大会统合了之前的多种零散的民族节日。建设民俗旅游村,其招牌就在于民俗文化消费[②]。于是,根据旅游的旺季和淡季,当地的生活时间被重新得以分化。在旅游旺季,民族展演舞台声乐不断,"萨满神宅"和"神偶"广场前香火不断。在旅游淡季,则"人去宅空"。特别是21世纪以来,非物质文化遗产保护项目得以成立,原本有机的生活形态,分化为一个个需要政府和学术机构加以筛选从而加以保护的文化片段。经由这样的重构过程,一个安全的、理性的、符合现代社会要求的秩序得以建立起来,各个文化片段因找到属于自己的位置,从而在表面上看来已"各得其所"。

三、背景:20世纪中国现代性进程

当我们反思萨满教在20世纪以来为何经历如此的"身世浮沉"之时,不免将20世纪中国现代性的展开进程纳入我们的视野。20世纪

[①] 赫哲族非物质遗产保护中心:《胡萨得依尼》,赫哲族非物质文化遗产保护中心档案资料,2009年。
[②] 高丙中:《作为非物质文化遗产研究课题的民间信仰》,《江西社会科学》,2007年第3期。

初期启蒙历史的叙述结构以及一整套与之相关的词汇,如迷信、封建、自觉意识和革命等,主要通过日语而进入中文。由此代表的线性的、进化的历史观将中国历史重新结构化。中国在地理空间上是西方的他者,透过单线进化论的视野来看,在时间上代表的则是西方的往昔。此种进化论的紧身衣,决定了哪些属于启蒙历史时代的民族和文化可以保留下来,其他不相符的人和事则必须从此种启蒙历史中排斥出去。启蒙话语让所有社会不得不向现代化靠拢,接受现代化和进步也就意味着拥抱新事物、打碎旧镣铐①。由此,"新—旧""传统——现代"等二元对立的范畴在多个领域被构建起来。

首先,国内启蒙界在话语领域进而在社会领域树立了"传统—现代"这样的二分法,它们是一些具有强大现实效应的象征符号。民族国家成立的新政府,试图摧毁所有的旧镣铐,对于宗教信仰领域尤其如此。"迷信"话语经由日语转译,由留日学生、维新思想家的写作及其论著的广泛传播而逐渐普遍于汉语语汇。"反迷信"即表达了"现在"与"过去"的对立和决裂,以及拥抱现代性的狂热追求。于是,对于民间信仰,儒家的世界观将这些宗教范畴说成是"邪",一般可理解为"异端",意指不够理想但可供选择的信仰。而"迷信"这一新词则既蔑视又贬低,使整个民间宗教领域都变成了"迷信",变成了原始的、与科学绝对对立的东西②。儒家思想主导的帝国政府一方面要消灭一部分民间宗教,但更主要是要通过利用"大神"的象征,将其意义铭刻于民间传统之中,从而实现控制与号召民间宗教的目的。换言之,它这个是利用了宗教符号的表述框架来与农村社会进行沟通与协商,新政府则试图摧毁上述框架。赋有改造中国历史命运,使中国追赶上历史潮流的中国知识界大力倡导"反迷信"的活动,其本身就是现代性的产物。

其次,启蒙精英与普通民众的二元划分由此也得以构建起来,尽管现代化被视作一个痛苦的、不确定的过程,它在各个时期却是在一点点地向着完全的现代自觉意识前进,马克思主义话语就是其中的一个代

---

① 杜赞奇:《从民族国家拯救历史》,南京:江苏人民出版社,2009年。
② 沈洁:《"反迷信"话语及其现代起源》,《史林》,2006年第2期。

表①。知识界借使用"迷信"一语,用以指陈对民间信仰及其仪式行为的批判,反对"迷信"、改造民众的信仰世界从而彻底变革其生活方式与思维方式,塑造"新民",使其成为自觉的民族国家存在的历史主体。在中国现代民族国家开始的地方,反对迷信的态度逐渐与塑造具有主体历史地位和自觉意识的民族国家叙事融为一体。在关于民族进化的描述的表面之下,把现代性作为唯一的标准,预设了追求现代化的乌托邦理想,其本身即包含着一个压抑与再创造的复杂工程,包含着扬弃他者的自我再生②。启蒙精英自视为掌握了发展进程的"真理",普通民众则仍是一群生活在"迷信""封建"之中亟待唤醒的大众,流行于普通民众之间的通俗文化、宗教信仰等均被视为走向"现代性"美好前景的拦路石。

由此,包括萨满教在内的传统信仰行为在激荡的历史脉络中被边缘化和压制。西方作为一种"异文化",而变成东方社会文化发展的前景。在此情况下,出现民族认同的危机是难以避免的。因此,当联合国教科文组织提出保护文化多样性,尤其是赋予民族文化重要地位的号召中,中国政府一直很积极地响应并一时间在国内开展起多样的保护非物质文化遗产活动。而要消除民族认同危机的阴影,在对民族文化做论证的过程中,在很大程度上又依赖于"东方学的本土化",因为"本土化"的东方学可以提供东方民族在认同感危机时赖以"自慰"的工具。现代特性和本土意识的"二元互补",造成本世纪以来东方社会徘徊式的发展模式以及文化的"人格分裂"。西方的东方学的文化霸权,在其中找到了极大的发展空间③。

于是,获得民族国家身份的新中国,在现代性建构过程中,一方面面临着"传统"与"现代"的冲突,"传统"在很大程度上被视为开展"现代性"的拦路石。另一方面,面临着另一重矛盾,即如何完成在同一性基础上建构出多元性文化,具体表现则为建构与民族国家主流意识形态

---

① 杜赞奇:《从民族国家拯救历史》,南京:江苏人民出版社,2009年。
② 杜赞奇:《从民族国家拯救历史》,南京:江苏人民出版社,2009年。
③ 王铭铭:《西方人类学思潮十讲》,桂林:广西师范大学出版社,2005年,第136页。

相吻合的"国族文化"以期整合国民文化,又要倡导文化多样性的保护原则,以此表达多民族文化和谐共存的国家诉求。这就使得民族国家内部多民族的文化处境陷入一定程度的结构性矛盾之中。但是此两重矛盾的交叉,使得过去被现代性否定的民族传统生活方式,在多元文化共存的话语之下找到继续存续的空间,即获得了"民族文化"身份并可能在"文化遗产保护"的制度性架构下延续下去。但是此种"民族文化"身份却只能因循现代社会运作逻辑得以辨认,此处的"传统"早已失去了传统生活的意味,而是依附现代性的运作方式而得以重新建构起来的,包括国家、媒体、学术团体都促成了此构建过程。"民族文化"的象征被摆放到使用普同标准进行评审的同一"评台"上展开竞争和比较,以同一性的标准化的模板作为评价的工具,让具有不同价值观、世界观、审美观的民族文化为登顶这个"评台"而"削足适履"[①]。在此,很多东西透过现代性标准的审视而被建构起来,并在一定程度上制造了一种真实。重新界定的传统"仿佛"提供了一种永恒不变的感觉,通过将一些行为方式、习俗过程包裹包装起来,并与现时通行的行为方式排列对比,这亦是一种现代性现象的选择[②]。

正是现代性的发展,将"他者"纳入西方现代性的知识网格之内,现代规则由此得以通行。现代性的扩散,最初表达的是物质资源上的强势对弱势的影响,表达为政治与经济之支配,但涉及文化层面则不一定会呈现同样的结局。但是物质资源的强权通过将文化纳入与经济同一的领域而占据主导的位置,文化在此亦表现出"规则制定者"与"他者"的尊卑阶序。由此,西方人主导的现代性过程将遥远东方的异己"他者"带入到自己制定的游戏规则之中。

四、小结:东方学假设的反思

萨义德的"东方学",从知识社会学的视角揭示了看似客观的"东

---

① 杨文正:《文化遗产保护中民族与国家的诉求表述》,《西南民族大学学报》,2011年第6期。
② 汤林森,冯建三译,郭英剑校订:《文化帝国主义》,上海:上海人民出版社,1999年,第176页。

学研究",其实是西方人对东方异己文化的驯服。尽管萨义德指出了"东方学"的实质,然而其并没有提供一个可以代替的假设。在社会发展理论界,自20世纪60年代开始,依附理论和世界体系理论指出东方世界的依附性和边缘地位是近代以来西方的殖民扩张所带来了。由此"东方落后"的原因不在于东方的"文化衰弱",而是因为政治依附。另有文化批评论者指出,现代性使西方在科学与技术方面确实强而有力,但在文化方面却可能表现出尾随现代性而来的疲弱不振,东方文化则可以在一定程度上揭示西方文明的弱点。不管是依附论者和世界体系论者,还是"文化批评"论者看来,东方文化要么沦落为西方政治体系的附庸,要么只是提供了西方文明发展之补充,仍然无法获得其完全的主体地位。

西方人针对世界文化体系提出的基本概念,与它所指涉的生活世界之间有某种约定性的对应关系。体现西方文化特征的"理性化""现代性"等概念均为在西方历史脉络中产生的抽象物,但却把自己当作超历史的抽象假设来检视其他的生活经验。中国并没有生长出此类概念的土壤,被"拿来"的西方"现代性"要求与中国社会生活的具体内容之间不存在相对应的关系,存在的只是一种强势文化对弱势文化的符号支配。中国在追求现代性美好前景的过程中,引介大量相关西方概念,这些概念本身中国社会文化再生产过程的充满活力的因素。正是在外来话语和本国实践相互影响的过程中,中国现代性历程得以展开。在"拿来主义的现代性"与生活世界相互交融之后,也因此拓展了概念范畴本身在西方历史约定下的特定含义。因此欲勘查中国现代性的开展和西方文化霸权建立的具体过程,对特定词汇做历史语境下的话语分析才不失为更明智的选择[①],由此我们才能对西方文化的霸权运作逻辑多一层体认。

针对"东方学"所提出的理论发展难题,由作为文化主体的东方人研究自己的社会已显然成为一大趋势。不过一旦其自我研究仍全部搬用西方的"东方学研究"中二元对立的"地理想象",恐怕也容易

---

① 汪晖:《汪晖自选集》,桂林:广西师范大学出版社,1997年。

染上西方的东方学的弊端。而通过摘取具体的历史片段,勘查事态背后话语和生活世界相互塑造和再生产的逻辑,则使我们能更清楚地认识自己。

本文原载于《黑龙江史志》2013年第9期

图书在版编目(CIP)数据

地方性知识与文化生态:中国近北极民族仪式人类学研究/曲枫主编;王丽英副主编.—上海:上海三联书店,2023.8
(中国近北极民族研究丛书)
ISBN 978-7-5426-7774-7

Ⅰ.①地… Ⅱ.①曲…②王… Ⅲ.①仪式-少数民族风俗习惯-研究-东北地区 Ⅳ.①K892.43

中国版本图书馆 CIP 数据核字(2022)第 132436 号

地方性知识与文化生态:中国近北极民族仪式人类学研究

主　　编/曲　枫
副 主 编/王丽英

责任编辑/郑秀艳
装帧设计/一本好书
监　　制/姚　军
责任校对/王凌霄

出版发行/上海三联书店
　　　　　(200030)中国上海市漕溪北路 331 号 A 座 6 楼
邮　　箱/sdxsanlian@sina.com
邮购电话/021-22895540
印　　刷/上海惠敦印务科技有限公司

版　　次/2023 年 8 月第 1 版
印　　次/2023 年 8 月第 1 次印刷
开　　本/640 mm×960 mm　1/16
字　　数/280 千字
印　　张/21
书　　号/ISBN 978-7-5426-7774-7/K·674
定　　价/88.00 元

敬启读者,如发现本书有印装质量问题,请与印刷厂联系 021-63779028